Os Desafios do Direito do Século XXI

CB126386

Os Desafios do Direito do Século XXI

GENOMA HUMANO, EUROPEÍSMO, PODER E POLÍTICA, CONSTITUIÇÃO E DEMOCRACIA

Coordenação
Manuel Monteiro Guedes Valente

ALMEDINA

OS DESAFIOS DO DIREITO DO SÉCULO XXI
GENOMA HUMANO, EUROPEÍSMO, PODER E POLÍTICA,
CONSTITUIÇÃO E DEMOCRACIA
COORDENAÇÃO
Manuel Monteiro Guedes Valente
AUTOR DO BORRÃO DA CAPA
Gabriel Berjano Valente
EDITOR
EDIÇÕES ALMEDINA, S.A.
Rua Fernandes Tomás, n.os 76-80
3000-167 Coimbra
Tel.: 239 851 904 · Fax: 239 851 901
www.almedina.net · editora@almedina.net
DESIGN DE CAPA
FBA.
PRÉ-IMPRESSÃO
EDIÇÕES ALMEDINA, S.A.
IMPRESSÃO E ACABAMENTO
Artipol - www.aripol.net
Dezembro, 2018
DEPÓSITO LEGAL
449932/18

Os dados e as opiniões inseridos na presente publicação são da exclusiva responsabilidade do(s) seu(s) autor(es).
Toda a reprodução desta obra, por fotocópia ou outro qualquer processo, sem prévia autorização escrita do Editor, é ilícita e passível de procedimento judicial contra o infrator.

"Este trabalho é financiado por Fundos Nacionais através da FCT – Fundação para a Ciência e a Tecnologia no âmbito do projecto Ref.ª: UID/DIR/04441/2016".

ALMEDINA | GRUPOALMEDINA

BIBLIOTECA NACIONAL DE PORTUGAL – CATALOGAÇÃO NA PUBLICAÇÃO
OS DESAFIOS DO DIREITO DO SÉCULO XXI: Genoma Humano, Europeísmo, Poder e Política, Constituição e Democracia
Coord. Manuel Monteiro Guedes Valente
ISBN 978-972-40-7746-8
I – VALENTE, Manuel Monteiro Guedes, 1970-
CDU 34

APRESENTAÇÃO

O livro ***Os Desafios do Direito do Século XXI*** é o segundo de uma coleção que iniciou em janeiro de 2018 no âmbito da investigação científica produzida pelo *Ratio Legis* – Centro de I&D da Universidade Autónoma de Lisboa Luís de Camões. Caminho que pretendemos cimentar ao longo dos próximos anos letivos de modo a cimentar a ciência jurídica e a debulhar os desafios que se lhe colocam, no dia-a-dia, como realidade do ser humano em permanente metamorfose sócio-económico-político.

Os artigos que trazemos a lume com este novo livro refletem uma conjugação de esforços direcionados a produzir ciência jurídica no âmbito da linha de investigação *Law and Governance* do *Ratio Legis* – Centro de I&D da Universidade Autónoma de Lisboa Luís de Camões, no âmbito do **Projeto Ref.ª: UID/DIR/04441/2016, financiado por Fundos Nacionais através da FCT – Fundação para a Ciência e a Tecnologia**, no qual participam investigadores do centro, alunos de mestrado e doutoramento da Universidade Autónoma de Lisboa e professores de outras universidades portuguesas e estrangeiras.

Todos os artigos têm como base as jornadas internacionais que, com o patrocínio do Instituto Universitário do Rio de Janeiro, se têm desenvolvido nos últimos dois anos letivos, sendo de destacar o primeiro artigo, dedicado à Procuradoria Europeia, tema estudado e escrito por MARIA ÁNGELES PÉREZ MARÍN, no âmbito de uma instância de investigação que levou a cabo no *Ratio Legis* sob a nossa coordenação, cujo trabalho se operou no âmbito do *Proyecto de Investigación Instrumentos para el reconocimiento mutuo y ejecución de resoluciones penales: incorporación al Derecho español de los avances en cooperación judicial en la Unión Europea* (DER 2015-63942-P), financiado por el Ministerio de Economía y Competitividad de Espanha. Este mesmo artigo serviu de base à sua intervenção científica na Jornadas Internacionais, dedicadas aos desafios que se colocam ao Direito penal material e processual neste século e decorridas no dia 8 de fevereiro de 2018, no hotel Sana Lisboa. Mas, como nessa data, ainda se encontrava a escrever as conclusões da sua investigação, optou-se por publicado neste segundo livro.

É um texto cuja leitura se impõe, tendo em conta que trata de uma temática que acercará, nos próximos anos, a judiciariedade no espaço da União Europeia, tendo em conta que a opção do poder político[-legislativo] da União continua a não afirmar a harmonização das ordens jurídicas e, em especial neste caso, das jurisdições como uma prioridade, optando pela afirmação da cooperação judiciária em matéria penal, o que criará um provável *deficit* tutelar dos direitos, liberdades e garantias fundamentais pessoais para todos os cidadãos envolvidos num processo-crime dirigido pela Procuradoria Europeia.

Acreditamos que as autoridades judiciárias de cada Estado-membro da União Europeia avoquem as suas Constituições democráticas no sentido de limitar o poder de punir em geral e, em especial, o poder de punir absoluto [neutralizador ou niilificador de direitos e garantias processuais penais]. É esse alerta que a autora nos tenta transmitir de modo a assumirmos a construção europeia como uma construção harmonizada e afirmante dos direitos e garantias processuais penais.

Os demais oito artigos científicos correspondem às intervenções dos nossos investigadores e professores, nacionais e estrangeiros [Brasil, Itália e Moçambique], proferidas nos dias 11 de julho de 2018 e 17 de julho de 2018. O intuito das jornadas, inseridas na linha *Law and Governance*, é tratar de temas controversos e desafiantes da ciência jurídica neste século, tais como discussões científicas em torno do *genoma humano*, do *poder e da política e do direito*, trilogia umbilicalmente ancorada na edificação da norma e na sua aplicação ao caso concreto, a cada vez mais premente defesa de uma *Constituição como limite do poder político em democracia*, onde a questão da despesa pública e a proteção de dados numa sociedade internético-personocêntrica ganha foros de primazia académica e científica, assim como a propensa e calorosa construção de um discurso que exige uma *Constituição* em relação com a *realidade* sem que esta demula aquela enquanto repositório dos valores pilares de um *Estado de direitos humanos*. Temas estes que são medulares ao debate científico em torno da *Law and Governance*.

Stela Barbas apresenta, de forma sintética, os desafios que se colocam hoje no debate jurídico e ajurídico sobre o tratamento do genoma humano pelo Direito, tendo em conta a identidade e a justiça do desenvolvimento científico, próprio da liquidificação societária e da (des)virtualização inerente às mudanças por si produzidas. Os avanços científicos são um desafio para o Direito que não o deve tolher, mas deve tudo fazer para evitar a coisificação do ser humano, mesmo que essa objetivação se resuma a uma membrana ou a uma célula humana. É de vos acautelar, como nos escreve a Autora, de que "informação genética pode ser considerada a mais íntima, pessoal e sensível das informações sobre uma pessoa uma vez que coloca a descoberto a intimidade mais profunda do ser humano", sendo que, por esta de entre outras razões, se exige ao Direito uma contínua e grudada atenção de filigrana.

Virgílio Serra de Carvalho, na linha da sua orientadora de doutoramento, apresenta-nos um esboço do direito genómico nos nossos dias sob o pensamento de Jürgen Habermas, sugerindo como limite mínimo e inultrapassável a dignidade da pessoa humana para que a *auto-coisificação* do ser humano, de que nos fala J. Habermas, não ganhe espaços de domínio sobre o ser humano por meio da técnica acientífica. Esta dinâmica assenta na ideia do Autor quando escreve que "o mundo atravessa uma fase de grande avanço tecnológico e científico, e sendo a vida humana um valor inviolável, importa no âmbito do biodireito, do direito médico e da bioética a aplicação das novas tecnologias".

Pois, deve avocar-se sempre a dignidade da pessoa humana como barreira de qualquer delação dos valores que lhe são intrínsecos, impondo-se, assim, uma responsabilização e assunção da mesma face ao uso e ao progressivo recurso às tecnologias e inovações científicas, a mais que, na linha de Habermas, estamos a perder o carácter compreensivo da nossa compreensão normativa quanto às circunstâncias que contribuem para a geração futura e o nascimento de um ser humano. Impõe-se um permanente debate de modo a evitar que a eugenia se implante como demolidora da diversidade e multidiversidade humana que enriquece a dignidade da pessoa humana, a mais que o ser humano é, kantianamente falando, *um fim em si mesmo* e não um objeto.

A mesa dedicada ao Estado e ao Poder [Judicial] e à Política e ao Direito tratou de dois temas de extrema importância atual: de um lado, o pode judicial e, do outro, o poder do Estado e a segurança como sua manifestação. Uma visão jurídica e outra visão política de problemas multiversos e conversos.

Bruna Capparelli estuda o poder judicial em Itália como um poder subordinado à Constituição, partindo desde a premissa do princípio da independência e da sua afirmação num Estado democrático de direito. Poder esse que não pode esquecer-se de que lhe foi conferido para administrar a justiça em nome do povo e legitimado quando o mesmo se exerce no respeito e na defesa da lei e da Constituição, eixos normativos regentes de toda e qualquer decisão judicial. E essa decisão, subordinada à lei, deve entender-se e estender-se das normas explicitas às implícitas seguindo critérios de hermenêutica interpretativa, ou seja, na linha de Guastini, a Autora defende que *la soggezione alla legge esprime il divieto per il giudice di creare nuove leggi, l'obbligo di conoscere la normativa vigente, nonché – quale ultimo corollario – l'impossibilità di rifiutare l'applicazione della legge*, uma vez que não se pode nem deve reduzir-se o conceito de *lei* constitucionalizado à positividade, mas enquadrá-lo no sentido de Direito construído pela hermenêutica e exegese jurídicas e, por esta via, negar-se a discricionariedade do poder judicial e evitar a deturpação do princípio da independência do poder judicial.

Eduardo Pereira Correia apresenta um debate sobre as fragilidades concetuais e políticas do Estado contemporâneo, designado por novíssimo Estado, que não entronca nos princípios e nas lógicas aritméticas do poder do Estado moderno. Podemos aferir que o poder do novíssimo Estado procura novos princípios políticos, económicos e sociais que possam dar alguma densidade ao seu espaço de domínio ou de poder concreto sobre o território e a população, tendo como operador o Governo. Contudo e na linha de Adriano Moreira, poder-se-á afirmar que inexiste *autenticidade do poder*, provocada "pela diferença ou falta de coincidência frequentes entre o modelo normativo de conduta que a Lei proclama e o modelo de conduta que o Poder adota". Esta dialética negativa avoca ao Estado o poder da força e a legitimidade da mesma a par de uma estratégia de persuasão, cuja construção e edificação da segurança, hoje constitucionalizada, se propala como obelisco desse poder, quantas vezes legitimado pela norma, mas politicamente não legitimado.

O axioma constitucional como limite do poder político e a necessidade de um diálogo frontal e coerente entre a Constituição e a realidade do mundo global, cuja normatividade exige uma subsunção filosófico-político-social, que não se esgota no quadro nacional, mas tem referência, reflexão e refração supranacional, é desenvolvido pelos últimos quatro autores.

Maria d'Oliveira Martins, seguindo os estudos já escalpelizados, traz-nos um debate essencial em momentos de crise económico-financeira, onde os pilares constitucionais podem [e são] colocados em confronto e desafiados a se erigirem de forma a garantirem a mínima dignidade social, cultural, económica e política dos cidadãos de um Estado. A despesa pública justa, princípio constitucionalmente implícito, assume uma dimensão interpretativo-normativa nas fiscalizações abstratas sucessivas dos orçamentos do Estado, em especial no que concerne à garantia efetiva dos direitos e liberdades fundamentais, quando "é a própria Constituição a afastar o minimalismo da intervenção pública" e "quando incumbe o Estado do cumprimento de tarefas na definição de metas e na promoção das boas condições de vida para as pessoas". A Autora fala-nos da *reserva do financeiramente possível* e, dentro da sua subsunção constitucional, "os direitos só serão invocáveis na medida da previsão legal e da previsão orçamental e o poder judicial ficará limitado na sua ação por força do princípio da separação de poderes", mas com a centralidade jurídica de que a *despesa pública justa* submete as *decisões* [opções] *orçamentais sob escrutínio jurídico-constitucional.*

Pedro Trovão do Rosário faz-nos uma resenha jurídico-constitucional do Regulamento Geral de Proteção de Dados, assumindo que não estamos perante novos direitos fundamentais, mas perante um novo olhar jurídico-político desses direitos fundamentais. Relembra que Portugal, desde a Constituição democrática, foi o primeiro Estado a prever uma tutela constitucional dos direitos fundamentais no espaço digital através do comando expresso no artigo 35.º da CRP; a mais que o deputado à Assembleia Constituinte, Manuel da Costa Andrade, afirmou no hemiciclo que do "que se trata aqui é de ter o realismo e a consciência serena da nossa capacidade limitada de previsão, e prever e tutelar, amplamente e a partir de já, a personalidade", porque, já à época, estava em causa *a evolução e o progresso técnico*, que *ad futurum* podia germinar *novas formas de pressão* do poder político.

O Autor traz-nos uma visão cirúrgica de alguns sistemas jurídico-constitucionais no que respeita à tutela dos direitos fundamentais potencialmente lesivos pelo espaço digital, passando pelo Direito da União Europeia e do Conselho da Europa, sem olvidar que o "Estado e a própria União Europeia tendem a abandonar a posição de quem analisa, regista, mantem, autoriza a prática dos atos, avançando para a posição de fiscal punidor", uma vez que amplia os espaços de liberdade dos seus cidadãos "mediante uma punição mais severa do incumprimento das regras estabelecidas" para a tutela de direitos fundamentais pessoais.

Rodrigo Oliveira de Souza dá-nos a conhecer uma visão diferenciada da Constituição a partir de uma fenomenologia quântica, encrustada na dimensionalidade do *ser* e do *dever-ser* na redoma constitucional. Parte da ideia de subsunção de uma *quantidade mínima de normatividade*, de *limites de sua aplicabilidade e eficácia* e de uma *pretensa estabilidade com a realidade* para desenhar um borrão que olha para a essa normatividade constitucional como um átomo e um facto gerador de relacionalidade – intersubjetividade comunicativa –, círculos de poder político-jurídico e dinâmicas flexíveis e estabilizadoras que impendem sobre o cientista do Direito, enquanto ciência de relações humanas e, por essa razão, do *sein* e *sollen* onde os buracos negros se expandem e absorvem "a facticidade e a normatividade constitucional esferas reais de nossas vidas".

Esta opção científica do Autor em submeter o juízo crítico-jurídico a dimensões meta-positivas e metafísicas intrínsecas à construção normativa, desde logo constitucional que não ignora a *Wille zur Verfassung* de Hesse, dando ao seu estudo uma forragem para além do dogmatismo positivista, de tal modo expansivo e restritivo como se "as normas constitucionais [*possuíssem*] uma carga própria capaz de provocar o afastamento de elétrons dos seus respetivos núcleos" porque essas normas têm geneticamente movimento [massa] jurídico-constitucional adequado a gerar o *salto quântico* e a *mutação constitucional*.

Nereu José Giacomolli traz-nos uma normatividade edificada do supranacional para o nacional por meio de uma processualidade – jurisdicionalidade – supraconstitucional que exige a sua inserção no designado bloco de constitucionalidade. É um debate entre o poder e o Direito supranacional e as resistências da soberania jurídica de cada Estado, que, muitas vezes, esmorece ou branqueia a realidade constitucional imposta pela convencionalidade internacional ou regional própria de uma pluralidade e multilaridade jurídicas de uma realidade transnacionacional. Neste jogo de poderes e de normativismos esculpidos no princípio *pacta sunt servanda* obriga-se a que o poder judicial ceda e dê vida ao princípio do controle de convencionalidade do tecido normativo de um Estado.

A defesa da submissão das decisões judiciais internas aos tratados supranacionais de direitos humanos não é demonstrativo de uma fragilidade de soberania, a mais que, a par de um processo de cooperação fortificada, se defende uma maior dinâmica e impositividade da harmonização das legislação de um determinado espaço regional e internacional, operada ou por um processo legiferativo, assente numa lógica política de equilíbrio de poderes, ou por decisões judiciais de Tribunais supranacionais. Esta aceção encontra-se plasmada no estudo de casos decididos pela Comissão Interamericana dos Direitos Humanos e pelo Tribunal Europeu dos Direitos Humanos que, em parte, têm contribuído para uma transnacionalidade jurídica ou mundialização [da justiça e] do Direito.

Expusemos, de forma sintética e crítica, o conteúdo desta obra que nos recoloca no aljube da ciência jurídica em vertente cascata de novos debates e questionamentos jurídicos, que a Universidade – unidade na e da diversidade ou a universalidade da idade científica – exige aos que encontram na dúvida espaço de crescimento científico e humano.

A leitura cuidada e atenta de cada um destes artigos enriquecerá a academia, mas acima de tudo enriquecerá o nosso espírito crítico e indagador na busca e construção de uma sociedade mais justa, mais livre, mais solidária, mais igualitária e mais humana.

Eis, pois, o grande escopo da ciência jurídica do Século XXI.

O Coordenador Científico,

EL REGLAMENTO DE LA FISCALÍA EUROPEA Y SU INCIDENCIA EN LOS DERECHOS Y GARANTÍAS PROCESALES (UN ACERCAMIENTO DESDE EL ORDENAMIENTO JURÍDICO ESPANOL)[1]

MARÍA ÁNGELES PÉREZ MARÍN[2]
Profesora Titular de Derecho Procesal
Universidad de Sevilla

---

[1] Como citar este artigo:
PÉREZ MARÍN, MARIA ÁNGELES. El Reglamento de la Fiscalía Europea y su Incidencia en los Derechos y Garantías Procesales (un acercamiento desde el ordenamiento jurídico español. In: MANUEL MONTEIRO GUEDES VALENTE. *Os Desafios do Direito do Século XXI.* Coimbra: Almedina, 2018, pp. 15-57.

[2] Trabajo realizado durante la estancia de investigación desarrollada en la Universidad Autónoma de Lisboa, entre los días 7 de enero y 9 de febrero de 2018, bajo la coordinación del Prof. Dr. Manuel M. Guedes Valente y sufragada por el Proyecto de Investigación *Un paso adelante en la consolidación del espacio judicial europeo y su aplicación práctica en España: visión desde el proceso civil y penal* (DER2015-71418-P), financiado por el Ministerio de Economía y Competitividad, dirigido por la Profesora Mar Jimeno Bulnes, Catedrática de Derecho Procesal de la Universidad de Burgos.
Integrante del Proyecto de Investigación *Instrumentos para el reconocimiento mutuo y ejecución de resoluciones penales: incorporación al Derecho español de los avances en cooperación judicial en la Unión Europea* (DER 2015-63942-P), financiado por el Ministerio de Economía y Competitividad, dirigido por la Profesora María Isabel González Cano, Catedrática de Derecho Procesal de la Universidad de Sevilla.
Integrante del Grupo de Investigación *La Administración de Justicia en España y América* (PAI SEJ-308), financiado por la Junta de Andalucía.

ABSTRACT: Con la aprobación del Reglamento 2017/1937, de 12 de octubre, se crea la Fiscalía Europea. Este órgano asumirá la investigación penal de los delitos – principalmente el fraude – que afecte a los intereses financieros de la Unión Europea.
No obstante, la eficacia de este nuevo sistema penal –de matices ciertamente "federales" – depende de la adaptación de los ordenamientos nacionales para permitir que la Fiscalía pueda actuar en todos los Estados bajo los mismos criterios y siguiendo las mismas pautas jurídicas. En este sentido, será necesario analizar aspectos procesales especialmente relevantes, de claro cariz constitucional, tanto en lo que respecta a las posibilidades de actuación de la Fiscalía Europea en cada uno de los ordenamientos jurídicos, como en lo relativo a la protección de los derechos fundamentales reconocidos a los acusados y a las víctimas y que pueden verse claramente afectados como consecuencia de las facultades otorgadas por el Reglamento a la Fiscalía.

Keywords: Fiscalía Europea, Unión Europea Constitución, competencia, derechos fundamentales, víctimas, sospechosos, acusados

Council Regulation (EU)2017/1939, implementing enchanced cooperation on the establishment of the European Public Prosecutor's Office, was approved on October 12, 2017. The main competence of this new body of the European Union, with legal personality, is the investigation of crimes – mainly frauds – that affects the financial interests of the European Union.

However, the effectiveness of this new penal system -of certain "federal" nuances-depends on the adaptation of national systems to allow the Office of the Prosecutor to act in all States under the same criteria and following the same legal guidelines. In this regard, it will be necessary to analyze particularly relevant procedural aspects, of a clear constitutional nature, both in terms of the possibilities of action of the European Public Prosecutor's Office in each of the legal systems and in relation to the protection of fundamental rights and procedural safeguards of persons concerned –victims and suspects-.

European Public Prosecutor´s Office, European Union, Constitution, procedural safeguards, victims, suspects and accused persons

I. ENCUADRAMIENTO CONTEXTUAL

Siendo la protección de los intereses financieros y la defensa del propio sistema financiero una aspiración natural de la Unión Europea, no es de extrañar la preocupación por adoptar, en el espacio judicial europeo, instrumentos legislativos para prevenir ciertas conductas que inciden directamente en su estructura financiera y económica, poniendo en peligro el presupuesto económico de la Unión. Teniendo en cuenta que actualmente un amplio porcentaje de este presupuesto es gestionado por los Estados, la instauración de elementos de control efectivos frente al fraude es, por lo tanto, una necesidad tanto para los Estados como para la Unión.

La gestión compartida del presupuesto determina, también, que la responsabilidad de prevenir y sancionar sea común y los Estados deben ser conscientes de que la ausencia de fronteras interiores facilita la circulación de la delincuencia transnacional que, por sus propias características, resulta difícilmente controlable sólo por uno o varios Estados miembros. Efectivamente, la connotación transfronteriza de este tipo de delincuencia sobredimensiona la dificultad de combatir dicha actividad delictiva de forma unilateral y, por ello, las instituciones de la Unión nunca han ocultado su interés por acudir a instrumentos normativos que incrementen el grado de prevención de este tipo de delincuencia o, por ejemplo, en la creación de órganos especializados en la lucha contra el fraude[3].

De este modo, paulatinamente se ha procedido a fortalecer la estructura y las competencias de los órganos cuya principal misión es actuar contra el fraude y nos encontramos inmersos en una reforma global del sistema para reforzar todos los ámbitos relacionados con la prevención y la represión del delito, potenciándose así una nueva estructura de cooperación, investigación e intercambio de información sobre la que se deberá sostener los planes estratégicos contra la delincuencia organizada en general.

Pero, además, se han venido dando pasos para situar al Derecho Penal en el centro de esta nueva forma de cooperación y, con dicha idea, a través del sistema de mayoría reforzada previsto en el art. 86.1.II TFUE (Tratado de Funcionamiento de la Unión Europea) se ha aprobado la creación de un órgano central[4] que asumirá la investigación penal del fraude en el espacio judicial común: la Fiscalía Europea[5].

---

[3] Costa, J. Alves, "La creación de la Fiscalía Europea" en C. Arangüena Fanego (dir.), *Espacio europeo de libertad, seguridad y justicia: últimos avances en cooperación judicial*, Lex Nova, Valladolid, 2010, pp. 85-100.

[4] Pérez Marín, M.A., "El futuro órgano instructor común: una propuesta para la organización de la Fiscalía europea y para el control de su actividad", *Cuadernos de Política Criminal*, 2012, n.º 108, III, pp. 141-174, esp. pp. 161-163.

[5] Reglamento (UE) 2917/1939 del Consejo de 12 de octubre de 2017 por el que se establece

Tras un camino lleno de obstáculos, la Fiscalía supone el primer paso hacia la implantación de una esfera jurídico-penal propiamente supranacional que superará las formas de cooperación judicial penal que hoy conocemos[6], acercándola, al menos en el ámbito de los delitos que afecten a los intereses financieros de la Unión –que no es únicamente el fraude-, a un esquema de federalización vertical frente a la cooperación horizontal que se implantó con el principio de reconocimiento mutuo[7].

No podemos olvidar, sin embargo, que la eficacia de la Fiscalía dependerá de que los Estados realicen un considerable esfuerzo para compatibilizar la actuación de este órgano con los principios constitucionales que rigen los ordenamientos nacionales y sus respectivos sistemas penales. Los Fiscales Europeos Delegados actuarán en cada Estado como órganos de la Unión – órganos penales de la Unión– aunque deberán hacerlo en función del ordenamiento nacional en el que estén desarrollando la investigación. Pero entre los distintos ordenamientos nacionales existen diferencias notables, no sólo relativas a los principios inspiradores del proceso penal o a la estructura del mismo, sino con relación al reconocimiento y grado de protección de los derechos fundamentales de los acusados –como, por ejemplo, el momento en el que se activa el derecho de defensa[8] –del investigado– y los derechos

una cooperación reforzada para la creación de la Fiscalía Europea, DOUE de 31 de octubre de 2017, n.º L 283, pp. 1-71.

[6] Véanse González Cano, M.I., "Nuevos paradigmas de la cooperación judicial penal en la Unión Europea", en S. Barona Vilar (coord.), *Justicia civil y penal en la era global*, Tirant lo Blanch, Valencia, 2017, pp. 339-362; Moreno Catena, V., "El cambio de paradigma y el principio de reconocimiento mutuo y sus implicaciones. Perspectivas del Tratado de Lisboa", en A. Arnaiz Serrano (coord.) y M. Carmona Ruano, I. González Vega, V. Moreno Catena (dirs.), *Cooperación judicial penal en Europa*, Ed. Dikynson, Madrid, 2013, pp. 41-77; Martín Ostos, J., "La Justicia en la Unión Europea", *Crónica Jurídica Hispalense: revista de la Facultad de Derecho*, 2005, n.º extra 3, pp. 243-260.

[7] Sobre reconocimiento mutuo en el ámbito penal vid. Klip, A., *A European Criminal Law. An interpretative approach*, Intersentia, Cambridge-Antwerp-Portland, 2012, 2.ª ed., esp. pp. 362-394. Mapelli Marchena, C., *El modelo penal de la Unión Europea*, Thomson Reuters-Aranzadi, Cizur Menor (Navarra), 2014, esp. pp. 365-419. Asimismo, véase Joya Carrasco, M., "Reconocimiento y ejecución de resoluciones extranjeras en la Unión Europea. Del Convenio de Bruselas de 1968 al Reglamento (UE) 1215/2012, del Parlamento Europeo y del Consejo, de 12 de diciembre de 2012", 2014, *Diario La Ley*, n.º 8247, pp. 1-13, esp. p. 2, http://diariolaley.laley.es.

[8] MORENO CATENA, V., "Sobre el derecho de defensa: cuestiones generales", *Teoría y derecho: revista de pensamiento jurídico*, 2008, n.º 8, pp. 17-40.

de las víctimas tales como las posibilidades de personación y actuación en el proceso[9].

II. LA FISCALÍA EUROPEA

1. Aspectos generales

Como se indica en el art. 86 TFUE la Fiscalía Europea nace con la finalidad de luchar contra las infracciones que afecten a los intereses financieros de la Unión, siendo el órgano que dirigirá la investigación penal y que, en su caso, sostendrá la acusación ante los tribunales del Estado considerado jurisdiccionalmente competente[10].

Aunque la Fiscalía nunca ha sido concebida como un órgano necesario –en el sentido de imprescindible– para hacer efectivos los planes de actuación contra el fraude, y demás delitos que pudieran incidir en los intereses financieros, o para luchar contra la delincuencia organizada pues, como sabemos, la Unión creó una estructura de cooperación contra este tipo de delincuencia que ha ido reforzando de forma continua, no cabe duda de que el legislador siempre consideró que un órgano penal aportaría una mayor eficacia y que ejercería un efecto disuasorio superior, pues el Derecho Penal se pretende, sin duda, como la barrera más efectiva frente al delito.

Por otro lado, hemos de tener presente que, aunque el Reglamento de la Fiscalía Europea se ha aprobado por el sistema de la cooperación reforzada, posibilidad prevista en el art. 86.1.II TFUE[11] en relación con el 328, ss. y cc. del mismo texto y con el art. 20 TUE (Tratado de la Unión Europea), la mayoría de los Estados que pertenecen al espacio de libertad, seguridad y justicia se han adherido y, en la actualidad, veintidós de los veinticinco Esta-

[9] Al respecto véase DALLASTA DEL GROSSI, V.C., "Los derechos de los investigados y la paridad de armas en la cooperación jurídica internacional penal en el ámbito de la Unión Europea: el futuro derecho fundamental a la defensa", *Crítica penal y poder,* 2017, n.º 12, pp. 168-202.

[10] PÉREZ MARÍN, M.A., "La futura Fiscalía Europea", en M. Jimeno Bulnes (dir.), *Aproximación legislativa versus. reconocimiento mutuo en el desarrollo del Espacio Judicial Europeo: una perspectiva multidisciplinar,* Ed. J.M. Bosch, Barcelona, 2016, pp. 265-310.

[11] Con respecto a la aprobación del reglamento a través de mayoría reforzada véase, ESTÉVEZ MENDOZA, L., "La instauración de la Fiscalía Europea como cooperación reforzada: problemas orgánicos y procesales", *Revista de Estudios Europeos,* 2017, n.º extra, 1, pp. 106-122.

dos posibles[12] ya forman parte de este nuevo sistema que deberá suponer un giro en la política penal antifraude[13].

Pero como indicábamos *supra,* no estamos sólo ante un órgano que asumirá las investigaciones penales cuando, como consecuencia de un acto supuestamente delictivo, pudieran resultar dañados los intereses financieros de la Unión, sino que también deberá sostener la acusación durante el juicio cuando, en virtud del principio de legalidad, considere que tiene elementos suficientes para ello[14] y determinará el Estado jurisdiccionalmente competente para conocer de la fase de juicio "cuando más de un Estado miembro tenga jurisdicción sobre el caso" –art. 36.3 RFE (Reglamento de la Fiscalía Europea) –, circunstancia que no carece de relevancia pues ello implicará que esta fase del proceso se tramitará conforme a las normas de dicho ordenamiento y que éste no tiene necesariamente que coincidir con el del Estado en el que se haya desarrollado la investigación.

No es difícil entender que, en este aspecto, la actuación de la Fiscalía debe ser extremadamente cuidadosa y ajustarse a los criterios especificados en los apartados 4 y 5 del art. 26 RFE[15], pues atribuir la fase de juicio a un órgano incardinado en un ordenamiento distinto de aquél en el que se tramitó la investigación puede afectar a los derechos y garantías procesales de los acusados, poniéndose en juego el derecho defensa que constituye, como

[12] Alemania, Austria, Bélgica, Bulgaria Chipre, Croacia, Eslovaquia, Eslovenia, España, Estonia, Finlandia, Francia, Grecia, Italia, Letonia, Lituania, Luxemburgo, Portugal, República Checa, Rumanía, Países Bajos y Malta. Vid. http://www.consilium.europa.eu/es/press/press-releases/2017/06/08/eppo/ (fecha de visita: 25 de noviembre de 2018). Recordemos, asimismo, que Reino Unido e Irlanda ya quedaban fuera por la aplicación de la cláusula *opting in* y que a Dinamarca no se le aplican las normas reguladoras del espacio de libertad, seguridad y justicia por la sumisión a la cláusula *opting out.*

[13] Csonka, P., Juszczak, A., Sasun, E. "The establishment of the European Public Prosecutor's Office. The road from vision to reality, *EUCRIM, The European criminal law associations 'forum,* 2017, n.º 3, pp. 125-135.

Lothar, K., "The European Public Prosecutor's Office. More effective, equivalent and independent criminal prosecution against fraud?", *EUCRIM, The European criminal law associations 'forum,* 2017, n.º 3, pp. 135-143.

[14] Santos, M., *Para um (novo) modelo de intervenção penal na União Europeia,* Ed. Rei dos Livros, Carcavelos, 2016.

[15] Este precepto regula la atribución de la competencia para la investigación en los supuestos de conexión de delitos y para reasignar la investigación, acumular asuntos investigados autónomamente o escindir asuntos investigados de forma conjunta debido a una supuesta conexidad con objeto de formular escrito de acusación ante el órgano jurisdiccionalmente competente.

sabemos, la esencia más íntima del proceso penal. Pero dicha decisión también puede afectar a los derechos de otras víctimas que junto con la Unión pudieran haber sido perjudicadas por la actividad delictiva, ya que no en todos los ordenamientos nacionales éstas tienen las mismas posibilidades de personación y de actuación.

Por ello, y a pesar de las facultades, competencias y atribuciones determinadas en el Reglamento, no cabe aceptar cualquier alteración de los fundamentos y de los principios constitucionales que rigen el proceso penal en cada ordenamiento jurídico porque ello supondría desconocer los fundamentos mismos del proceso, siendo necesario proteger de forma equivalente los derechos y garantías procesales de las partes, ya sean investigados o acusados ya víctimas, toda vez que así lo exige la Carta de Derechos Fundamentales (CDFUE) que forma parte del ordenamiento europeo y a la que, por lo tanto, queda vinculada la Fiscalía Europea. Así, aunque no deja de ser cierto que el órgano ha sido creado para proteger a la Unión –concretamente sus intereses financieros- y que ésta, consecuentemente, no dejara de ser en la mayoría de los casos la víctima principal del delito, o incluso la única víctima del delito, no cabe justificar una cualificación que la sitúe por encima de otras víctimas –cuando esta circunstancia concurriera en el proceso– e, incluso, de los acusados, dotándola de privilegios de los que carecen el resto de las partes o cercenando los derechos que a éstas les hubieran sido reconocidos.

La actuación de la Fiscalía, pues, se presenta muy complicada en tanto que será necesario armonizar ciertos aspectos de los ordenamientos nacionales, hoy divergentes, a fin de asegurar la eficacia de la investigación penal y, por ende, del proceso, y porque el Fiscal debe mantener un equilibrio justo entre las partes, cerciorándose de que su actividad respeta los derechos consagrados en la CDFUE, tal y como le exigen los principios de legalidad, proporcionalidad e imparcialidad que informan su actuación[16].

2. Principios de actuación

La Fiscalía ha sido dotada de personalidad jurídica propia –art. 3.1 y 2 RFE–, y es un órgano de la Unión indivisible y sometido al principio de unidad – la

[16] Véase art. 3.1, 2 y 4 RFE y el considerando 66 del Reglamento que vincula estos principios a la seguridad jurídica.

Fiscalía Europea funciona como un órgano único, según el art. 8.1 RFE-, por lo que lo que la actuación de sus miembros se atribuirá directamente al órgano, esto es, a la Fiscalía. Estructuralmente ha sido organizada de forma descentralizada, instaurándose dos niveles distintos: una oficina central situada en la sede de la Fiscalía (Luxemburgo), formada por el Colegio, las Salas Permanentes, el Fiscal General Europeo, los Fiscales Adjuntos, los Fiscales Europeos y el Director Administrativo, y un nivel descentralizado, integrado por los Fiscales Europeos Delegados que serán los órganos que desarrollen la investigación sobre el terreno, es decir en uno o varios Estados miembros[17].

Sin embargo, la principal característica del órgano es su independencia ya que este principio dota de garantías a la función instructora que se le ha atribuido y justifica la necesidad del propio órgano. Se trata, tal y como se deduce de las previsiones reglamentarias, de una independencia *ad extra*, esto es, externa, que lo protege de las injerencias que pudieran provenir de otros órganos, de las instituciones o de los Estados. Pero la protección de la independencia, como característica definidora de este órgano instructor, se plantea desde las dos perspectivas posibles, esto es, prohibiendo, por un lado, a la propia Fiscalía –y a los Fiscales que la componen– que puedan aceptar recomendaciones que directamente incidan en su independencia y, por otro lado, imponiendo a las instituciones y a los Estados un deber de abstención que les obliga a respetar la actuación de aquélla[18]. Así, el art. 6.1 RFE indica que la "Fiscalía Europea será independiente y que sus miembros, durante el ejercicio de la actividad que le compete, no solicitarán ni aceptarán instrucciones de ninguna persona ajena a la Fiscalía, de ningún Estado miembro de la Unión Europea o institución, órgano u organismo de la Unión y que los Estados y las instituciones respetarán la independencia de la Fiscalía y no intentarán influir en ella en el ejercicio de sus funciones".

[17] Sobre cada uno de estos órganos y con respecto a su designación, destitución, atribuciones y competencias véanse los arts. 8 a 19 RFE.
MET-DOMESTICI, A., "The hybrid architecture of the EPPO. From the Commission's proposal to the final act", *EUCRIM, The European criminal law associations 'forum*, 2017, n.º 3, pp. 143-149.

[18] Vid. Ribeiro de Alburquerque, J.P., "O estatuo de Procuradoria Europeia e os estatutos dos Ministérios Públicos dos Estados-Membros da União Europeia: standards mínimos de (máxima) independência, (máxima) imparcialidade e (máxima) integridade", *Revista do Ministério Público*, 2015, n.º 144 (Outubro-Dezembro), pp. 9-118; CLUNY, A., "A independência da Procuradoria Europeia: um marco na cultura judiciária da Europa", en *Estudos em memória do Conselheiro Artur Maurício*, Coimbra, Coimbra Editora, 2014, pp.157-177.

Pero parece que la independencia externa proclamada en el Reglamento, y que vendrá a definir a la propia Fiscalía, no se traduce en la autonomía interna suficiente que, por su propia naturaleza, exige la investigación penal. Resulta evidente que la estructura jerárquica que caracteriza al Ministerio Público en cada uno de los ordenamientos impide, salvo excepciones, una plena independencia interna puesto que siempre existirán normas comunes dirigidas, fundamentalmente, a lograr una actuación uniforme y coordinada de los diferentes niveles en los que se divide el Ministerio Público, lo cual no impide una actuación autónoma de cada uno los Fiscales. Sin embargo, la estructura interna diseñada por el legislador europeo determina un control evidente de los órganos superiores –el Colegio, las Salas Permanentes, el Fiscal Europeo que actúe como supervisor o el propio Fiscal General Europeo– sobre los Fiscales Europeos Delegados, que deben seguir, por ejemplo, las instrucciones de la Sala Permanente competente o del Fiscal Europeo supervisor –arts. 13.1.II y 28.3.b)– o esperar la autorización de la Sala Permanente para archivar el asunto cuando concurran algunas de las circunstancias del art. 39.1. Asimismo, los Fiscales Europeos pueden, en determinados casos, ordenar o solicitar medidas de investigación –art. 28.4.II–, reasignar la investigación y acumular o escindir investigaciones –art. 36.3 y 4– o, incluso, determinar cuál es el Estado jurisdiccionalmente competente para la fase de juicio –art. 36.4–, condicionando, de esta manera, la actuación del Fiscal Europeo Delegado.

En cualquier caso, no podemos desconocer que esta estructura interna vertical, que fija una clara dependencia jerárquica, es también transnacional pues se trata de un órgano común a todos los Estados, por lo que se inviste a la Fiscalía de naturaleza "cuasi" federal. Así, en su ámbito competencial la investigación le corresponderá de forma exclusiva, debiéndoles ser remitidos los actos realizados por los órganos jurisdiccionales nacionales que hubiesen iniciado una investigación si comprueban que, por la naturaleza del delito o por los intereses afectados, la competencia corresponde a la Fiscalía y recibirá información puntual de los Estados, y de los órganos involucrados en la lucha contra el fraude, sobre aquellos actos que pudieran constituir uno de tales delitos, tal y como se indica en el art. 24 RFE, reconociéndose el derecho de avocación. De este modo, en determinados plazos, la Fiscalía Europea –a través del Fiscal Delegado o de la Sala Permanente– puede hacer efectiva su competencia y reclamar un asunto en el sentido y en la forma previstos en el art. 27 RFE cundo aquél estuviera siendo investigado y tramitado por los órganos nacionales.

3. Precisiones sobre la competencia

El principio de legalidad es base necesaria de la actuación de la Fiscalía, si bien se ha venido cuestionando la forma en la que se determinará el contenido de la "legalidad" que justifica el ámbito competencial de la misma. Así, aunque el art. 86 TFUE es claramente el pilar que ancla a este nuevo órgano en la Unión, lo cierto es que su ambiguo contenido ha permitido plantear diferentes teorías y ha favorecido una intensa discusión respecto a si dicho precepto tiene por sí mismo entidad suficiente para justificar que el ámbito material de actuación de la Fiscalía Europea se pudiera determinar mediante reglamento, de la misma forma que a través de reglamento se acordaría la creación del órgano. Por otro lado, surgen igualmente dudas con respecto a las posibilidades de interpretación del art. 325 TFUE, ya que algunos parecen prever que su redacción permite establecer un tipo penal "transnacional" de fraude en tanto que la Fiscalía solo tendría sentido junto con la creación de tipos penales europeos. Como consecuencia, se estaba a la espera de que el legislador concretase este ámbito genérico competencial para comprobar si se hacía a través de reglamento –tal y como algunos sectores doctrinales proclamaban en atención a la redacción de los arts. 86 y 325 TFUE– o a través de directivas, en tanto que el art. 83 de este cuerpo normativo[19] establece que éstas son los instrumentos jurídicos a través de los que se procederá a establecer normas mínimas relativas a la definición de tipos y sanciones penales en los ámbitos delictivos más graves[20].

Como en otras tantas ocasiones, la expectación creada no se correspondió con la opción del legislador, que no ha establecido de forma reglamentaria aquellos tipos delictivos que pudieran conformar el conjunto de delitos europeos que se atribuiría competencialmente a la Fiscalía y que ha seguido una vía intermedia fijando algunos aspectos –pocos– a través del Reglamento de creación y remitiendo a las directivas, en tanto que instrumentos básicos para la definición de los tipos penales, la concreción de los delitos que resultarán de su competencia. Así, el Reglamento de creación determina que el ámbito competencial de la misma se limita con exclusividad a los deli-

[19] Con respecto a la interpretación del art. 83, que recoge dos formas de armonización del derecho penal nacional, vid. Rodrígues, A. Miranda, en M. Lópes Porto y G. Anastasio (coords.), *Tratado de Lisboa anotado y comentado,* Almedina, Coimbra, 2012, esp. pp. 435-438.

[20] Véase en este aspecto Santos, M. *Para um (novo) modelo de intervenção penal na União Europeia,* op. cit., esp. pp. 321-328.

tos que afectan a los intereses financieros de la Unión Europea en la forma que especifica la Directiva PIF, algunos reglamentos y el propio Reglamento de la Fiscalía –art. 4–[21], siendo ésta el órgano competente para tramitar la investigación, para ejercitar la acción penal y para sostener la acusación[22]. En definitiva, el Reglamento establece las pautas genéricas de atribución de la competencia, si bien ésta queda definitivamente fijada en los instrumentos normativos de desarrollo.

En cualquier caso, podemos decir que la decisión de otorgar a este órgano la competencia de combatir delitos de naturaleza económica, y no de otra, no es sino el resultado esperado de la trayectoria evolutiva de la Unión Europea en este ámbito[23] .

Sin embargo, el marco competencial de la Fiscalía Europea es mucho más complejo y, como consecuencia de la vinculación entre ciertos comportamientos delictivos y el fraude, el art. 22 RFE remite a la Directiva PIF, pues existe una clara conexión entre diferentes tipos de ilícitos penales -como sucede con el blanqueo- que de forma obvia afectan a los intereses financieros de la Unión Europea o vulneran las normas que regulan el sistema común de IVA[24]. La conexión entre el blanqueo y el fraude, y las características que en cada caso puedan apreciarse en el delito de fraude, provocarán, incluso, la modificación de la competencia para la investigación de ambos delitos y que deberá atribuirse a la Fiscalía Europea aunque ésta no sea inicialmente competente para investigar el blanqueo si dicho delito se cometiera de forma autónoma. Pero es que la Directiva (UE) 2015/849, de protección del sistema financiero[25] también remite a la Directiva PIF y, por

---

[21] Moreno Catena, V., *Fiscalía Europea y Derechos fundamentales,* Tirant lo Blanch, Valencia, 2014, esp. p. 342.

[22] Sobre la competencia de la Fiscalía véase Ruiz Magaña, I., "La Fiscalía Europea como órgano instructor: actos de imputación y garantías procesales del sujeto pasivo", *Revista de Estudios Europeos,* 2017, n.º extra 1, pp. 123-144.

[23] Vid. Alcaide, S.e. Miheirao, *Âmbito de competência material da procuradoria europeia,* 2015, Sindicato de Magistrados del Ministerio Público, Viseu, 2015, esp. pp. 95-127.

[24] Sobre la competencia de la Fiscalía Europea respecto de los delitos contra el régimen común de IVA véase Martín Queralt, J., "La Fiscalía Europea y los delitos contra la Hacienda Pública comunitaria", Carta *Tributaria,* 2017, n.º 33, http://revistas.laley.es/content/Documento.

[25] Directiva (UE) 2015/849 del Parlamento Europeo y del Consejo de 20 de mayo de 2015 relativa a la relativa a la prevención de la utilización del sistema financiero para el blanqueo de capitales o la Europeo y del Consejo, y se derogan la Directiva 2005/60/CE del Parlamento Europeo y del Consejo y la Directiva 2006/70/CE de la Comisión Europeo y del Consejo, y

lo tanto, atribuye a la Fiscalía Europea la competencia para investigar los delitos de blanqueo y fraude cuando las organizaciones delictivas nacionales y, especialmente, transnacionales hacen uso ilícito del sistema financiero de la Unión para introducir en el tráfico jurídico legal las ganancias económicas obtenidas con el delito[26].

Lo que sucede realmente es que nos encontramos ante ilícitos penales que habitualmente no se dan de forma autónoma, pues el blanqueo no deja de ser otro estadio más del delito principal, toda vez que su objeto es legalizar el lucro ilícito procedente de una actividad delictiva anterior, que perfectamente puede ser constitutiva de fraude o que puede estar estrechamente relacionada con algún tipo de fraude del sistema impositivo del IVA, por ejemplo.

Así, la Directiva PIF tipifica los comportamientos constitutivos de fraude y define cuándo afecta a los intereses financieros de la Unión Europea en materia de gastos no relacionados con los contratos públicos–art. 3.2.a) –, en materia de gastos relacionados con los contratos públicos –art. 3.2.b) –, en materia de ingresos distintos de los procedentes de los recursos propios del IVA –art. 3.2.c)– y en materia de ingresos procedentes del IVA –art. 3.2.d)–.

Por otro lado, y con respecto al blanqueo, la Directiva PIF de 2017 considera que, como consecuencia de los actos de corrupción –activa y pasiva– y de malversación, cometidos de forma intencional, pueden resultar afectados los intereses financieros de la Unión, tal y como prevé el art. 4 de la Directiva (UE) 2015/849 y que la comisión de tales conductas en el seno de una organización criminal recogida en la Decisión Marco 2008/841/JAI se entenderá como circunstancia agravante –art. 8 Directiva PIF–, pudiéndose imponer a una persona física una pena máxima de, al menos, 4 años cuando los daños, perjuicios y ventajas sean considerables. Así se enciende cuando dichos perjuicios o ventajas supongan más de 100.000 euros –art. 7–. Por su parte, los arts. 6 y 9 de la Directiva de 2017 regulan los criterios para tipificar la actuación de las personas jurídicas vinculadas al fraude y las sanciones que deberían imponerse en tal caso.

---

se derogan la Directiva 2005/60/CE del Parlamento Europeo y del Consejo y la Directiva 2006/70/CE de la Comisión, DOUE de 5 de junio de 2015, n.º L 143, pp. 73-117.

[26] Un análisis exhaustivo sobre las primeras propuestas de la Directiva PIF encontramos en Rodriguez, J. Amaral, *Um Ministério Publico Europeu. Algures entre o optitmismo e a resistência?*, Almedina, Coimbra, 2016, esp. pp. 178-206.

Pues bien, prácticamente la misma idea se traslada al RFE que, en el apartado 2 de su art. 22, atribuye competencia a la Fiscalía respecto de los delitos cometidos por una organización delictiva de las previstas en la mencionada Decisión Marco de 2008, con la condición, claro es, de que su actividad se centre en la comisión de alguno de los delitos especificados en el aparatado 1 del mismo precepto, es decir, delitos que afecten a los intereses financieros de la Unión y delitos en materia de ingresos procedentes de los recursos propios del IVA –siempre que el acto tenga naturaleza transnacional y provoque un perjuicio de más de 10 millones de euros–. Queda explícitamente excluida la competencia de la Fiscalía respecto de los delitos que afecten a los sistemas impositivos nacionales –impuestos directos- y de los delitos vinculados con los anteriores –art. 22.4. RFE–.

Pero recordemos que, con carácter general, el legislador ha fijado el límite económico que determinaría la activación de la competencia de la Fiscalía en 10.000 euros, de forma que cuando el perjuicio o el daño causado a la Unión Europea supere esta cifra, tal y como se deduce del art. 25.2 RFE, se deberá imponer una sanción penal a través de un proceso cuya investigación habrá sido tramitada por la Fiscalía, mientras que si el daño causado es inferior a dicha cuantía se entenderá, con el art. 26 RFE, que no han resultado afectados los intereses financieros de la Unión, quedando excluida así la competencia de la Fiscalía salvo en los supuestos excepcionales previstos en el apartado 2 del mismo precepto: que el asunto tenga repercusiones a escala de la Unión o que sean sospechosos de la comisión delictiva funcionarios o agentes de la Unión.

No queremos dejar de hacer referencia a una cuestión que puede resultar cuanto menos confusa, y es la relativa a la competencia de la Fiscalía para investigar los delitos de financiación del terrorismo. Partamos de la premisa de que la Fiscalía no es el órgano competente para investigar estos delitos, incluyendo los actos de financiación de actividades terroristas o de grupos terroristas. Sin embargo, como se advierte en el Considerando 14 de la *Directiva (UE) 2017/541, relativa a la lucha contra el terrorismo*[27], es la Directiva 2015/849 la que establece las normas comunes para proteger el uso del sistema financiero como instrumento para el blanqueo y para la financiación

[27] Directiva (UE) 2017/541 del Parlamento Europeo y del Consejo de 15 de marzo de 2017 relativa a la lucha contra el terrorismo y por la que se sustituye la Decisión marco 2002/475/JAI del Consejo y se modifica la Decisión 2006/671/JAI del Consejo, DOUE de 31 de marzo de 2017, n.º L 88 pp. 6-21.

del terrorismo, obligando a tipificar estas conductas. Puede colegirse, por lo tanto, que el terrorismo puede ser financiado –como realmente ocurre– a través del blanqueo de cantidades procedentes de actividades delictivas previas de las que puede derivarse, también, un daño para los intereses financieros de la Unión[28].

En tales supuestos, será necesario determinar claramente la conexión entre los delitos, ya que de ello podría depender la atribución de competencia a un órgano originalmente incompetente para investigar comportamientos tipificados como terrorismo. Así, habrá de tenerse en cuenta cuál es el delito principal, cuál el delito instrumental, el daño causado, el lugar de comisión e, incluso, el lugar en el que se producen los efectos, aunque no podemos olvidar, como ya hemos dicho, que inicialmente la Fiscalía carece de competencias para investigar tales actos.

4. La conexión como criterio para concretar la competencia

El RFE prevé una ampliación "indirecta" de la competencia a través de la conexión de delitos[29] pues, de forma general, ha de entenderse que la Fiscalía será competente para tramitar la fase de investigación de los delitos indefectiblemente unidos a los previstos en el art. 22.1 de dicho texto. Utilizando los términos del legislador, la Fiscalía será competente "respecto de cualquier delito que esté indisociablemente vinculado con un comportamiento constitutivo de delito incluido en el ámbito de aplicación del apartado 1 del presente artículo", si bien remite al art. 25.3, que es donde se establecen los criterios de conexión y, por ende, de atribución de la competencia a la Fiscalía para conocer de la investigación de delitos originalmente excluidos de su ámbito de actuación.

Sin embargo, la redacción de este último precepto no es sencilla, pues el legislador, después de diferentes intentos de redacción, ha optado por indicar los supuestos en los que, a pesar de la conexión, la Fiscalía decae en su competencia para atribuir la instrucción procesal al órgano competente del

[28] Informe de la Comisión al Parlamento Europea y al Consejo sobre la evaluación de los riesgos de blanqueo de capitales y financiación del terrorismo que afectan al mercado interior y que están relacionados con actividades transfronterizas, Bruselas, 26 de junio de 2017, documento COM(2017) 340 final.

[29] Moreno Catena, V., *Fiscalía Europea y derechos fundamentales*, op. cit., esp. p. 346.

Estado miembro afectado. De este modo, habrá de interpretarse cada uno de las causas de exclusión para concretar los casos en los que la competencia debe quedar definitivamente adjudicada a la Fiscalía Europea.

Así, y a pesar de que se diera la circunstancia de que los delitos supuestamente cometidos se encontrasen indisociablemente unidos, aquélla se abstendrá de ejercer su competencia en los siguientes supuestos:

1. Cuando la sanción máxima establecida en la legislación nacional para un delito de los incluidos en el ámbito determinado por el art. 22 RFE –fraude contra los intereses financieros de la Unión e infracciones dolosas (intencionadas, utilizando el término del Reglamento) y contra el régimen común de IVA– sea igual o menos grave que la fijada para un delito vinculado a los anteriores. En tal caso, y dado que el ordenamiento nacional sanciona de una forma más grave el delito conexo, que no resulta de la competencia de la Fiscalía, se activaría el proceso penal interno con relación a ambos delitos.

Sensu contrario ha de entenderse, pues, que todos los delitos serán competencia de la Fiscalía no sólo como consecuencia de la unidad indisociable de los mismos –que impide escindirlos sin romper la continencia de la causa– sino cuando el delito incluido en el art. 22 es sancionado con una pena superior a la prevista en el Estado para el delito conexo. Parece evidente, por tanto, que lo que busca el legislador europeo es imponer la mayor sanción posible en una especie de finalidad retributiva.

Incorpora este precepto, no obstante, una excepción y es que cuando el delito conexo se haya cometido de forma instrumental, resultando ser el objetivo final la comisión de uno de los delitos previstos en el art. 22.1, la competencia revertirá en la Fiscalía con independencia de la pena impuesta en cada uno de los ordenamientos que resultaran competentes. Por lo tanto, la competencia también se activará en función de la relevancia del delito, esto es, cuando el delito incluido en el ámbito del art. 22 sea el delito principal[30]. Descendiendo los demás comportamientos a la consideración de delitos instrumentales, la investigación de los mismos queda necesariamente

[30] Véase al respecto Nieto Martín, A., Wade, M., Muñoz De Morales, M., "Federal Criminal Law and the European Public Prosecutor's Office", en K. Ligeti (ed.), *Toward a prosecutor for the European Union*, ed. Bek/Hart, Oxford, 2013, pp. 781-802, esp. pp. 797 a 799.

vinculada a la investigación del delito principal, toda vez que no podrían establecerse las condiciones de éste sin determinar las de aquéllos.

2. Cuando el daño causado a otras víctimas sea mayor que el perjuicio causado a los intereses financieros de la Unión Europea, la competencia también se atribuirá a las autoridades de los ordenamientos nacionales. Habrá de determinarse, pues, las diferentes circunstancias que permiten concretar la competencia, tales como el número de víctimas, el daño causado a cada una de aquéllas, el Estado de residencia o el lugar de comisión del delito, entre otros, pues de la conjunción de todos estos aspectos dependerá la determinación del ordenamiento nacional competente para conocer de los delitos conexos y, en su caso, de los procesos acumulados.

Sin embargo, esta exclusión no es general pues no se activará, y por lo tanto no resultará aplicable, cuando nos encontremos ante los supuestos de los apartados a), b) y d) del art. 3 de la Directiva (UE) 2017/1371[31]. Como consecuencia, en cualquier caso, y con independencia del daño causado a otras víctimas, la competencia siempre corresponderá a la Fiscalía cuando el daño soportado por la Unión proceda de un delito de fraude en materia de gastos –ya se trate de gastos relacionados o no con contratos públicos– y en materia de ingresos procedentes del IVA, siempre con las condiciones especificadas en la citada Directiva –art. 25.3 *in fine* RFE–.

3. Por último, se cierra el régimen de atribución de competencias en los supuestos de conexión con una cláusula que atribuye de forma general la competencia a la Fiscalía cuando, con el consentimiento de las autoridades nacionales competentes, se considere que ésta se encuentre en mejores condiciones para investigar o ejercer la acción penal, aunque se trate de delitos que inicialmente le resultarían vedados como consecuencia de la aplicación del apartado 3.b) del artículo 25 –existencia de otras víctimas junto con la Unión Europea–.

[31] Directiva (UE) 2017/1371 del Parlamento Europeo y del Consejo de 5 de julio de 2017 sobre la lucha contra el fraude que afecta a los intereses financieros de la Unión a través del Derecho Penal, DOUE de 28 de julio de 2017, n.º L 198, pp. 29-41.

Dada la redacción del precepto, que expresamente refiere al apartado 3.b), parece que únicamente podrá aplicarse esta opción cuando se constante que hay otras víctimas junto con la Unión Europea y que, sin embargo, no resultará de aplicación cuando nos encontremos ante algunos de los supuestos del apartado 3.a) del art. 25, que atribuye la competencia en función de la gravedad de la sanción prevista.

Por último, ha abordado el legislador la forma de resolver las discrepancias que entre la Fiscalía y las autoridades nacionales pudieran surgir a modo de conflictos de competencia. En tal caso, parece que cada ordenamiento deberá designar una autoridad nacional, siendo éstas quienes decidirán y resolverán en cada caso –art. 25.6 RFE-. Nos encontramos ante una novedad del texto definitivo, pues con carácter general parecía que la intención del legislador europeo era la de atribuir esta función también a la Fiscalía, pero no es suficiente con haber optado por los órganos nacionales pues habrá de procederse a adaptar los ordenamientos a estas circunstancias y fijar, por ejemplo, el sistema de recursos a través de los que sea posible impugnar la decisión de dichos órganos.

5. La Fiscalía Europea como órgano legal predeterminado

Resulta de una claridad evidente que el legislador europeo ha optado por otorgar a la Fiscalía Europea la competencia para investigar los delitos de naturaleza económica que pudieran resultar más relevantes para la Unión. Se trata de una atribución competencial adornada por ciertas características que, como la exclusividad y la preferencia, impide la intervención de los órganos de los Estados miembros que quedan sometidos a un deber de abstención frente a la actividad de la Fiscalía en cuanto órgano instructor protegido por la independencia externa.

En este sentido, en la regulación dada al derecho de avocación, reconocido en el art. 27 RFE, se recoge de forma expresa que las autoridades nacionales se abstendrán de actuar durante el período otorgado a la Fiscalía para decidir sobre dicha posibilidad, salvo que se trate de la adopción de medidas urgentes que tengan por finalidad proteger la investigación y garantizar un efectivo ejercicio de la acción penal.

Por otro lado, la propia independencia de la Fiscalía obliga a las instituciones, órganos, organismos y Estados –entendiéndose entre estos últimos los órganos y autoridades nacionales competentes para la tramitación del proceso penal– a no interferir en su actuación[32], dejando a salvo, lógicamente, aquellos actos de cooperación necesarios durante la investigación, tales como la práctica de determinadas diligencias o la adopción de medidas cautelares restrictivas de derechos fundamentales – que deben ser solicitadas y acordadas a los órganos que pudieran ser jurisdiccionalmente competentes– o las investigaciones transfronterizas a las que, debido a la dificultad añadida, el legislador dedica el art. 31 RFE.

Pero, además, dado que la investigación corresponderá habitualmente a los Fiscales Europeos Delegados de los Estados afectados, habrán de determinarse los criterios para fijar la competencia territorial y concretar, así, el Fiscal Delegado que tramitará la investigación. En primer lugar, se deberá comprobar si en el caso concreto la competencia corresponde a la Fiscalía Europea como órgano de investigación. Así, el art. 23 RFE es el que establece los presupuestos para determinar la competencia territorial y personal de la Fiscalía, siendo necesario que se trate, como ya hemos indicado, de uno de los delitos del art. 22 y que

- hayan sido cometidos, de forma total o parcial, en uno o varios Estados miembros[33]
- hayan sido cometidos por un nacional de un estado miembro, aun fuera del territorio de la Unión, si uno de los Estados se considere competente
- que el delito haya sido cometido, aun fuera del territorio de la Unión, por un funcionario UE o por un agente UE siempre que un Estado se considere competente, aunque la actividad delictiva haya tenido lugar fuera de su espacio territorial.

Sin embargo, los anteriores son, podemos decir, criterios genéricos para determinar la competencia de la Fiscalía en función de vectores territoriales, pero será necesario concretar la competencia para cada uno de los casos, esto es, una vez fijada la competencia objetiva de la Fiscalía habrá de determinarse el ordenamiento jurídico en el que se desarrollará la investigación y, por consiguiente, el Fiscal Delegado que la dirigirá.

[32] Vid. art. 25.1 RFE.

[33] En el caso de los delitos contra el sistema común de IVA el art. 22 exige, concretamente, que se trate de un delito transfronterizo. En caso contrario, y salvo que resulte de aplicación algún tipo de excepción, la competencia le correspondería a los órganos nacionales.

Para ello, el art. 26.4 establece una relación de criterios que se aplicarán por orden de prioridad, esto es, en el orden especificado en dicho precepto, de modo que el primer presupuesto a tener en cuenta sería el criterio *fórum delicti comissi,* ya que los casos serán conocidos por el Fiscal Europeo Delegado del Estado en el que se sitúa la actividad delictiva, mientras que en el caso de los delitos conexos el asunto será iniciado e investigado por el Fiscal Europeo Delegado del Estado en el que se cometieron la mayor parte de los delitos.

No obstante, cuando concurran circunstancias que así lo exijan, cabe la posibilidad de que, de oficio o por orden de la Sala Permanente competente, el Fiscal Delegado de cualquier otro Estado inicie y tramite la investigación teniendo en cuenta ciertos criterios que deberán aplicarse también en el orden de prelación especificado en el art. 27.4 RFE: 1) el lugar de residencia habitual del sospechoso o acusado; 2) la nacionalidad del sospechoso o del acusado; 3) el lugar en el que se haya producido el principal perjuicio financiero. Debido al orden de prioridad establecido, se pasará al criterio posterior cuando no pueda constatarse, obviamente, la concurrencia del presupuesto preferente.

Llama la atención que el texto final del Reglamento haya modificado uno de los criterios que permitía atribuir la competencia al Fiscal Delegado de un Estado distinto de aquél en el que se cometió el delito y es que la redacción definitiva opta por "el lugar donde se haya producido el principal perjuicio financiero", desechando el lugar de residencia de la víctima que se vino manteniendo prácticamente hasta casi la última versión de la propuesta. Probablemente haya pesado en el ánimo del legislador, además de que considera de mayor relevancia la protección de los intereses de la Unión frente a la protección de los intereses de otras víctimas –personas físicas[34], jurídicas[35] o, incluso, otras administraciones–, que en algunos casos la única

[34] Pérez Marín, M.A., "Derechos y garantías de las víctimas en el espacio de libertad, seguridad y justicia: un diseño de protección integral frente al delito", *Revista Internacional Consinter de Direito,* 2015, Año 1, n.º 1, pp. 367-404, y "La regulación europea de los derechos de las víctimas: naturaleza y contenido", en M.I. González Cano (dir.), *Cooperación judicial penal en la Unión Europea,* Valencia, Ed. Tirant lo Blanch, 2015, pp. 367-410.

[35] Vid. De Hoyos Sancho, M., "Sobre la necesidad de armonizar las garantías procesales en los enjuiciamientos de personas jurídicas en el ámbito de la Unión Europea. Valoración de la situación actual y algunas propuestas", Revista *General de Derecho Procesal,* 2017, n.º 43, http://www.iustel.com/v2/revistas/detalle_revista.asp?id_noticia=419071&d=1.

víctima será la propia Unión Europea, aunque a lo largo del texto se hagan referencia a las víctimas –en plural– toda vez que, en el caso de que hubiera más de una, no podrían desconocerse sus derechos. En cualquier caso, al haber desaparecido el supuesto de residencia de la víctima, la existencia de más de una víctima no altera la competencia, pues ésta se atribuye al Fiscal Delegado del Estado en el que los intereses financieros de la Unión hayan sido dañados, cuestión que nos lleva a constatar la preponderancia absoluta que el legislador otorga a los intereses financieros de la Unión incluso frente a los intereses nacionales, aunque exista una clara correlación entre ambos.

En este contexto, hemos de tener en cuenta, además, que hasta que se formule el escrito de acusación la Sala Permanente puede reasignar el caso y acumular o escindir asuntos. Un especial cuidado han de tener las autoridades competentes en este caso pues lo que está en juego, como hemos indicado *supra*, no son sino los derechos de defensa del imputado y la protección del efectivo ejercicio de los derechos reconocidos a la/s víctima/s.

IV. LOS DERECHOS PROCESALES DE LAS PARTES Y LA FISCALÍA EUROPEA. UNA APROXIMACIÓN DESDE EL DERECHO ESPAÑOL

1. Contexto previo: condiciones actuales del Ministerio Público en España

La puesta en marcha de un órgano supranacional, como es el caso de la Fiscalía Europea, implica que los ordenamientos nacionales deberán revisar y adaptar sus normas para garantizar las posibilidades de actuación, elevándose los principios constitucionales consagrados en cada uno de los Estados a límites que no necesariamente deben ceder frente a la presión de las normas supranacionales. No se trata, obviamente, de aplicar las teorías tradicionales relativa a la soberanía nacional –que han ido perdiendo poco a poco su sentido como consecuencia de la existencia misma de la Unión Europea en tanto que organización supranacional– sino de establecer ciertos límites que permitan conservar el sentido constitucional de los distintos ordenamientos que, por otro lado, resultan absolutamente imprescindibles para la propia existencia de la Unión Europea.

Teniendo en cuenta dicho contexto, la Fiscalía Europea obligará a realizar en España un nuevo análisis del ordenamiento constitucional y quedarán los operadores jurídicos sujetos a adaptar la interpretación de algunos de nuestros principios fundamentales. Piénsese, por ejemplo, en el principio del juez legal predeterminado por la ley –art. 24.2 CE (Constitución española de 1978)[36], entre otros, que no puede amparar la posibilidad de que una de las partes del proceso elija al tribunal que haya de resolver sobre el asunto, imponiéndolo a los demás sujetos[37]–, en el propio proceso penal –en el que la fase de investigación corresponde al Juez de Instrucción y no al Fiscal–, en los principios medulares de la Fiscalía Española –una férrea dependencia jerárquica, fundamentalmente, que deja entrever, además, una aparente vinculación del órgano con el Ejecutivo–[38], en la concreta ubicación normativa de la Fiscalía –que no forma parte del Poder Judicial, circunstancia que le priva de la natural independencia que caracteriza a este Poder del Estado y que supone una auténtica garantía para la investigación y para las partes per-

[36] Art. 24.2 CE: "Asimismo, todos tienen derecho al Juez ordinario predeterminado por la ley, a la defensa y a la asistencia de letrado, a ser informados de la acusación formulada contra ellos, a un proceso público sin dilaciones indebidas y con todas las garantías, a utilizar los medios de prueba pertinentes para su defensa, a no declarar contra sí mismos, a no confesarse culpables y a la presunción de inocencia. La ley regulará los casos en que, por razón de parentesco o de secreto profesional, no se estará obligado a declarar sobre hechos presuntamente delictivos".

[37] Moreno Catena, V., *Fiscalía Europea y derechos fundamentales,* op. cit., pág. 52. Sin embargo, el art. 25.3 RFE matiza dicha apreciación al establecer que cuando entre la Fiscalía Europea y las autoridades nacionales existan discrepancias en torno a decisión de quien será competente para la investigación, serán estas últimas quienes decidan la atribución de la competencia. Para ello los Estados miembros deberán designar la autoridad nacional que decidirá en estos casos. Sobre el juez legal vid. Fossas Espadaler, E., "Legislador y derecho fundamental al juez legal", *InDret, revista para el análisis del derecho,* 2016, n.º 2, pp. 1-31, http://www.indret.com/pdf/1223_es.pdf

[38] "No obstante, el principio de dependencia es el más controvertido pues en su vertiente interna supone la subordinación a sus superiores y en especial al Fiscal General del Estado, que podrán dar instrucciones a los inferiores, pero en su vertiente externa se conecta con su subordinación respecto del Poder ejecutivo. Nuestra Constitución ha adoptado una posición intermedia, y en su virtud, se eliminó la referencia constitucional a la dependencia gubernamental pero no se pretendió modificar la tradicional posición del Ministerio Fiscal en el entramado constitucional. Así, según reitera la *STC 7/1981,* de 14 de abril: "no es un órgano administrativo, pero tampoco es un órgano auténticamente judicial". Como tampoco es un órgano al servicio del Ejecutivo, ni su agente. Podría caracterizársele, por tanto, como lo hiciera el Diputado Sr. Cisneros en los debates constituyentes como un órgano del Estado en la Administración de Justicia", en http://www.congreso.es/consti/constitucion/indice/imprimir/sinopsis_pr.jsp?art=124&tipo=2 (fecha de consulta: 6 de febrero de 2018).

sonadas– o en las facultades de actuación que se otorga al Ministerio Fiscal en la tramitación de nuestro proceso penal[39].

El hecho de que la Fiscalía española, salvo excepciones[40], no tenga atribuida la investigación no es, por lo tanto, una decisión arbitraria del legislador, es la conclusión natural a la que se llega como consecuencia, entre otros factores, de las características organizativas y de actuación de nuestro Ministerio Público. Un órgano que carece de autonomía interna, y que ve claramente afectada su independencia externa –aunque sea en apariencia–, no es el más adecuado para dirigir la instrucción penal porque quedan en entredicho la objetividad y la imparcialidad que se exigen a un órgano instructor, principios que, en la actualidad, sólo se predican de los Jueces y Magistrados que constituyen el Poder Judicial. Resulta, por ello, curioso que el Ministerio Fiscal sea, precisamente, un velador de la independencia de los órganos judiciales –art. 1 EOMF–, lo cual implica cierto reconocimiento del propio Ministerio Público con respecto a dicha circunstancia. Es más, esta función es fundamental porque demuestra que el Ministerio Fiscal español no actúa como un mero funcionario pues tiene atribuidas competencias especialmente vinculadas con nuestra Constitución y que ejercita en defensa de la legalidad vigente.

Esa independencia es, como ya hemos indicado, paradigma de la imparcialidad y de la objetividad y estos dos principios son imprescindibles para que el derecho de defensa despliegue toda su eficacia a lo largo del proceso. Es más, en el ordenamiento español corresponde al Juez, en tanto que órgano imparcial, velar por la igualdad de las partes en el proceso, siendo precisamente la independencia del órgano lo que dota de sentido a la imparcialidad judicial y lo que, por lo tanto, permite asegurar la efectiva dualidad de las partes durante la tramitación procesal.

Este momento es adecuado para indicar que en el proceso penal español el Fiscal, al no ser órgano instructor, tiene la consideración de parte, si

---

[39] Según el art. 124.1 CE, corresponde al Ministerio Fiscal, promover la acción de la justicia en defensa de la legalidad, de los derechos de los ciudadanos y del interés público tutelado por la ley, de oficio o a petición de los interesados, así como velar por la independencia de los Tribunales y procurar ante éstos la satisfacción del interés social.

[40] Como ya hemos indicado, al Fiscal de Menores corresponde la tramitación del expediente del proceso de menores, y en el Procedimiento Abreviado, el Fiscal podrá tramitar una investigación preprocesal, que, en principio, puede tener una duración máxima de 6 meses, siempre que aún no haya sido designado el juez instructor competente.

bien es cierto que ocupa una posición privilegiada con respecto a las demás partes intervinientes. Como consecuencia, durante la instrucción judicial no puede realizar por sí mismo actos de investigación, no puede adoptar, acordar u ordenar medidas cautelares ni, por ejemplo, emitir órdenes europeas de detención[41], sino que debe solicitar dichas actuaciones –o dichas medidas– al Juez de Instrucción, de la misma forma que deben hacerlo las demás partes personadas como acusación o como defensa.

Evidentemente existen diferencias entre el Ministerio Fiscal y las demás partes acusadoras. Por un lado, por ejemplo, el principio de legalidad y el principio de imparcialidad/objetividad que caracteriza la función de la Fiscalía le obliga a sostener la acusación si tiene elementos suficientes para ello –recordemos que el Fiscal actúa en defensa de la legalidad vigente, de la sociedad y del interés público[42]– pero, del mismo modo, le exige retirar dicha acusación cuando de las diligencias de investigación practicadas, o cuando del resultado de las pruebas desarrolladas en el acto del juicio, se demuestre claramente que el delito no se cometió, que los actos no son constitutivos de delito o que el investigado/acusado no intervino en ninguna de las fases del delito. No es acertado, pues, decir que el Fiscal es una parte acusadora porque eso no sería sino simplificar excesivamente la consideración de la actividad del Ministerio Fiscal, teniendo en cuenta que ni los principios de actuación, ni su Estatuto Orgánico, ni la Constitución justifican, en modo alguno, dicha afirmación.

Por otro lado, no ser la única parte que puede promover la acción de la justicia y, por lo tanto, no tener el monopolio del ejercicio de la acción penal implica que la retirada de la acusación por la Fiscalía no signifique, necesa-

---

[41] Vid. Jimeno Bulnes, M., "Perspectiva de la Orden europea de detención y entrega: el principio de reconocimiento mutuo y la cooperación judicial en la Unión Europea", en J. Burgos Ladrón de Guevara (coord.), *La cooperación judicial entre España e Italia. La Orden europea de detención y entrega en la ejecución de sentencias penales,* Instituto Vasco de Derecho Procesal, San Sebastián, 2017, esp. pp. 5-33; Jimeno Bulnes, M., "Régimen y experiencia práctica de la orden de detención y entrega europea" en M. Jimeno Bulnes (coord.), *Justicia versus seguridad en el espacio judicial europeo,* Tirant lo Blanch, Valencia, 2010, pp. 61-200; Valbuena González, F., "Garantías procesales en la orden de detención europea", en M. Jimeno Bulnes (coord.), *Justicia versus seguridad en el espacio judicial europeo,* Tirant lo Blanch, Valencia, 2011, pp. 201-229; Valente, M.M. Guedes, *Do mandado de detenção europeu,* Almedina, Coimbra, 2006; Moreno Catena, V., "La orden europea de detención en España", *Revista del poder judicial,* 2005, n.º 78, pp. 11-38

[42] Vid. art. 124.1 CE y art. 1 EOMF.

riamente, el fin del proceso penal. La existencia de otras partes permite al órgano instructor y, en su momento, al órgano sentenciador continuar con la tramitación procedimental a pesar de la decisión del Ministerio Público. En este sentido, y no obstante la relevancia de las funciones reconocidas a este órgano, no es una parte acusadora imprescindible en la fase acusatoria del proceso penal y, de hecho, el principio de legalidad le exige intervenir inicialmente pero también le obliga a no acusar o a retirar la acusación inicialmente sostenida cuando carezca de elementos para ello, circunstancia que, como hemos visto, no pone fin al proceso penal.

1.1. La incorporación de la Fiscalía Europa en el actual sistema procesal

Resulta evidente que la incorporación de la Fiscalía Europea a un sistema procesal como el que acabamos de exponer, a través de unas breves pinceladas, se nos muestra especialmente complejo.

Decíamos en otro apartado de este texto que el RFE deja translucir en distintas ocasiones que el Fiscal Europeo Delegado actuará en cada ordenamiento en función de las facultades que éste reconozca al Ministerio Público nacional. En España, las facultades que se atribuyen a nuestra Fiscalía durante la fase de investigación penal, más allá de las atribuciones reconocidas en el art. 124.1 CE y en al art. 1 EOMF, son intervenir como órgano del Estado solicitando del Juez de Instrucción la práctica de diligencias de investigación y controlar la legalidad del procedimiento. Concretamente, el art. 3.5 EOMF indica que corresponderá al Fiscal "[i]ntervenir en el proceso penal, instando de la autoridad judicial la adopción de las medidas cautelares que procedan y la práctica de las diligencias encaminadas al esclarecimiento de los hechos o instruyendo directamente el procedimiento en el ámbito de lo dispuesto en la Ley Orgánica reguladora de la Responsabilidad Penal de los Menores, pudiendo ordenar a la Policía Judicial aquellas diligencias que estime oportunas". En este sentido, y aunque no suele ser lo habitual, pedir no significa necesariamente que el Juez deba conceder y, en cualquier caso, el Fiscal, por si mismo, no puede decidir. Por ello, el art. 311 LECrim (Ley de Enjuiciamiento Criminal) indica que "[e]l Juez que instruya el sumario practicará las diligencias que le propusieran el Ministerio Fiscal o cualquiera de las partes personadas, si no las considera inútiles o perjudiciales".

Con base en lo anterior, y aunque en el art. 28.4.II RFE se indica que todos los Estados estarán en disposición de que el Fiscal pueda acordar o pueda solicitar la práctica de unas concretas medidas de investigación enumeradas en el art. 30, no creemos que el legislador europeo haya construido una arquitectura tan compleja, pensada para dotar a la Fiscalía Europea casi de las mismas facultades reconocidas a los Ministerios Públicos nacionales, para topar con un ordenamiento, como el español, en el que el Fiscal no tiene capacidad de actuación autónoma. No es que en España el Fiscal Europeo Delegado deba solicitar autorización del Juez de Garantías –quedando aún por determinar qué órganos jurisdiccionales acometerán dicha función– para adoptar medidas de investigación o medidas cautelares que afecten a los derechos fundamentales de los investigados, es que el Fiscal Europeo Delegado, haciendo una interpretación literal y estricta de la ley nacional, no puede acordar la práctica –de casi ninguna diligencia porque el Fiscal español no tiene atribuida esa "competencia", tal y como se indica en el art. 311 LECrim. Paradójicamente, las decisiones del Fiscal Delegado deberían pasar por la autorización del órgano de garantías que resultaría elevado a una especie de codirector de la investigación junto con el Fiscal.

Por otro lado, en España, además de abordar la necesaria reforma de la Fiscalía y del proceso penal, deberíamos realizar un análisis que permitiera coordinar las previsiones del RFE con la participación de otras partes acusadoras en el proceso penal. Efectivamente, como decíamos anteriormente, el Ministerio Público español no tiene el monopolio del ejercicio de la acción penal y nuestra Constitución reconoce el derecho de personación a las víctimas, y a los ciudadanos en general a través de la acusación popular, pudiendo aquéllos realizar las primeras actuaciones de imputación.

Así, y centrándonos exclusivamente en el ámbito de los denominados delitos públicos –en tanto que los delitos que afectan a los intereses financieros de la Unión Europea deben enmarcarse en dicho contexto– el art. 24.1 CE reconoce el derecho de todas las personas a obtener la tutela judicial efectiva de los jueces y tribunales, por lo que ha de entenderse que este precepto se extiende también a las víctimas, a las cuales se reconoce el derecho personarse como acusación particular. De la misma forma, el art. 125 CE articula la posibilidad de personación de la acusación popular que, igualmente, se constituiría como parte acusadora.

Con independencia de la dialéctica o de la reflexión –más o menos polémica– que se ha abierto en España desde hace varios años con respecto a la posibilidad de eliminar la acusación popular[43], hoy por hoy es una figura constitucionalmente regulada y que otorga a los ciudadanos de nacionalidad española el derecho a intervenir como acusación cuando el delito sea de los denominados públicos o cuando, siendo un delito semipúblico, se hayan cumplido las condiciones establecidas legalmente para permitir la participación de la Fiscalía y de la acusación popular. No estamos, pues, en disposición de cercenar un derecho constitucionalmente reconocido a partir, simplemente, de la regulación supranacional en el caso de que se pudiera entender que la atribución de la investigación en exclusividad a la Fiscalía supusiera la imposibilidad de que las otras acusaciones, constitucional y legalmente admitidas, pudieran participar en el proceso iniciado.

Tengamos en cuenta, así, que durante la investigación la Fiscalía no actuará necesariamente como parte acusadora sino como órgano de investigación y que sólo pasará a ocupar una posición acusadora, en su caso, cuando el proceso avance hacia la fase de juicio oral. Dicha circunstancia, por lo tanto, no impide que puedan intervenir otras partes, puesto que el RFE sólo indica que el Fiscal Delegado llevará en exclusiva la investigación, pero no se pronuncia sobre la participación de otras partes desde el inicio del proceso.

Así, y habiendo, en su caso, salvado a través de las reformas oportunas los obstáculos para la intervención de la Fiscalía Europea en el ordenamiento español, parece que es más sencillo hacer una interpretación integradora del RFE, de la CE y de la LECrim. Efectivamente, el hecho de que el Fiscal Europeo Delegado sea el órgano investigador en el ámbito de los delitos que le

---

[43] Armenta Deu, T., "Principio de oportunidad y acción popular, ¿una relación imperfecta?", en M. De Hoyos Sancho (coord..), *La víctima del delito y las últimas reformas procesales penales,* Thomson Reuters-Aranzadi, Cizur Menor (Navarra) 2017, pp. 47-78; Armenta Deu, T., "La acción popular: claves de una reforma que conviene ponderar", *Justicia: revista de derecho procesal,* n.º 1, 2017, pp. 71-126; De La Oliva Santos, A., "La acción popular y la lucha contra la corrupción (Bentham sobre la acusación penal)", en J.C. Ortiz Pradillo (coord.), E. Demetrio Crespo y N. González-Cuéllar Serrano (dirs.), *Halcones y palomas: corrupción y delincuencia económica,* Ediciones Jurídicas Castillo de Luna, Madrid, 2015, págs. 379-401; GIMENO SENDRA, J.V., "Qué hacer con la acción penal popular", *El Cronista del Estado Social y Democrático de Derecho,* 2010, n.º. 14, 2010, pp. 60-64; Manzanares Samaniego, J.L., "La acción popular", *Diario La Ley* 2016, n.º 8722, http://diariolaley.laley.es.; Romero Pradas, M.I., "El acusador particular y popular en el borrador de Código procesal penal español: ejercicio de la acción y juicio sobre la acusación", en C. Ruiz López y R. López Jiménez (coords.), V. Moreno Catena (dir.), *Reflexiones sobre el nuevo proceso penal: Jornadas sobre el borrador del nuevo Código Procesal Penal* , Tirant lo Blanch, Valencia, 2015, pp. 133-153.

han sido atribuidos por el art. 22 RFE, inicialmente no excluye la opción de que puedan intervenir otras partes durante la investigación, toda vez que el legislador europeo condiciona la actividad del Fiscal Delegado en el sentido de que ésta debe desarrollarse por los cauces previstos en el ordenamiento en el que se esté tramitando el proceso.

1.2. La dificultad de los Fiscales Europeos Delegados en el ordenamiento español

Probablemente una de las cuestiones más problemáticas ha sido la decisión de mantener la doble vinculación de los Fiscales Europeos Delegados en lo que se conoce como "fiscal de doble sombrero". Si bien en las propuestas iniciales se abogaba por atribuirles una vinculación exclusiva a la Fiscalía Europea durante el tiempo que ocuparan el cargo de Fiscal Delegado, la decisión final ha sido la de conectar ambas funciones, de forma que no sólo el órgano nacional que actúe como Fiscal Delegado seguirá manteniendo y ejerciendo su actividad profesional en el ordenamiento interno, sino que es condición indispensable para actuar como Fiscal Europeo Delegado ser miembro activo del Ministerio Fiscal –Ministerio Público–, o de la judicatura, y conservar las condiciones establecidas en el ordenamiento de origen para ejercer dicha actividad. Por lo tanto, la destitución de un Fiscal nacional nombrado Fiscal Europeo Delegado, o la adopción de medidas disciplinarias que le impidieran ejercer su actividad como órgano nacional, implicarían la pérdida de la condición de Fiscal Delegado[44], ya que la imposibilidad de actuar en el ámbito nacional le impide actuar a nivel de la Unión Europea.

Llama la atención ciertas imprecisiones en la redacción de algunos preceptos que llevan necesariamente a confusión. Por ejemplo, el apartado 1 del art. 16 indica que los Fiscales Europeos Delegados tendrán las mismas potestades que los Fiscales nacionales. ¿Quiere ello decir que sólo podrán ser miembros de la Fiscalía Europea, como Fiscales Delegados, los miembros del Ministerio Público? Según la clara redacción del artículo, parece que la respuesta a esta pregunta debe ser afirmativa. Pero, acto seguido, el art. 17 establece en su apartado 2 que los Fiscales Europeos Delegados deben ser miembros activos del Ministerio Fiscal "o de la judicatura".

---

[44] Véase art. 13 en relación con el art. 17, ambos del RFE.

Haciendo una interpretación conjunta e integrada de ambos preceptos, podríamos entender que a los Fiscales Europeos Delegados corresponderán –con independencia de su cargo en origen- las mismas atribuciones de investigación previstas para los Fiscales nacionales, apreciación que nos lleva, irremediablemente, a nuevos interrogantes.

Así, en el caso del ordenamiento jurídico español los fiscales nacionales carecen, *stricto sensu*, de competencias de investigación salvo en el ámbito del proceso de menores, en el que, como sabemos, la tramitación del expediente se atribuye precisamente al Ministerio Fiscal, y de las previsiones del art. 773.2 LECrim[45], para el Procedimiento Abreviado, cuando el Juez de Instrucción aún no se haya hecho cargo de la investigación. Por lo tanto, atendiendo a ambas condiciones –la prevista en el Reglamento de la Fiscalía y la prevista en nuestro ordenamiento nacional–, el Fiscal Europeo Delegado español no podría realizar actividad investigadora alguna si no es bajo la supervisión de un órgano competente para la investigación, esto es, un Juez de Instrucción/Juez de Garantías, que acuerde y ejecute las decisiones del Fiscal. Pero, lógicamente, el espíritu de la norma no ha sido la de crear un órgano supranacional absolutamente dependiente de un órgano nacional que autorice todas las decisiones de la Fiscalía. Pero es que, aunque se pudiera interpretar que el Reglamento otorga de una manera más o menos amplia dichas facultades de instrucción, nuestros fiscales actuarían siempre

[45] "Cuando el Ministerio Fiscal tenga noticia de un hecho aparentemente delictivo, bien directamente o por serle presentada una denuncia o atestado, informará a la víctima de los derechos recogidos en la legislación vigente; efectuará la evaluación y resolución provisionales de las necesidades de la víctima de conformidad con lo dispuesto en la legislación vigente y practicará él mismo u ordenará a la Policía Judicial que practique las diligencias que estime pertinentes para la comprobación del hecho o de la responsabilidad de los partícipes en el mismo. El Fiscal decretará el archivo de las actuaciones cuando el hecho no revista los caracteres de delito, comunicándolo con expresión de esta circunstancia a quien hubiere alegado ser perjudicado u ofendido, a fin de que pueda reiterar su denuncia ante el Juez de Instrucción. En otro caso instará del Juez de Instrucción la incoación del procedimiento que corresponda con remisión de lo actuado, poniendo a su disposición al detenido, si lo hubiere, y los efectos del delito.
El Ministerio Fiscal podrá hacer comparecer ante sí a cualquier persona en los términos establecidos en la ley para la citación judicial, a fin de recibirle declaración, en la cual se observarán las mismas garantías señaladas en esta Ley para la prestada ante el Juez o Tribunal. Cesará el Fiscal en sus diligencias tan pronto como tenga conocimiento de la existencia de un procedimiento judicial sobre los mismos hechos".

bajo un doble rasero en el sentido de que algunos consideran que la autonomía –no muy amplia, dese nuestro punto de vista– del Fiscal Delegado choca con la férrea dependencia jerárquica de la Fiscalía española que impide a los miembros del Ministerio Público actuar de una forma autónoma.

Si pensamos, por otro lado, en la posibilidad de que los miembros de la judicatura puedan desempeñar funciones de Fiscal Europeo Delegado, amén de determinar cuáles de nuestros órganos jurisdiccionales (de instrucción) actuarían como Fiscales Europeos Delegados, el problema se plantearía como consecuencia de los principios a los que quedaría sometido por su doble actividad, ya que como Fiscal Delegado perdería la independencia propia que caracteriza a la actividad de los órganos instructores españoles. De este modo, ejercería la función de Fiscal Delegado sometido al principio de dependencia jerárquica mientras que como Juez Instructor nacional desarrollaría su actividad dotado de independencia en la acepción más absoluta del término. Quedarían sujetos, pues, a una especie de esquizofrenia jurídica que dificultaría considerablemente la actuación del Juez/Fiscal Delegado. Como consecuencia, cabe predecir que nuestros jueces y magistrados no estarán en clara disposición de compaginar ambas funciones[46].

2. Una revisión de los derechos y garantías procesales a partir de la intervención de la Fiscalía Europea

¿Qué sucedería si, en un momento concreto de la investigación, la Sala Permanente decide que resulta competente otro ordenamiento distinto de aquél en el que se iniciaron las actuaciones procesales? ¿O qué ocurriría cuando, finalizada la instrucción, la Sala Permanente entendiera que la fase de juicio oral debe tener lugar en otro ordenamiento diferente? Posibilidades que prevé el RFE en los arts. 26.5, 27.7 y 36 RFE.

Para responder a dichas cuestiones hemos de tener en cuenta algunas precisiones relativas a los derechos y garantías reconocidos a las víctimas y los imputados/acusados[47].

---

[46] Vid. Doreste Armas, D.C., "El espacio judicial europeo y la Fiscalía Europea como órgano de investigación y persecución penal versus modelo procesal español", *Diario La Ley*, 2017, n.º 8981, http://diariolaley.laley.es.

[47] En este sentido vid Vervaele, J., "El espacio de libertad, seguridad y justicia: ¿Hacia una protección equivalente de las partes/participantes en el proceso penal', en M. De Hoyos

2.1. Algunas circunstancias de las víctimas

La CDFUE proclama en sus arts. 47 a 50 los derechos y las garantías procesales de las partes, otorgándoles la misma eficacia que se les reconocen en el CEDH y permitiendo que los Estados le dispensen un mayor grado de protección que el ofrecido por la propia Unión Europea[48]. La Carta, por lo tanto, constituye norma de obligado cumplimiento para la Fiscalía, sometida, en todo caso, al principio de legalidad. Asimismo, se han ido aprobando distintos instrumentos jurídicos que vienen a constituir, en cierto modo, el estatuto de derechos del imputado, reconociéndose estas garantías procesales en el art. 41 RFE mientras que en el art. 42 proclama el control jurisdiccional de los actos de la Fiscalía.

Sin embargo, a pesar de que aparentemente contamos con un cuerpo legislativo sólido que protege los derechos del imputado, y que deberá venir fortaleciéndose a través de futuras decisiones del legislador, el esfuerzo armonizador de los Estados en este ámbito y en lo que respecta a los derechos de las víctimas no ha sido suficiente.

Con relación a estas últimas, hemos de ser conscientes de que la transposición de la Directiva 2012 ha sido irregular en el sentido de que no en todos los Estados los derechos reconocidos a la víctima tienen la misma amplitud. En España, por ejemplo, la víctima puede intervenir desde el primer momento, ocupa la posición de parte acusadora desde el inicio y puede sostener su propia pretensión en todo independiente del Fiscal[49]. Es más, tal y como ya hemos indicado, si la Fiscalía se retirase de proceso éste continuaría gracias a la pretensión penal sostenida por la acusación particular e, incluso, por la acusación popular –en este último caso, con ciertos matices–.

Si el ordenamiento en el que se seguirá tramitando la investigación, o en el que se desarrollará la fase de juicio oral, no reconoce a las víctimas los mismos derechos, o estos no reciben el mismo nivel de protección, es lógico entender que la víctima se pudiera sentir perjudicada puesto que las perspectivas de actuación que le ofrece un ordenamiento se ven reducidas por otro que viene a resultar, en un determinado momento, jurisdiccionalmente

Sancho (dir.) *Garantías y derechos de las víctimas especialmente vulnerables en el marco jurídico de la Unión Europea,* Ed. Tirant lo Blanch, Valencia, 2013, pp. 15-30.

[48] Llorente Sánchez-Arjona, M., *Las garantías procesales en el espacio judicial europeo de justicia penal,* Tirant lo Blanch, Valencia, 2014, esp. pp. 139-141.

[49] En el caso de España, véase la Ley 4/2015, de 27 de abril, del estatuto de la víctima del delito.

competente. Pudiera ocurrir, así, que la víctima que ha participado desde el inicio no pueda continuar siendo parte en el proceso o que, aun siendo así, viera sus derechos reducidos por las previsiones normativas del ordenamiento en el que se continúa la tramitación del proceso penal.

Hemos, además, de tener en cuenta otra cuestión especialmente delicada, y es que la Directiva de 2012 no atribuye los derechos reconocidos en dicho instrumento a las personas jurídicas afectadas por el delito. Es conocida la reacción de la doctrina que afirma que la Unión Europea ha ido perdiendo oportunidades para regular las facultades y los derechos que, de forma necesaria, han de atribuirse a una persona jurídica cuando ésta sea la víctima[50]. Únicamente tenemos que comprobar la forma en la que está redactado dicho instrumento para entender que el legislador estaba pensando en las personas físicas[51] olvidando que ciertos delitos afectan de manera directa a las personas jurídicas, como puede ocurrir en el caso de fraude y de aquellos otros que incidan en los intereses financieros de la Unión Europea. Por lo tanto, el legislador europeo y el legislador nacional se encuentran ahora con un problema que parece que no ha sido completamente previsto.

---

[50] CHOCRÓN GIRÁLDEZ, A. M., "Un nuevo impulso a las garantías procesales de las víctimas en la Unión Europea (La Directiva 2012/29/UE del Parlamento Europeo y del Consejo, de 25 de octubre)", en J. MARTÍN OSTOS (Coord.) *El Derecho Procesal en el espacio judicial europeo. Estudios dedicados al Catedrático Faustino Gutiérrez-Alviz y Conradi*, Ed. Atelier, Barcelona, 2013, pp. 175-188. CHOCRÓN GIRÁLDEZ, A. M., "La Directiva 2012/29/UE del Parlamento Europeo y del Consejo, de 25 de octubre, sobre los derechos, el apoyo y la protección a las víctimas de delitos", *Revista Aranzadi Unión Europea*, Diciembre 2013, n.º 12, pp. 37- 58. DE HOYOS SANCHO, M., "Reflexiones sobre la Directiva 2012/29/UE, por la que se establecen normas mínimas sobre los derechos, el apoyo y la protección de las víctimas de delitos, y su transposición al ordenamiento español", *Revista General de Derecho Procesal*, 2014, n.º. 34, pp. 1-53. MARTÍN RÍOS, P., "La exclusión de la mediación como manifestación de las *no-drop policies* en violencia de género: Análisis de la cuestión a la luz de la Directiva 2012/20/UE", en J. Martín Ostos, J. (coord.) *El Derecho Procesal en el espacio judicial europeo*, Barcelona, 2013, esp. pp. 367 y 369. MARTÍN RÍOS, P., "Tratamiento procesal de la violencia doméstica y de género en España: La implantación de *no-drop policies* frente a planteamientos *pro victim choice*" en *Proceso, eficacia y garantías en la sociedad global*, Barcelona 2013, esp. pp. 562 y ss.; VIDAL FERNÁNDEZ, B., "Reparación de las víctimas del delito de la Unión Europea: tutela por el Tribunal de Justicia de la UE del derecho a la indemnización", *Revista de Derecho Europeo*, 2015, n.º 66, enero-junio, pp. 1-24, http://www.ree-uva.es/.

[51] PÉREZ MARÍN, M.A., "Derechos y garantías de la víctima en el espacio de libertad, seguridad y justicia: un diseño de protección integral frente al delito", *Revista Consinter de Direito*, 2015 año 1, n.º 1, https://editorialjurua.com/revistaconsinter/es/revistas/ano-i-volume-i/.

De este modo, no puede desconocerse que los delitos que afecten a los intereses financieros de la Unión Europea también pueden afectar a otras personas –físicas o jurídicas–, de forma que el legislador a lo largo del Reglamento refiere dicha circunstancia y habla de "otras víctimas". La cuestión reside ahora en cómo arbitrar las posibilidades de actuación de las personas jurídicas entendidas no como imputadas –toda vez que es ampliamente admitida la responsabilidad penal de las mismas– sino como verdaderas víctimas. Estamos ante un tema urgente que, de forma necesaria, debe ser tratado de forma urgente.

2.2. Breve reflexión sobre los derechos y garantías de los imputados

Exactamente lo mismo sucederá con los derechos reconocidos a los investigados. Si bien es cierto que la Unión Europea ha realizado una importante labor armonizadora en este ámbito[52] y que los Estados, igualmente, han procedido a la correspondiente transposición, el acto de incorporación al derecho interno permite precisamente a los Estados transponer en diferente grado, de forma que es suficiente con respetar los derechos mínimos reconocidos por el legislador europeo. Además, también debido al diferente nivel de transposición, se aprecian distintos estadios en cuanto al reconoci-

[52] Directiva 2010/64/UE del Parlamento Europeo y del Consejo, de 20 de octubre de 2010, relativa al derecho a interpretación y a traducción en los procesos penales, DOUE de 26 de octubre de 2010, n.º L 280, pp. 1-7.
Directiva 2012/13/UE del Parlamento Europeo y del Consejo, de 22 de mayo de 2012, relativa al derecho a la información en los procesos penales, DOUE de 1 de junio de 2012, n.º L 142, pp. 1-10.
Directiva 2013/48/UE del Parlamento Europeo y del Consejo, de 22 de octubre de 2013, sobre el derecho a la asistencia de letrado en los procesos penales y en los procedimientos relativos a la orden de detención europea y sobre el derecho a que se informe a un tercero en el momento de la privación de libertad y a comunicarse con terceros y con autoridades consulares durante la privación de libertad, DOUE de 6 de noviembre de 2013, n.º L 294, pp. 1-12.
Directiva (UE) 2016/343 del Parlamento Europeo y del Consejo, de 9 de marzo de 2016, por la que se refuerzan en el proceso penal determinados aspectos de la presunción de inocencia y el derecho a estar presente en el juicio, DOUE de 11 de marzo de 2016, n.º L 65, pp. 1-11.
Directiva (UE) 2016/1919 del Parlamento Europeo y del Consejo, de 26 de octubre de 2016, relativa a la asistencia jurídica gratuita a los sospechosos y acusados en los procesos penales y a las personas buscadas en virtud de un procedimiento de orden europea de detención, DOUE de 4 de noviembre de 2016, n.º L 297, pp. 1-8.

miento de derechos y garantías que llevan a discutir aspectos que resultan de especial relevancia para el investigado/acusado.

Con relación a la actuación de la Fiscalía tampoco es suficiente con aceptar que esta quede sometida a la CDFUE y que el Reglamento dedique un artículo a los derechos de los sospechosos y acusados –el 41–, que en realidad viene a ser una remisión a los instrumentos jurídicos que conforman el estatuto jurídico del imputado. Es prácticamente inútil, por ejemplo, reconocer un contenido mínimo del derecho de defensa –cuyo espectro es extraordinariamente amplio en el ordenamiento español, por ejemplo, en el que podemos distinguir, incluso, un derecho de defensa genérico frente al surgimiento formal del mismo– puesto que lo imprescindible es armonizar aspectos de tanta importancia como el momento en el que nace el derecho, ya que de ello depende la aplicación y el reconocimiento de otros derechos que conforman su manifestación física y material. Efectivamente, del momento en el que aquél se reconozca dependerá, a su vez, el derecho a la asistencia letrada, a la asistencia de intérprete y de traductor y, en su caso, a la asistencia jurídica gratuita. Si no existe una interpretación uniforme entre los Estados, nos encontraremos ante diferentes protecciones jurídicas, provocando problemas de imputación, de protección del imputado y con respecto al reconocimiento efectivo de los derechos y de las garantías procesales que les son propios.

Es evidente que estas circunstancias resultan especialmente importantes para la Fiscalía Europea ya que el diferente reconocimiento provocará que su actuación pueda ser también diferente y, lejos de encontrarnos con un procedimiento único, asistiremos a tantas variaciones como ordenamientos jurídicos. De la misma manera, el distinto reconocimiento del contenido del derecho de defensa, y las varias posibilidades de actuación de las partes en función del ordenamiento en el que se esté tramitando la investigación, provocarán, desafortunadamente, que se produzca una comparación entre ordenamientos, siendo así que nos encontraremos frente a sistemas más garantistas y frente a otros que, aun cumpliendo los mínimos exigidos por el legislador europeo, lo son menos, dando pie a un agravio comparativo entre imputados, dependiendo del Estado en el que se esté tramitando el proceso penal, y provocando un indeseable efecto de *forum shopping*.

Probablemente, en esta ocasión el punto de partida del problema no se encuentre en los instrumentos jurídicos relativos a los derechos y garantías de los imputados y de los acusados en el proceso penal ni, por supuesto, en la transposición realizada por los Estados, sino en que nos hemos acostumbrado a un derecho de mínimos que ha venido funcionando hasta ahora –con dificultades– y que encuentra su base en el principio de reconocimiento mutuo. Pero ha llegado el momento de dar un paso más en este aspecto, toda vez que el reconocimiento mutuo puede llegar a mostrarse más como un lastre que como un elemento que permita avanzar, dificultando así la interpretación armónica de la norma.

Teniendo en cuenta que la Fiscalía es, en palabras de la Comisión, el primer órgano "federal" con el que cuenta la Unión[53], y que su creación ha sido una decisión de los Estados, no cabe ahora que estos pretendan esconderse tras una sobredimensionada concepción de la soberanía pues es imprescindible actuar de forma consecuente y asumir la necesidad de crear ámbitos de derecho homogéneos, e incluso integrados, que sirvan de vía a la Fiscalía que, como órgano común, debe actuar de forma equivalente en todos los Estados en aras de una mayor seguridad jurídica.

No ha pensado el legislador en esta circunstancia cuando ha atribuido facultades a la Sala Permanente, como ya hemos referido, relativas a la posibilidad de reasignar el asunto a otro Fiscal Delegado dentro del mismo Estado –art. 28 RFE–, de atribuir la investigación a otro ordenamiento y, por lo tanto, a otro Fiscal Delegado, alterar la competencia jurisdiccional natural del Estado –que se deriva precisamente de la competencia jurisdiccional reconocida para la investigación, de forma que los órganos competentes para conocer del enjuiciamiento son los correspondientes al Estado en el que se desarrolló la investigación– o la posibilidad de escindir o acumular

[53] Comunicado de Prensa de la Comisión Europea, de 17 de julio de 2013 -*Proteger el dinero de los contribuyentes contra el fraude: la Comisión propone una Fiscalía Europea y refuerza las garantías procesales de la OLAF*-, disponible en http://europa.eu/rapid/press-release_IP-13-709_es.htm, fecha de consulta: 14 de marzo de 2017: "[l]a lógica de la propuesta de Fiscalía Europea es sencilla: si hay un "presupuesto federal", alimentado con fondos procedentes de todos los Estados miembros de la UE y gestionado en virtud de normas comunes, entonces también se necesitan "instrumentos federales" para proteger ese presupuesto de manera efectiva en toda la Unión. Actualmente, existe un nivel de protección y cumplimiento muy desigual en la UE en materia de lucha contra el fraude de la UE. El porcentaje de acciones judiciales efectivas relacionadas con infracciones contra el presupuesto de la UE varía considerablemente de un Estado miembro a otro, con una media en la UE de solo el 42,3 % [...]. Muchos asuntos ni siquiera se enjuician, lo que permite a los defraudadores aprovechar las lagunas jurídicas y embolsarse el dinero de los contribuyentes sin castigo. Incluso en caso de procesamiento, hay una gran disparidad entre los Estados miembros desde el punto de vista de las condenas por delitos cometidos contra el presupuesto de la UE".

asuntos –art. 26.5 RFE– que podrían desarrollarse, o estar tramitándose, en diferentes Estados[54], circunstancias todas que pueden implicar que los derechos y las garantías procesales de los imputados se viesen mermados.

Sin embargo, es necesario asumir que, en ocasiones, es el propio ordenamiento nacional el que determinará la escisión del asunto, como sucederá con los menores, en tanto que el legislador español ha decidido, entre otros casos, que los delitos cometidos por menores de 18 años se conocerán en un proceso especial con características propias –el proceso de menores– y que, incluso, las actuaciones realizadas en el proceso de menores y la sentencia emitida en el mismo no podrán llegar al procedimiento penal "ordinario" y no constituyen, por lo tanto, un elemento vinculante para el tribunal penal.

No podemos olvidar tampoco que, en los asuntos transfronterizos, el Fiscal Delegado encargado deberá acudir a los Fiscales Delegados asistentes en aquellos casos en los que sean necesario practicar diligencias o pruebas en otros ordenamientos. En este aspecto, el legislador europeo hace una concesión al Estado del Fiscal Delegado encargado, en el sentido de que exige autorización judicial para practicar la diligencia en el Estado del Fiscal asistente cuando ello sea necesario en el Estado de origen. Con esta cláusula se pretende evitar que la alegación de falta de garantías procesales pueda invalidar el resultado obtenido –art. 31.3 en relación con el art. 37 RFE–, si bien, desde nuestro punto de vista, no sólo es necesario dicha autorización, sino que deberá garantizarse al imputado que con ocasión de la práctica de la diligencia se le reconocerán todos los derechos que le correspondería como imputado en el Estado de ejecución.

De la misma manera, la asistencia letrada –tanto en su consideración de manifestación externa del derecho de defensa como desde la perspectiva de la actividad profesional del abogado– se ve igualmente afectada, no sólo porque el derecho a la asistencia depende en gran medida del momento en el que se despliega el derecho de defensa sino porque el letrado –abogado– se ve obligado a conocer la tramitación procedimental de los distintos orde-

---

[54] En este punto el considerando 68 RFE indica que "[e]n caso de que varios Fiscales Europeos Delegados hayan abierto investigaciones respecto del mismo delito, la Sala Permanente debe, cuando proceda, acumular dichas investigaciones. La Sala Permanente puede decidir no acumular tales procesos, o decidir ulteriormente escindirlos, si ello aumenta la eficiencia de las investigaciones, por ejemplo, en caso de que los procedimientos contra uno de los sospechosos o acusados pudieran concluirse más deprisa [...]. Cuando la Sala Permanente decida escindir un caso, debe mantenerse su competencia sobre los casos resultantes".

namientos en los que pudiera tramitarse el proceso en el que su cliente es parte, dificultándose así la protección del imputado que, hoy por hoy, continua siendo el núcleo esencial del proceso penal. Otra opción, también compleja, será la de designar letrado en el nuevo ordenamiento. En tal caso, nos podemos encontrar con el riesgo de la diferente concepción del derecho a la asistencia jurídica gratuita y, especialmente, con la dificultad añadida que implica que distintos abogados intervengan de forma conjunta o sucesiva a lo largo del proceso, careciendo, por lo tanto, de una visión genérica del asunto, circunstancia que puede tener una clara incidencia en el derecho de defensa[55].

En cualquier caso, y con independencia de que con la incorporación de la Fiscalía Europea y de la aprobación de distintos instrumentos jurídicos, como la Directiva PIF, para ciertos delitos parece que el epicentro del proceso penal haya pasado a la protección de los intereses financieros de la Unión, no es menos cierto que los derechos reconocidos al imputado en el proceso han sido diseñados para su protección, hasta el punto de que su transgresión o vulneración podrían dar lugar a la nulidad de lo actuado, y ello aunque la víctima sea la Unión Europea y el bien jurídico que deba protegerse esté constituido por los intereses financieros de la Unión.

IV. CONCLUSIÓN FINAL

La Fiscalía Europea supondrá un avance extraordinario en la lucha contra el fraude y contra la delincuencia transfronteriza pero también supondrá un reto para la Unión Europea y para los Estados miembros que deberán afrontar considerables dificultades y, en ocasiones, reformas de calado constitucional en sus propios ordenamientos con objeto de establecer las bases jurídicas para la actuación de la Fiscalía en cada uno de los Estados. Lo más complicado no es lo que se ha conseguido –aprobar la creación de este órgano– sino lo que aún está por venir.

Desde nuestro punto de vista el Reglamento de la Fiscalía es un instrumento jurídico de mínimos. Es, podemos decir, el Reglamento que se ha podido aprobar, son los mínimos en los que se han puesto de acuerdo 16

[55] Jimeno Bulnes, M., "La Directiva 2013/48/UE del Parlamento Europeo y del Consejo de 22 de octubre de 2013 sobre los derechos de asistencia letrada y comunicación en el proceso penal: ¿realidad al fin?", *Revista de Derecho Comunitario Europeo*, 2014, n.º 18, pp. 443-489.

Estados miembros, inicialmente, y al que han continuado incorporándose hasta llegar a 22 en la actualidad. La cuestión es que esta normativa de mínimos supondrá para los Estados y para la propia Fiscalía un verdadero esfuerzo, pues si se mantienen las actuales diferencias entre ordenamientos es fácil concluir que la fase de investigación que se atribuye a la Fiscalía no se desarrollará bajo los mismos parámetros en todos los casos y que, incluso, se podrán apreciar claras diferencias en el reconocimiento y protección de los derechos reconocidos a las partes intervinientes en el proceso. Piénsese, así, en las diferencias en cuanto a las facultades instructoras de los órganos nacionales que deberán traspasarse a la Fiscalía en el ámbito de su competencia, la distinta consideración de los derechos fundamentales de investigados y víctimas que obligarán a la Fiscalía a actuar con diferentes raseros o en la mayor o menor intervención de órganos jurisdiccionales de garantías.

Si como considera la Comisión Europea este órgano es un avance en el campo de la cooperación judicial penal que permitirá superar la cooperación que hoy conocemos y si, según parece, nos encontramos ante el primer órgano penal que fortalece la estructura federal del espacio de libertad, seguridad y justicia, resulta obligado armonizar las normas internas para evitar que, en su actuación, los Fiscales Europeos Delegados tengan más o menos posibilidades según el ordenamiento en el que el que se esté tramitando la investigación, ya que ello significaría que la Fiscalía actuará de diferente manera y con distintas facultades dependiendo del caso y del ordenamiento jurídico en el que desarrollen su actividad.

Nos encontramos ante los cimientos de un futuro órgano instructor común y es imprescindible, como consecuencia, reforzar los pilares sobre los que éste se asentará. Para ello, los Estados deben hacer un verdadero esfuerzo, toda vez que se les pide que cedan una mayor parcela de la soberanía que aún continúan manteniendo.

La Unión Europea ha optado por la Fiscalía, es decir, por luchar de forma centralizada contra el fraude, el blanqueo, la corrupción y la delincuencia transnacional desde el Derecho Penal debido al fracaso de otras políticas preventivas y sancionadoras. Pero no es suficiente con crear el órgano, sino que hay que dotarlo de los instrumentos de actuación necesarios para garantizar su eficacia y ello pasa, necesariamente, por un mayor grado de armonización de ordenamientos: si el órgano es común, las normas también deben serlo. En caso contrario, no es que en cada Estado la Fiscalía pudiera gozar de una eficacia distinta, sino que estaría abocada al fracaso.

Resta pues, como decíamos, lo más complejo. Aún es necesario continuar el esfuerzo porque el nuevo sistema de lucha contra el fraude sólo acaba de comenzar.

Bibliografía Consultada

Alcaide, S.E. Miheirao, *Âmbito de competência material da procuradoria europeia,* 2015, Sindicato de Magistrados del Ministerio Público, Viseu, 2015.

Armenta Deu, T., "Principio de oportunidad y acción popular, ¿una relación imperfecta?", en M. De Hoyos Sancho (coord..), *La víctima del delito y las últimas reformas procesales penales,* Thomson Reuters-Aranzadi, Cizur Menor (Navarra), 2017, pp. 47-78.

___,"La acción popular: claves de una reforma que conviene ponderar", *Justicia: revista de derecho procesal,* 2017, n.º 1, pp.71-126.

Chocrón Giráldez, A. M., "Un nuevo impulso a las garantías procesales de las víctimas en la Unión Europea (La Directiva 2012/29/UE del Parlamento Europeo y del Consejo, de 25 de octubre)", en J. Martín Ostos (Coord.) *El Derecho Procesal en el espacio judicial europeo. Estudios dedicados al Catedrático Faustino Gutiérrez-Alviz y Conradi,* Ed. Atelier, Barcelona, 2013, pp. 175-188.

___, "La Directiva 2012/29/UE del Parlamento Europeo y del Consejo, de 25 de octubre, sobre los derechos, el apoyo y la protección a las víctimas de delitos", *Revista Aranzadi Unión Europea,* 2013, n.º 12, pp. 37- 58.

Cluny, A., "A independência da Procuradoria Europeia: um marco na cultura judiciária da Europa", en *Estudos em memória do Conselheiro Artur Maurício,* Coimbra, Coimbra Editora, 2014, pp. 157-177.

Costa, J. Alves, "La creación de la Fiscalía Europea" en C. Arangüena Fanego (dir.), *Espacio europeo de libertad, seguridad y justicia: últimos avances en cooperación judicial,* Lex Nova, Valladolid, 2010, pp. 85-100.

Csonka, P., Juszczak, A., Sasun, E. "The establishment of the European Public Prosecutor´s Office. The road from vision to reality, *EUCRIM, The European criminal law associations 'forum,* 2017, n.º 3, pp. 125-135.

Dallasta Del Grossi, V.C., "Los derechos de los investigados y la paridad de armas en la cooperación jurídica internacional penal en el ámbito de la Unión Europea: el futuro derecho fundamental a la defensa", *Crítica penal y poder,* 2017, n.º 12, pp. 168-202.

De Hoyos Sancho, M., "Sobre la necesidad de armonizar las garantías procesales en los enjuiciamientos de personas jurídicas en el ámbito de la Unión Europea.

Valoración de la situación actual y algunas propuestas", Revista *General de Derecho Procesal,* 2017, n.º 43, http://www.iustel.com.

___, "Reflexiones sobre la Directiva 2012/29/UE, por la que se establecen normas mínimas sobre los derechos, el apoyo y la protección de las víctimas de delitos, y su transposición al ordenamiento español", *Revista General de Derecho Procesal,* 2014, n.º 34, http://www.iustel.com/.

De La Oliva Santos, A., "La acción popular y la lucha contra la corrupción (Bentham sobre la acusación penal)", en J.C. Ortiz Pradillo (coord.), E. Demetrio Crespo y N. González-Cuéllar Serrano (dirs.), *Halcones y palomas: corrupción y delincuencia económica,* Ediciones Jurídicas Castillo de Luna, Madrid, 2015, págs. 379-401.

Doreste Armas, D.C., "El espacio judicial europeo y la Fiscalía Europea como órgano de investigación y persecución penal versus modelo procesal español", *Diario La Ley,* 2017, n.º 8981, http://diariolaley.laley.es.

Estévez Mendoza, L., "La instauración de la Fiscalía Europea como cooperación reforzada: problemas orgánicos y procesales", *Revista de Estudios Europeos,* 2017, n.º extra, 1, pp. 106-122.

Fossas Espadaler, E., "Legislador y derecho fundamental al juez legal", *InDret, revista para el análisis del derecho,* 2016, n.º 2, pp. 1-31, http://www.indret.com/pdf/1223_es.pdf.

Gimeno Sendra,V., "Qué hacer con la acción penal popular", *El Cronista del Estado Social y Democrático de Derecho,* 2010, n.º. 14, 2010, pp. 60-64.

González Cano, M.I., "Nuevos paradigmas de la cooperación judicial penal en la Unión Europea", en S. Barona Vilar (coord.), Justicia civil y penal en la era global, Tirant lo Blanch, Valencia, 2017, pp. 339-362.

Jimeno Bulnes, M., "Perspectiva de la Orden europea de detención y entrega: el principio de reconocimiento mutuo y la cooperación judicial en la Unión Europea", en J. Burgos Ladrón de Guevara (coord.), *La cooperación judicial entre España e Italia. La Orden europea de detención y entrega en la ejecución de sentencias penales,* Instituto Vasco de Derecho Procesal, San Sebastián, 2017, pp. 5-33.

___, "La Directiva 2013/48/UE del Parlamento Europeo y del Consejo de 22 de octubre de 2013 sobre los derechos de asistencia letrada y comunicación en el proceso penal: ¿realidad al fin?", *Revista de Derecho Comunitario Europeo,* 2014, n.º 18, pp. 443-489.

___, "Régimen y experiencia práctica de la orden de detención y entrega europea" en M. Jimeno Bulnes (coord.), *Justicia versus seguridad en el espacio judicial europeo,* Tirant lo Blanch, Valencia, 2010, pp. 61-200.

JOYA CARRASCO, M., "Reconocimiento y ejecución de resoluciones extranjeras en la Unión Europea. Del Convenio de Bruselas de 1968 al Reglamento (UE) 1215/2012, del Parlamento Europeo y del Consejo, de 12 de diciembre de 2012", *Diario La Ley, 2014*, n.º 8247, pp. 1-13, http://diariolaley.laley.es.

KLIP, A., *A European Criminal Law. An interpretative approach,* Intersentia, Cambridge-Antwerp-Portland, 2012.

LLORENTE SÁNCHEZ-ARJONA, M., *Las garantías procesales en el espacio europeo de justicia penal,* Tirant lo Blanch, Valencia, 2014.

LOTHAR, K., "The European Public Prosecutor´s Office. More effective, equivalent and independent criminal prosecution against fraud?", *EUCRIM, The European criminal law associations 'forum,* 2017, n.º 3, pp. 135-143.

MANZANARES SAMANIEGO, J.L., "La acción popular", *Diario La Ley,* 2016, n.º 8722, http://diariolaley.laley.es.

MAPELLI MARCHENA, C., *El modelo penal de la Unión Europea,* Thomson Reuters-Aranzadi, Cizur Menor (Navarra), 2014.

MARTÍN QUERALT, J., "La Fiscalía Europea y los delitos contra la Hacienda Pública comunitaria", Carta *Tributaria,* 2017, n.º 33, *http://revistas.laley.es/content/Documento.*

MARTÍN OSTOS, J., "La Justicia en la Unión Europea", *Crónica Jurídica Hispalense: revista de la Facultad de Derecho,*2005, n.º extra 3, pp. 243-260.

MARTÍN RÍOS, P., "La exclusión de la mediación como manifestación de las *no-drop policies* en violencia de género: Análisis de la cuestión a la luz de la Directiva 2012/20/UE", en J. Martín Ostos, J. (coord.) *El Derecho Procesal en el espacio judicial europeo,* Barcelona, 2013.

MARTÍN RÍOS, P., "Tratamiento procesal de la violencia doméstica y de género en España: La implantación de *no-drop policies* frente a planteamientos *pro victim choice*" en *Proceso, eficacia y garantías en la sociedad global,* Barcelona 2013.

MET-DOMESTICI, A., "The hybrid architecture of the EPPO. From the Commission`s proposal to the final act", *EUCRIM, The European criminal law associations 'forum,* 2017, n.º 3, pp. 143-149.

MORENO CATENA, V., *Fiscalía Europea y Derechos fundamentales,* Tirant lo Blanch, Valencia, 2014.

___, "El cambio de paradigma y el principio de reconocimiento mutuo y sus implicaciones. Perspectivas del Tratado de Lisboa", en A. Arnaiz Serrano (coord.) y M. Carmona Ruano, I. González Vega, V. Moreno Catena (dirs.), *Cooperación judicial penal en Europa,* Ed. Dikynson, Madrid, 2013, pp. 41-77.

___, "Sobre el derecho de defensa: cuestiones generales", *Teoría y derecho: revista de pensamiento jurídico,* 2008, n.º 8, pp. 17-40.

___, "La orden europea de detención en España", *Revista del poder judicial,* 2005, n.º 78, pp. 11-38.

Nieto Martín, A., Wade, M., Muñoz De Morales, M., "Federal Criminal Law and the European Public Prosecutor's Office", en K. Ligeti (ed.), *Toward a prosecutor for the European Union,* ed. Bek/Hart, Oxford, 2013, pp. 781-802.

Pérez Marín, M.A., "La futura Fiscalía Europea", en M. Jimeno Bulnes (dir.), *Aproximación legislativa versus reconocimiento mutuo en el desarrollo del Espacio Judicial Europeo: una perspectiva multidisciplinar,* Ed. J.M. Bosch, Barcelona, 2016, pp. 265-310.

___, "Derechos y garantías de las víctimas en el espacio de libertad, seguridad y justicia: un diseño de protección integral frente al delito", *Revista Internacional Consinter de Direito,* 2015, Año 1, n.º 1, pp. 367-404, y "La regulación europea de los derechos de las víctimas: naturaleza y contenido", en M.I. González Cano (dir.), *Cooperación judicial penal en la Unión Europea,* Valencia, Ed. Tirant lo Blanch, 2015, pp. 367-410.

___, "Derechos y garantías de la víctima en el espacio de libertad, seguridad y justicia: un diseño de protección integral frente al delito", *Revista Consinter de Direito,* 2015 año 1, n.º 1, https://editorialjurua.com/revistaconsinter/es/revistas/ano-i-volume-i/ .

___, "El futuro órgano instructor común: una propuesta para la organización de la Fiscalía europea y para el control de su actividad", *Cuadernos de Política Criminal,* 2012, n.º 108, III, pp. 141-174.

Ribeiro de Alburquerque, J.P., "O estatuo de Procuradoria Europeia e os estatutos dos Ministérios Públicos dos Estados-Membros da União Europeia: standards mínimos de (máxima) independência, (máxima) imparcialidade e (máxima) integridade", *Revista do Ministério Público,* 2015, n.º 144 (Outubro-Dezembro), pp. 9-118.

Rodrígues, A. Miranda, en M. Lópes Porto y G. Anastasio (coords.), *Tratado de Lisboa anotado y comentado,* Almedina, Coimbra, 2012, pp. 435-438.

Rodriguez, J. Amaral, *Um Ministério Publico Europeu, algures entre o optitmismo e a resistência?,* Almedina, Coimbra, 2016.

Romero Pradas, M.I., "El acusador particular y popular en el borrador de Código procesal penal español: ejercicio de la acción y juicio sobre la acusación", en C. Ruiz López y R. López Jiménez (coords.), V. Moreno Catena (dir.), *Reflexiones sobre el nuevo proceso penal: Jornadas sobre el borrador del nuevo Código Procesal Penal* , Tirant lo Blanch, Valencia, 2015, pp. 133-153.

Ruiz Magaña, I., "La Fiscalía Europea como órgano instructor: actos de imputación y garantías procesales del sujeto pasivo", *Revista de Estudios Europeos,* 2017, n.º extra 1, pp. 123-144.

SANTOS, M., *Para um (novo) modelo de intervenção penal na União Europeia,* Ed. Rei dos Livros, Carcavelos, 2016.

VALBUENA GONZÁLEZ, F., "Garantías procesales en la orden de detención europea", en M. Jimeno Bulnes (coord.), *Justicia versus seguridad en el espacio judicial europeo,* Tirant lo Blanch, Valencia, 2011, pp. 201-229.

VALENTE, M.M. GUEDES, *Do Mandado de Detenção Europeu,* Almedina, Coimbra, 2006.

VERVAELE, J., "El espacio de libertad, seguridad y justicia: ¿Hacia una protección equivalente de las partes/participantes en el proceso penal', en M. De Hoyos Sancho (dir.) *Garantías y derechos de las víctimas especialmente vulnerables en el marco jurídico de la Unión Europea,* Ed. Tirant lo Blanch, Valencia, 2013, pp. 15-30.

VIDAL FERNÁNDEZ, B., "Reparación de las víctimas del delito de la Unión Europea: tutela por el Tribunal de Justicia de la UE del derecho a la indemnización", *Revista de Derecho Europeo,* 2015, n.º 66, enero-junio, pp. 1-24, http://www.ree-uva.es/.

Principales Abreviaturas y Acrónimos

Art./Arts.	artículo/s
Cc.	concordantes
CDFUE	Carta de Derechos Fundamentales de la Unión Europea
CE	Constitución española de 1978
Coord.	Coordinador/a
Dir.	Director/a
Ed.	Editorial
Esp.	especialmente
LECrim	Ley de Enjuiciamiento Criminal
p./pp.	página/s
RFE	Reglamento de la Fiscalía Europea
ss.	siguientes
TFUE	Tratado de Funcionamiento de la Unión Euroepa
TUE	Tratado de la Unión Europea
UE	Unión Europea

A Tutela da Personalidade:
a Questão do Genoma Humano

DIREITO, GENOMA E IDENTIDADE: DESAFIOS[1-2]

STELA BARBAS[3]
Professora Associada da Universidade Autónoma de Lisboa Luís de Camões

SUMÁRIO: 1. Introdução; 2. Genoma e desafios jurídicos; 3. Conclusões.

Palavras-chave: Direito, Genoma, Justiça, Identidade, Desafios

SUMMARY: Introduction; Genome and legal challenges; Conclusions.

Keywords: Law, Genome, Justice, Identity, Challenges

1. Introdução

Atualmente o Homem já não se limita à descrição dos processos biológicos, ele vai mais longe. Tenta, mesmo, modificar o curso da evolução das espécies. E, desde já, uma pergunta se coloca que é a de saber que desafios jurídicos se abrem no corrente milénio?

Os progressos operados em sede do genoma humano, ao tornarem possível agir sobre as células da vida ameaçam desnaturar a identidade humana e fabricar, em laboratório, outros seres autónomos planeados pela Ciência.

É o rompimento total com o passado e a entrada no novo e diferente mundo da aventura da biotecnologia. Está aberto definitivamente o conflito entre a tentação da ciência em criar um "homem novo", e a necessidade de manter "as raízes" da nossa própria identidade. É a controvérsia sem termo, dados os avanços rapidíssimos da técnica e o evoluir dos valores que caracterizam a vida social.

---

[1] Como citar este artigo:
STELA, BARBAS. Direito, Genoma e Identidade: Desafios. In: MANUEL MONTEIRO GUEDES VALENTE. *Os Desafios do Direito do Século XXI.* Coimbra: Almedina, 2018, pp. 61-68.

[2] Seguimos de perto a nossa obra "*Direito do Genoma Humano*", publicada pela Editora Almedina, Coimbra, 2016 (reimp. da edição de 2007).

[3] Doutora pela Universidade Autónoma de Lisboa. Mestre em Direito Civil pela Faculdade de Direito da Universidade de Coimbra. Professora Universitária. Jurisconsulta.

Uma civilização com outras temáticas? É um dos maiores desafios do século XXI.

Nos finais do século XX e princípios deste século, cientistas, filósofos e políticos conceberam a descoberta do genoma humano como a "Bíblia da Vida", o novo grande marco da Humanidade. Assistimos a uma verdadeira mitificação, um "endeusamento" do genoma. A exagerada "generalização" do Projeto do genoma humano contribuiu, de modo significativo, para que o genoma se tenha transformado no novo *código da vida*.

Estas extraordinárias descobertas não deveriam, no meu modesto entendimento, ter criado a errónea e ilusória ideia de que a Ciência naquela fase, naquele preciso momento histórico, já tinha esgotado todos os problemas do Universo.

2. Genoma e desafios jurídicos

Há alguns anos atrás defendi a criação do Direito do genoma humano (e um Direito ao genoma humano) numa dupla perspetiva.

Este percurso levou-me a encontrar constantemente a pessoa. Assim, o genoma no campo do Direito começou por aparecer e me aparecer como um direito da pessoa, o direito ao seu genoma. Mas, simultaneamente esta pessoa com a sua identidade encontrou os outros, não como opositores mas como elementos constitutivos do seu ser, da sua identidade pessoal. A partir daqui, a pessoa e o seu genoma passaram a ficar indissoluvelmente inseridos num tecido social que explica e cria a pessoa. Foi nesta interação que o meu discurso se passou a situar, dizendo o Direito para as situações mais frequentes de diálogo da pessoa com os outros em que era preciso falar de genoma.

É cada vez maior a necessidade de se conceber e reavaliar o avanço científico, tendo em conta o modo como a intervenção do homem na natureza exige a criação de novas áreas do Direito. É, no entanto, necessário ter sempre presente a ideia precípua de que essas áreas do Direito não podem/não devem ter a pretensão de universalidade, mas, pelo contrário, podem/devem ajudar no sentido de responder às ameaças que se colocam à Humanidade, consequência de recentes descobertas e da entrada na era genómica. No Direito do genoma humano caminhei no sentido da tentativa de construção de um discurso jurídico, dentro do qual possam encontrar algumas soluções os conflitos que ocorrem em virtude das relações jurídicas, políticas, económmicas, culturais e sociais, oriundas dessas mesmas descobertas e até então desconhecidas pelo ser humano.

Nesta linha, na obra Direito do genoma humano tive a preocupação de identificar os problemas jurídicos levantados pela nova tecnologia do genoma humano e mostrar como as aplicações do genoma humano vêm pôr em causa regras, princípios e valores fundamentais do Direito.

Julgo útil referir que não tive a pretensão de tentar esgotar um ramo do Direito ou sequer uma unidade curricular jurídica. Pelo contrário, o Direito do genoma humano versa um corte horizontal do Direito na perspetiva do genoma humano. Acentua-se, consequentemente, o carácter interdisciplinar, multifacetado do Direito do genoma humano que vai "beber" em várias disciplinas do Direito, mas que simultaneamente se imiscui na Teoria Geral do Direito Civil, no Direito da Família, no Direito do Trabalho, no Direito dos Seguros, etc.

Sem postergar este dado, é, no entanto, importante uma delimitação do seu conceito em termos jurídicos e, mais concretamente, a necessidade da consagração de um Direito do genoma com conteúdo autónomo.

Em sentido lato, é possível afirmar que a essência do Direito do genoma reside no conjunto de regras, princípios, valores, bem como de decisões, com relevância para as aplicações do genoma. O Direito do genoma humano tem como objeto o estudo das relações do titular do direito com os outros, de modo a criar-se um tecido de relações jurídicas centradas no genoma.

Existe, deste modo, e por outro lado, uma tentativa de libertação do Direito do genoma face aos demais. Dou destaque à imprescindibilidade deste corte para uma correta delimitação do próprio conceito de Direito do genoma. Nomeadamente, acentuando a necessidade de mediação do Direito na resolução dos problemas e conflitos conexos com o genoma humano.

Vejamos agora algumas das temáticas que se podem suscitar na nova era genómica.

Graças aos progressos científicos operados na área do genoma, será dada primordial ênfase não só à prevenção como à predição da doença para evitar a necessidade do seu tratamento.

Um dos principais objetivos do Programa do Genoma Humano é estabelecer uma carta genética que cubra a integralidade do genoma e permita identificar os genes responsáveis pelas doenças genéticas.

A utilização dos testes permite definir a identidade individual com um grau de acerto anteriormente impensável, trazendo óbvias vantagens designadamente para as ações de determinação da filiação e para a investigação criminal.

Passou a ser possível, em alguns casos, identificar as pessoas com risco de padecer de uma enfermidade concreta, bem como, a maior ou menor probabilidade de a transmitir à descendência. E algumas das doenças detetadas nos testes já podem ser curadas através da terapia genética. Nestes casos, a medicina preditiva consegue antecipar-se à própria medicina curativa.

Porém, em muitas situações existe ainda um grande hiato entre as faculdades a nível do diagnóstico e da terapia o que suscita a problemática das vantagens *versus* desvantagens do exame nas doenças que ainda são incuráveis, acarretando toda uma panóplia de desafios. Qual a reação do indivíduo a quem foi "anunciada" uma enfermidade que não tem cura? Que repercussões terá na sua vida pessoal, familiar, social, académica e profissional? Pode configurar um instrumento de violação do princípio da igualdade, nomeadamente em questões laborais e de seguros, no acesso ao crédito bancário, na regulação do exercício das responsabilidades parentais, na adoção, etc[4,5,6].

Defendo que toda a pessoa deve ter o direito de conhecer os elementos de investigação médica que lhe digam respeito bem como, numa perspetiva diametralmente oposta, se assim o preferir, o direito de não ser informada[7,8,9]. Com efeito, é necessário reconhecer a existência do já chamado direito a não saber o estado de saúde. Este direito, também, denominado de direito

---

[4] Stela Barbas, *Dos novos contratos de seguro*, «Revista Direito e Justiça», Universidade Católica Portuguesa, Volume XIV, Tomo 3, 2000, págs. 147 e seguintes.

[5] Stela Barbas, *Contratos de trabalho em face das novas possibilidades de diagnóstico*, «Brotéria», Vol. 150, n.º 5/6, Lisboa, Maio/Junho de 2000, págs. 597 e seguintes.

[6] Em sede de direito do trabalho e numa comunicação subordinada ao tema: *Os Direitos Fundamentais na Europa. Testes Genéticos no Local de Trabalho. – Uma Perspectiva Jurídica* que apresentei no Congresso do *Groupe Européen d' Éthique des Sciences et des Nouvelles Technologies auprès de la Comission Européene* avancei algumas sugestões relativamente à problemática das repercussões dos novos testes genéticos no contrato de trabalho.

[7] Neste sentido, o artigo 10.º da Convenção para a Protecção dos Direitos do Homem e da Dignidade do Ser Humano face às Aplicações da Biologia e da Medicina: Convenção sobre os Direitos do Homem e a Biomedicina, aberta à assinatura dos Estados membros do Conselho da Europa em Oviedo, em 4 de Abril de 1997 e ratificada pela Resolução da Assembleia da República n.º 1/2001, de 3 de janeiro.

[8] Sempre com as necessárias exceções.

[9] Stela Barbas, *Do direito à autodeterminação informativa – O direito de não saber o seu estado de saúde*, «Forum Iustitiae. Direito & Sociedade», n.º 12, Lisboa, Junho de 2000.

à autodeterminação informativa, consagra que compete apenas ao próprio decidir se quer ou não conhecer o seu mapa genético. Há pessoas que preferem não saber para não viverem atemorizadas com algo que até nem é certo acontecer. E haverá vantagens na predição de doenças para as quais ainda não existe cura?

Outro desafio prende-se com o facto de a eventual obrigação de realização de exames genéticos poder, também, pôr em causa, designadamente, o direito à privacidade do testado. A informação genética pode ser considerada a mais íntima, pessoal e sensível das informações sobre uma pessoa uma vez que coloca a descoberto a intimidade mais profunda do ser humano. E ao proporcionar um olhar lateral para os restantes membros da família, revela informação relativa aos seus parentes com todas as vantagens e desvantagens que daí necessariamente decorrerem.

As indiscutíveis vantagens trazidas pela Ciência vieram, desta forma, suscitar vários desafios.

A nível da legislação elaborada nesta área, cumpre sublinhar que proliferaram as Declarações e as Convenções Internacionais. Cito como exemplos, a Declaração Universal sobre o Genoma Humano e os Direitos do Homem aprovada pela UNESCO em 11 de Novembro de 1997, a Convenção sobre os Direitos do Homem e a Biomedicina, de 4 de Abril de 1997, a Declaração Internacional sobre os Dados Genéticos Humanos, da UNESCO, de 16 de Outubro de 2003, o Protocolo Adicional à Convenção sobre os Direitos do Homem e a Biomedicina, sobre a interdição da clonagem, assinado em Paris em 12 de Janeiro de 1998, a Carta dos Direitos Fundamentais da União Europeia, assinada em Nice, em 7 de Dezembro de 2000, a Declaração Universal sobre a Bioética e os Direitos Humanos, da UNESCO, de 19 de Outubro de 2005, a Convenção Interamericana contra o Racismo, a Discriminação Racial e Formas Correlatas de Intolerância, aprovada em 2013, pela 43a Assembleia Geral da Organização dos Estados Americanos, etc.

A título de exemplo, a referida Declaração Universal sobre o Genoma Humano e os Direitos do Homem chegou mesmo a proclamar o genoma humano como Património Comum da Humanidade.

O Direito do genoma humano visa, precisamente, propor princípios e prever mecanismos que tutelem o genoma humano, genoma esse considerado pela citada Declaração Universal sobre o Genoma Humano e os Direitos do Homem da UNESCO como fundamento da "unidade fundamental de todos os "membros da família humana, assim como o reconhecimento da sua dignidade e da sua diversidade".

Este Direito reitera a necessidade de fundamentar os problemas suscitados pelo Biodireito sob a perspetiva dos direitos constitucionais que tutelam a vida (artigo 24.º), a saúde (artigo 64.º), a integridade moral e física (artigo 25.º), a reserva da intimidade da vida privada e familiar (artigo 26.º), a identidade pessoal e genética (artigo 26.º), o desenvolvimento da personalidade (artigo 26.º), a universalidade (artigo 12.º), a igualdade (artigo 13.º), a liberdade e a segurança (artigo 27.º), a liberdade de consciência, de religião e de culto (artigo 41.º), entre outros.

3. Conclusões

Apesar de não sustentar que tudo se encontra no genoma ou que o genoma tenha maior relevância que os outros factores tenho que reconhecer que a sequenciação completa do genoma abre novos caminhos à Ciência e levanta problemas e desafios até então inexistentes ao Direito.

O exercício da nossa autonomia passa necessariamente pela opção racional das diversas alternativas que a vida nos coloca. Ora, uma avaliação racional implica uma análise perfeita das variáveis que estão por detrás de cada determinante. Mas questiono: se não formos verdadeiramente livres como poderemos proceder a uma escolha racional e autónoma? Não estaremos, no fundo, a responder, pura e simplesmente, a impulsos ditados, predeterminados pelo genoma que possuímos? A nossa vontade não estará, à partida, definida, condicionada?!...

Nesta linha de orientação, é oportuna a colocação da questão de saber se a pessoa humana, ao ser genomicamente determinada, se circunscreve à sua carga genética?

O grau de influência que o meio ambiente exerce ainda não é completamente quantificável.

Entendo que cada um de nós é produto da interação do genoma humano com o meio ambiente. Como já foi dito, o homem é um misto de carga genética e de sociabilidade.

Assim, o homem não se circunscreve ao seu genoma, à sua identidade genética. Pelo contrário, a identidade pessoal tem também a "marca" do ambiente em que se insere. De facto, genótipo e fenótipo são realidades distintas na medida em que uma coisa é o que está escrito, gravado na nossa identidade genética e outra realidade é aquela em que esses mesmos genes se manifestam.

Considerar que tudo se circunscreve à identidade genómica poderia fazer com que esquecêssemos que a pessoa humana não é, de modo algum, apenas simples manifestação de um programa genómico.

A descoberta do genoma humano permite escrever o dicionário dos genes que compõem o ser humano. Todavia, defendo que não escreve, de per si, o ser humano. O homem é uma obra prima. Mas, uma obra prima inacabada. Que embora tenha início com a escrita desses genes, está sempre sujeita às inúmeras vírgulas, pontos e reticências do seu percurso existencial.

O DIREITO GENÓMICO HOJE: ANÁLISE DO EUGENISMO E DA DIGNIDADE HUMANA CENTRADO NO PENSAMENTO DE HABERMAS[1]

VIRGÍLIO SERRA DE CARVALHO[2]
Professor da Universidade SãoTomas de Moçambique

Tornou-se chocantemente óbvio
que a nossa tecnologia excedeu
a nossa humanidade.
ALBERT EINSTEIN

Trocava toda minha tecnologia
por uma tarde com Sócrates.
STEVE JOBS

SUMÁRIO: Introdução; Parte I – Introdução ao Pensamento Genómico e a Fundamentação do Princípio da Dignidade da Pessoa Humana; 1. A Pessoa e a Dignidade Humana; 2. A Fundamentação das Técnicas de Engenharia Genética, aplicáveis ao Ser Humano: da Identidade Pessoal e Genética do Ser Humano; Parte II – A Problemática do Eugenismo em Jürgen Habermas, face ao Princípio da Dignidade da Pessoa Humana; 1. O Progresso das Ciências Genéticas: o Eugenismo em Habermas; 2. O Eugenismo em Habermas face ao princípio da Dignidade Humana; 3. Breve Análise Legislativa sobre a problemática do Direito Genómico e das TPMA centrado no Eugenismo; Conclusão.

Palavras-chave: Eugenia; genoma; Direito; dignidade da pessoa humana.

---

[1] Como citar este artigo:
Carvalho, Virgílio Serra de. O Direito Genómico Hoje: Análise do Eugenismo e da Dignidade Humana Centrado no Pensamento de Habermas. In: Manuel Monteiro Guedes Valente. *Os Desafios do Direito do Século XXI*. Coimbra: Almedina, 2018, pp. 69-101.

[2] Professor universitário efetivo nos cursos de Direito e Filosofia, desde 2008, na Universidade São Tomás de Moçambique (USTM) e leciona as disciplinas de Filosofia do Direito, Direito da Família e Sucessões, entre outras. Doutor, mestre e licenciado em Direito pela Universidade Autónoma de Lisboa, Luís de Camões (Portugal); é licenciado em Filosofia pela USTM e possui pós-graduações em Bioética e em História de Direito pela Faculdade de Direito da Universidade de Lisboa. Autor de livros e de mais de 50 artigos científicos publicados em Revistas e Newsletters internacionais.

SUMMARY: Today the Right has come to be collated with paradoxical questions that compromise the right to the life. A vision to interdisciplinary has been each time more opportune to answer the atypical to the one classic civil law and typical demands of a time where the technician-scientific methods of genetic engineering gain weight. The concern for the use of therapeutically technologies for irreparable questions before considered; perfecting of the "Eugenics" in the scope of biology and the genetics, compel-in inquiring around a deeper knowledge of the person human being. Face to these challenges, the ethical and legal question (widely protected for the international, communitarian and domestic legislation) allows to inquire around the use and application of these modern techniques. In this direction, Habermas and others allow-in still a well-taken care of analysis on the genomics Right that if centers in the beginning of the Dignity of the Person Human being, however displayed in the present text

Keywords: Eugenics; genomics Right; dignity human being.

Introdução

Esta apresentação é uma reflexão sobre aspetos inerentes ao direito genómico, ou se quisermos sobre o direito do genoma humano. É uma cogitação que se centra no pensamento de Jürgen Habermas relativamente à problemática do eugenismo. Fundamentalmente o autor questiona se é possível uma eugenia do tipo liberal, sem, pois, ofuscar-se o princípio da dignidade da pessoa humana, numa época de globalização, onde cada vez mais se tem notado um avanço tecnológico face às intervenções da biologia, da genética e da medicina. Hoje, mais do que nunca, tem havido a necessidade de se aplicarem os meios técnicos e científicos, para certos fins ligados a terapia, a estética, a física, etc. Inquietações, tais como: a Procriação Medicamente Assistida (PMA), a Crio-conservação, a Clonagem, a Eutanásia, entre outras, são questões que colocam a ação médica numa situação de limite; limite ético e jurídico.

i) Limite ético – enquanto ação limitadora da consciência individual de certos atores, ou seja, dos beneficiários da ação que impõe uma intervenção clínica de cura de uma doença ou certos gostos para um ser humano em potência, ou seja, no ser que vem a se tornar num humano, com determinadas características, sem que haja nenhum consentimento do mesmo.

ii) Limite jurídico – imposto pela força da lei, enquanto uma obrigação de carácter objetivo.

A saída do autor, para o tema em questão, é o diálogo consentido, ou seja, uma espécie de presunção de consentimento entre o(s) beneficiário(s)/manipuladores e o possível beneficiado ou vítima/lesado/manipulado que se converte, passando de uma ação egocêntrica para uma ação comunicativa[3], ou seja, evocando uma visão naturalista, a saída impõe-se, necessariamente, ética.

PARTE I
INTRODUÇÃO AO PENSAMENTO GENÓMICO E A FUNDAMENTAÇÃO DO PRINCÍPIO DA DIGNIDADE DA PESSOA HUMANA

1. A Pessoa e a Dignidade Humana

É indispensável, antes de prosseguir com quaisquer avanços, neste trabalho, esmiuçarmos alguns conceitos fundamentais. Todavia, convém esclarecer que todo o pensamento de natureza filosófica se configura num pensamento essencialmente antropocêntrico, na medida em que o homem é colocado, parafraseando KANT, como o fim em si mesmo[4]. Como é sabido, a visão cosmológica, em torno da qual se buscava a justificação no cosmos[5], não vingou, na medida em que era inconcebível buscar o sentido da existência do homem no próprio cosmos.

Os sofistas, na figura máxima de Górgias, podem ser tidos como os pioneiros que, questionando o cosmos como a justificação dos entes, se consciencializam dentro de um novo paradigma, justificando que tudo encontra a sua essência no próprio homem, sendo que o homem, em Protágoras, passa a ser a medida de todas as coisas, melhor dizendo, "a proposta basi-

[3] Aliás, essa é uma saída onde o autor busca a sua inspiração, numa das suas magistrais obras: *Teoria da Ação Comunicativa* (1981), em que trata das condições dadas por uma situação ideal de fala em que os sujeitos procuram resolver os seus impasses utilizando-se do discurso argumentativo, chegando ao entendimento consensual.
Desenvolve, ainda, um conceito de racionalidade baseada no diálogo, simbolicamente mediada, que liberta os sujeitos e os capacita à emancipação. Propõe ações coletivas e democráticas que aguce m o pensamento crítico, reflexivo e comunicativo, tão importante na educação formal.
[4] Para mais pormenores, *cfr.* KANT, Immanuel (2007) *Fundamentação da Metafísica dos Costumes*, p. 67.
[5] Essas ideias podem ser aprofundadas nos filósofos naturalistas: TALLES DE MILETO, ANAXIMANDRO DE MILETO e ANAXÍMENES DE MILETO (Para mais pormenores *cfr.* REALE, Giovanne; ANTISERI, Dario (1990) *História da Filosofia Antiga e Idade Média*, pp. 29-35).

lar do pensamento de Protágoras era o axioma (...) o homem é a medida de todas as coisas, daquelas que são por aquilo que são e daquelas que não são por aquilo que não são", portanto, "o único critério é somente o homem, o *homem individual*"[6].

A importância que se dá ao homem ganha o seu auge em Sócrates. A célebre expressão, "conheça-te a ti mesmo"[7], apresenta-se como uma máxima irrefutável do valor do homem, não apenas como como um imbuído de virtudes, ou seja *areté*, mas como um baluarte que fundamenta o antropocentrismo, virado ao autoconhecimento e para a interioridade do próprio homem, enquanto um ser capaz de se conhecer, de ser virtuoso[8] e afastar-se dos vícios sendo um deles a ignorância. Essa tendência se distingue, em Platão, com o seu dualismo (corpo e alma), mas que é uma união consubstancial no *estagirita*[9]. Sócrates, sem dúvida, não só influenciou os seus contemporâneos (Platão e Aristóteles[10]) como todos os outros mais sonantes pensadores da época medieval, referimo-nos aos padres e doutores da Igreja, nomeadamente Santo Agostinho de Hipona e São Tomás de Aquino.

Podemos extrair a expressão "pessoa"[11] a partir dos préstimos do Cristianismo, muito concretamente a partir da época medieval, em pensadores como São Tomás de Aquino. E, a esse propósito, bem ilustra MENEZES CORDEIRO:

[6] REALE, Giovanne; ANTISERI, Dario (1990) *Op. Cit.*, p. 76.

[7] Esta é expressão, que em grego significa *nōthi seauton* e em latim *nosce te ipsum*, está inscrita na entrada do templo de Delfos, construído em honra ao deus grego do sol, Apolo, e é atribuída, inicialmente, ao filósofo Talles de Mileto, como posteriormente a outros filósofos como Heráclito e Pitágoras.

[8] De facto "(...) a alma nos ordena conhecer aquele que nos adverte: *conhece-te a ti mesmo*."

[9] Expressão com que se referem a Aristóteles (REALE, Giovanne; ANTISERI, Dario (1990) *Op. Cit.*, p. 88).

[10] Relembre-se que ARISTÓTELES já definia a pessoa, ou seja, o homem, como um animal racional (*zoon logikus*).

[11] Segundo o que se pode atestar, o "(...) termo *persona* (...) traduzia a máscara (...) usada em representações teatrais, pelos atores. Passaria a designar as personagens retratadas, os figurantes e, por fim, os agentes em geral (...)". Numa perspetiva mais etimológica "(...) *persona* vem de *per sonare:* soar através de: os atores falavam através da máscara (a *persona*), o que melhoraria a acústica. A *persona* terá sido introduzida em Roma, vinda da Grécia, pelo ator Roscius, em 100 a.C..". (CORDEIRO, Luís Menezes (2011) *Tratado de Direito Civil, Volume IV (Pessoas)*, p. 30).

> "Seria necessária uma evolução milenária, impulsionada pelo cristianismo e rematada pelo liberalismo, para se alcançar a ideia de que todo o ser humano tem igual qualidade, no tocante (...) a ser destinatário de normas jurídicas (...)[12], por exemplo e que detém alguns atributos como a liberdade e a racionalidade"[13].

Bem vistas as coisas, a definição inerente a pessoa veio a surgir, muito concretamente, em pensadores como Boécio. Para ele, a característica específica do ser humano é a racionalidade, melhor dizendo: "é a razão, por isso só se chama realmente humana a operação que procede da razão através da vontade"[14]. De facto, já se recebera de "(...) Aristóteles a perspetiva de que a pessoa [é um] animal racional, cultural, ético, democrático, estético, histórico e como um real microcosmos, (...) o constitutivo formal, ou seja, a racionalidade"[15].

No pensamento tomista[16], a ideia de pessoa "«predica-se» analogicamente dos diversos seres porque cada um tem modalidades essenciais e acidentais diversas. Os modos de ser concretizam-se diversamente nas várias formalidades existentes"[17]. Com efeito, pela *Suma Teológica*, uma das suas principais obras, pode-se notar tais tendências: "(...) enquanto uma coisa tem o ser é necessário que Deus esteja nela, de acordo com o modo como ela tem o ser"[18].

Em suma, citando Cordeiro Menezes, atesta-se:

> "Na tradição judaico-cristã, pessoa tem a mais elevada conceituação. Na Bíblia, pessoa (...) representa todo o ser inteligente, humano ou divino: não

---

[12] Cordeiro, Luís Menezes (2011) *Op. Cit.*, p. 30.

[13] Importa referir que, sob o ponto de vista jurídico, "(...) a pessoa é definida, em termos dogmáticos, como a susceptibilidade de ser titular de direitos e de ficar adstrito a obrigações (...)." (Cordeiro, Luís Menezes (2011) *Tratado de Direito Civil, Volume IV (Pessoas)*, p. 30).

[14] *Vide* Boécio *apud* Bernardo Domingues *in* "Aspectos do conceito de pessoa humana", em S. Tomás de Aquino, Didaskalia, n.º XXXIII, 2003, p. 469, formato em PDF, disponível em: http://repositorio.ucp.pt/bitstream/10400.14/19448/1/V0330102-467-481.pdf, 16/10/2017.

[15] Vide Bernardo Domingues in "Aspectos do conceito de pessoa humana", em S. Tomás de Aquino, Didaskalia, n.º XXXIII, 2003, p. 469, formato em PDF, disponível em: http://repositorio.ucp.pt/bitstream/10400.14/19448/1/V0330102-467-481.pdf, 16/10/2017.

[16] Designa-se pensamento de São Tomás de Aquino.

[17] *Ibidem*.

[18] *Cfr.* São Tomás de Aquino, Suma Teológica *apud* Bernardo Domingues *in* Aspetos do Conceito de Pessoa Humana em S. Tomás de Aquino, Didaskalia, n.º XXXIII, 2003, p. 470, formato em PDF, disponível em: http://repositorio.ucp.pt/bitstream/10400.14/19448/1/V0330102-467-481.pdf, 16/10/2017.

como ideia abstrata, então inexistente, mas como a sua representação: a (...) face (...). O homem foi criado à imagem de Deus"[19].

No que tange à essência do ser humano, que, grosso modo, nos leva ao conceito de personalidade, fundamentalmente "trata-se de uma ideia que pode ser substancializada com recurso à ideia da dignidade humana, seguida através da história"[20], uma ideia que, aliás, também faz parte da nossa abordagem.

A ideia da dignidade humana tinha quase sempre sido ofuscada, sobretudo na época medieval, pois, "mesmo conquistada, era reconduzida à imagem de Deus"[21]. Com os pensadores do racionalismo, deu-se uma transposição da fonte da dignidade da pessoa: da Divindade, ela passaria para o próprio Homem"[22].

O conceito de dignidade humana, inerente à pessoa, ganha o seu cunho em pensadores como Christian Thomasius ou Grotius, tendo o seu apogeu em Immanuel Kant, que considera o homem como um fim em si mesmo[23], através do seu imperativo categórico, nos seguintes moldes:

> "Procede de tal modo que uses a humanidade (*Menschheit*), tanto quanto à tua pessoa (*Person*) como quanto à pessoa de qualquer outro como escopo e nunca como mero meio. (...) o ser humano (*Mensch*) não é nenhuma coisa, portanto não é algo que possa ser usado como mero meio, mas antes deve ser considerado, por todos nas suas acções e a cada tempo, como escopo em si mesmo. Por isso eu não posso dispor, na minha pessoa (*Person*), de seres humanos (*Menschen*), mutilá-los, pervertê-los ou matá-los"[24].

Portanto, segundo a visão de Jorge Bacelar Gouveia, na " dignidade da pessoa humana, a pessoa (...) se torna o centro da pauta de valores", pois, espelha-se dentro da dimensão da "(i) liberdade e da (ii) racionalidade da

---

[19] Cordeiro, Luís Menezes (2011) *Op. Cit.*, p. 32.

[20] Cordeiro, Luís Menezes (2011) *Op. Cit.*, p. 31.

[21] ???????

[22] *Idem*, p. 33.

[23] Para mais pormenores *cfr.* KANT, Immanuel (2007) *Fundamentação da Metafísica dos Costumes*, p. 67.

[24] Cordeiro, António Menezes (2011) *Tratado de Direito Civil IV, Pessoas*, pp. 33-34.

pessoa, antropologicamente sustentada numa (iii) inserção social, garantindo o seu (iv) desenvolvimento pessoal."[25]

Note-se, por conseguinte, que, em termos jurídicos, o princípio da dignidade humana, como corolário da pessoa, ganha uma relevância enorme "como manifestação material do princípio do Estado de Direito, significa, de um modo geral, que a pessoa é colocada como fim supremo do Estado e do Direito"[26]. Portanto, a pessoa e a dignidade humana, a qual lhe é inerente, acaba sendo a chave-mestra que medeia toda a ação antropológica e jurídica, e só assim se entende que o homem é o fim em si mesmo, sendo que as normas, *latu sensu*, só têm a razão de ser, em função dessa dignidade que lhe é inerente[27].

2. A Fundamentação das Técnicas de Engenharia Genética, aplicáveis ao Ser Humano: da Identidade Pessoal e Genética do Ser Humano

Como é do conhecimento geral, foi a partir da Revolução Industrial, que teve o seu início em 1760, estendendo-se pelos anos de 1820 e 1840, fase em que os produtos passaram a ser manufaturados, que houve um grande avanço, no que diz respeito à aplicação de novas técnicas industriais para a transformação da matéria bruta em matéria-prima[28].

Essa tendência veio a evoluir, passando de uma revolução ao nível meramente industrial, para um nível mais humano. Portanto, o homem começou a dispor, sobretudo a partir do século XX, de técnicas que contribuiriam para e facilitariam a modificação da sua própria genética, nas áreas socio-

[25] Gouveia, Jorge Bacelar (2011) *Manual de Direito Constitucional*, pp. 802 e 800.

[26] *Idem*, pp. 798-799.

[27] Uma breve nota crítica retirada de Benedita Mac Crorie, no que tange à dificuldade da aplicação do princípio da dignidade humana, no plano jurisprudencial, pode ser lida em suas próprias palavras: "Chegamos à conclusão que este é um conceito histórico-cultural e que está em permanente evolução. Para além disso, vimos que se trata de uma fórmula vazia, pelo que este é um conceito extremamente complexo e que pode ser utilizado quer de forma a potenciar quer de forma a limitar a liberdade individual, se utilizado de forma paternalista pela parte do Estado (....)". (Crorie, Benedita Mac (2004) *O Recurso ao Princípio da Dignidade da Pessoa Humana na Jurisprudência do Tribunal Constitucional, in AAVV, Estudos em Comemoração do X Aniversário da Licenciatura em Direito da Universidade do Minho*, Coimbra, p. 173.

[28] Entre muitos outros, *vide* Hobsbawm, Eric John (2000) *Da Revolução Industrial Inglesa ao Imperialismo*, p. 33 e ss.

-humanas e biomédicas (surge, portanto, uma grande preocupação pelas chamadas ciências da vida). VIRGÍLIO CARVALHO

Consideramos que o mundo atravessa uma fase de grande avanço tecnológico e científico, e sendo a vida humana um valor inviolável, importa no âmbito do biodireito, do direito médico e da bioética a aplicação das novas tecnologias (...)[29], no ser humano, para fins, previamente, estabelecidos.

Sob o ponto de vista etimológico, a palavra genética deriva do grego *genno*, cujo significado é fazer nascer. Portanto, a genética pode ser entendida, no dizer de BARBAS, como "a ciência que estuda a hereditariedade e os mecanismos e leis da transmissão dos caracteres progenitores aos descendentes, bem como a formação e evolução das espécies animais e vegetais"[30].

Pode-se afirmar, com toda a segurança, como, aliás, refere STELA BARBAS, que:

> "Foi João Gregório Mendel, nascido em 1882, quem pela primeira vez estabeleceu as bases científicas da hereditariedade (...). [Portanto,] as teses de Mendel representam um passo importantíssimo (...) para o reconhecimento de uma unidade estreita, orgânica que ligando as gerações através de continuidades físicas e herança das características, formou o fundo para o aparecimento dos fenómenos tais como o culto dos ancestrais, feudos, aristocracia, sistemas de castas e (...) racismo"[31].

De facto, "o termo genética foi, primeiramente, aplicado com a intenção de descrever o estudo da variação e hereditariedade, pelo cientista William Bateson (...) numa carta dirigida a Adam Sedgewick, em 1908. Já no tempo da pré-história os agricultores, utilizavam o conhecimento de genética, através da domesticação e do cruzamento seletivo de animais e plantas para melhorar suas espécies"[32].

Toda essa reflexão inicial leva-nos ao conceito do Genoma Humano, segundo o qual, cada indivíduo se identifica, podendo ser entendido como o "conjunto de material genético de uma pessoa, comparado a uma tese na

---

[29] CARVALHO, João Serra; CARVALHO, Virgílio Serra; CARVALHO, Hamilton Serra (2016) *Direito Genómico e Dignidade Humana...*, p. 101.

[30] BARBAS, Stela (2006) *Direito ao Património Genético*, p. 17.

[31] *Idem*, p. 18.

[32] *Cfr.* BARBAS, Stela (2006) *apud* CARVALHO, João Serra; CARVALHO, Virgílio Serra; CARVALHO, Hamilton Serra (2016) *Direito Genómico e Dignidade Humana...*, p. 107.

qual estão inscritas todas as instruções que orientam a formação do indivíduo transmitidas aos seus descendentes"[33].

É indubitável afirmar que "o genoma é o suporte e o caracterizador físico da personalidade humana que se refere ao património genético, pois, tem os seus ascendentes nos antepassados remotos, permanecendo constantes (...) com naturais mutações ao longo das gerações, contribuindo o ambiente[34] para a identidade do indivíduo"[35].

Em síntese, como bem refere Stela Barbas, "(...) o genoma é o grande livro da vida que contém o registo de todas as vicissitudes e invenções que caracterizam a história da espécie humana."[36] Portanto, "o genoma é não só um bem fundamental da pessoa como de toda a humanidade; é o capital genético que é necessário proteger, tutelar e transmitir às gerações futuras."[37] O genoma "é, sem dúvidas, [um dos elementos fundamentais] para a sobrevivência da espécie humana"[38], uma vez que "a identidade genética do ser humano constitui em si mesma um património inalienável, sendo salvaguardada sua identidade, uma condição, um requisito fundamental para a sobrevivência da nossa espécie"[39], e por isso, no uso da aplicação de técnicas médicas de engenharia, ou seja, nas chamadas engenharias genéticas de melhoramento, a aplicação das mesmas, como havemos de ver a seguir, deve sempre ter em conta os elementos inerentes à identidade pessoal e genética do ser humano, sendo proibida para determinadas finalidades[40].

---

[33] Carvalho, João Serra; Carvalho, Virgílio Serra; Carvalho, Hamilton Serra (2016) *Direito Genómico e Dignidade Humana*, p. 109.

[34] A este propósito existiu um movimento, o lamarckismo, cujos seguidores sustentam que o meio ambiente forma a hereditariedade. (A citação é nossa).

[35] *Idem*, p. 110.

[36] Barbas, Stela (2006) *Direito ao Património Genético*, p. 13.

[37] *Idem*, p. 15.

[38] Carvalho, João Serra; Carvalho, Virgílio Serra; Carvalho, Hamilton Serra (2016) *Direito Genómico e Dignidade Humana...*, p. 110.

[39] Barbas, Stela (2006) *Direito ao Património Genético*, p. 15.

[40] De facto, como assegura Menezes Leitão, "(...) a identificação do genoma humano permite aproximar todos os *homines sapientes*, determinando as fronteiras exatas da espécie." (*Cfr.* Cordeiro, António Menezes (2011) *Op. Cit.*, p. 27).

PARTE II
A PROBLEMÁTICA DO EUGENISMO EM JÜRGEN HABERMAS, FACE AO PRINCÍPIO DA DIGNIDADE DA PESSOA HUMANA

1. O Progresso das Ciências Genéticas: o Eugenismo em Habermas

A conceção de Habermas, nesta problemática do eugenismo, ganha a sua importância, neste trabalho, como havemos de ver, na medida em que o autor questiona se pode haver a possibilidade de se tornar efetiva uma eugenia de caráter liberal, face às diversas formas de tecnologias, em que é possível alterar, modificar a natureza humana, ou seja, a sua genética, um assunto que se centra no âmbito do genoma humano, ou seja, do bio-direito e da bioética[41].

Será a eugenia liberal uma revolução positiva para o ser humano? De facto, HABERMAS parte da natureza humana, para a partir daí, depois, retirar as consequências que podem advir dos métodos tecnológicos usados quer pela biologia, quer pela medicina, cuja referência pode ser atestada na nota de apresentação do seu livro *O Futuro da Natureza Humana, A Caminho de Uma Eugenia Liberal?*:

> «Nas últimas décadas, temos assistido a uma verdadeira revolução em termos de genética. Na verdade, a emergência da biologia molecular, o desenvolvimento de uma "reprogenética" e, mais recentemente, o projecto de cartografia do genoma humano têm vindo a mudar drasticamente a prática biomédica».

Portanto, tendo em conta aspetos não apenas médicos, mas também eugénicos, reconhece-se que "(...) pela primeira vez na história humana, abrem-se as portas para a modificação da dotação genética humana, com fins terapêuticos, de melhoramento ou eugénicos".

O autor distingue dois tipos de eugenismo, chamando a atenção para os limites nem sempre claros das práticas que dele derivam:

> "Esta classificação corresponde a uma diferenciação clássica (...) que situa no primeiro território a terapia génica (somática ou germinal); no segundo –

[41] Na visão de MICHAEL SANDEL a "(...) eugenia foi um movimento dotado de uma grande ambição, o de aprimorar geneticamente a raça humana (...)" e "(...) o termo significa [um indivíduo] "bem-nascido" (...)." (*Cfr.* SANDEL, Michael (2013) *Contra a perfeição, Ética na Era da Engenharia Genética*, p. 77).

melhoramento – visa-se o aperfeiçoamento de uma certa característica, nem sempre sendo claras as fronteiras em relação às terapias génicas; no terceiro, temos as intervenções com escopo eugénico (positivo) que, não prosseguindo qualquer finalidade terapêutica, visam desenvolver certas características complexas (...), que são codificadas por um grande número de genes[42].

O livro, fundamentalmente, endossa uma componente marcadamente filosófica e que caracteriza o autor, até mesmo pelo carácter fundamental da natureza humana, e, até certo ponto, jurídico, tendo em conta que é também uma das suas preocupações, o de chamar a atenção dos legisladores para os cuidados que devem ter ao aprovarem determinadas leis ligadas a essa temática.

Teremos, pois, em conta, as reflexões do filósofo e também sociólogo alemão, relacionadas com a questão do genoma humano, muito concretamente a problemática do eugenismo face aos meios tecnológicos aplicados quer na medicina quer na biologia, em prol da vida humana.

Com efeito, fazendo uso dos demais conhecimentos, o autor busca traçar um fundamento suficientemente aceitável, no sentido de compreender a simbiose existente entre as práticas técnico-científicas da medicina e outros campos da vida, com os limites ético-jurídicos que delas podem advir, tendo em conta a necessidade de se preservar um princípio fundamental, o da dignidade da pessoa humana.

Preocupado com uma das questões fundamentais da essência humana, ou seja, com o sentido da vida humana, há uma pergunta que, *a priori*, Habermas levanta, logo de início, que é, aliás, a pergunta que preocupa qualquer ser humano ao querer saber, como é que o ser humano, enquanto sujeito, e na relação com o outro, faz o uso, na vida, do seu tempo?: "(...) Que devo eu fazer com o tempo que me é dado viver?"[43].

À primeira vista, parecem perguntas fáceis, mas são complexas, dadas as dificuldades em respondê-las, aliás, a própria Filosofia, e Habermas, em especial, deparam-se com essa dificuldade. São questões que transcendem a realidade humana sensível, pois, encontram, muitas vezes, respostas na metafísica.

---

[42] HABEMAS, Jürgen (2003) *O Futuro da Natureza Humana, A Caminho de Uma Eugenia Liberal?*, pp. 8-9.

[43] *Idem*, p. 41.

É preciso salientar que a Filosofia não deixa de ter em conta questões que envolvam reflexões normativas. A Filosofia busca compreender "o ponto de vista moral sob o qual avaliamos normas e ações sempre que se trata de determinar o que é do interesse equilibrado de cada um e, em idêntica medida, para benefício de todos." De fato, nesse sentido, para o filósofo alemão, tudo indica que, quer a moral, quer a ética, parecem conduzir-se pela mesma questão: "Que devo eu, que devemos nós fazer?"[44].

Indubitavelmente, mediante a supra-reflexão, dever-se-á ter em conta ambas as questões, dado que, o que fazemos, na nossa vida, se alia aos desejos ou interesses individuais, apesar de nem sempre serem úteis a todos. Nesse prisma, HABERMAS levanta outro questionamento: Devemos colocar em primeiro plano o interesse pessoal ou o coletivo? Exige-se que«este "dever" adquire um outro sentido quando deixamos de colocar a questão dos direitos e obrigações mútuas que todos reciprocamente se atribuem a partir da perspectiva da primeira pessoa, nos preocuparmos com a nossa própria vida e nos interrogarmos sobre o que a longo prazo, e em termos globais, "me" ou "nós" será, mais, individualmente, mais aconselhável fazer»[45].

A discussão que se levanta, tendo em conta o tema em desenvolvimento, acaba sendo essencial, pois, precisamos de ter consciência, no sentido de saber se já estamos num estádio suficientemente avançado, onde podemos, com toda a normalidade, lidar com todas as descobertas no âmbito científico até hoje alcançado por grandes cientistas, ou seja, já estaremos suficientemente maduros para lidarmos com essas descobertas que até hoje têm sido alcançadas? Portanto, "é esta a situação em que nos encontramos. O progresso das ciências da vida e o desenvolvimento das biotecnologias não se limitam a alargar conhecidas possibilidades de acção: permitem igualmente novos tipos de intervenção. O que até agora fora "dado" como natureza orgânica, pode agora ser "cultivado", entra agora no domínio da intervenção planeada (...)"[46].

Para o autor, a auto-compreensão dos sujeitos envolvidos nas novas técnicas de produção "vai ser determinante para o modo como irão querer usar os amplos espaços de decisão que agora se abrem: ou autonomamente, de acordo com critérios de avaliação normativa que integram a formação democrática da vontade; ou arbitrariamente, segundo preferências subjectivas a

---

[44] *Idem*, p. 43.

[45] *Ibidem*.

[46] *Idem*, p. 52.

satisfazer pelo mercado"[47]. E, como bem justifica, "não pretendo com isso assumir uma atitude de crítica cultural face a louváveis avanços do nosso conhecimento científico. Interessa-me unicamente saber se – e, em caso afirmativo, como – a implementação desses progressos irá afectar a nossa autocompreensão como seres que agem responsavelmente"[48].

Com tal afirmação, portanto, HABERMAS abre-nos os olhos para que haja uma reflexão a respeito das nossas atitudes, como um todo, para que cada um de nós possa responder, minimamente que seja, a se nos consideramos responsáveis o suficiente para lidar com as inovações tecnológicas de que dispomos atualmente, assim como às que advirão num futuro próximo.

Aliás, com essa preocupação, HABERMAS levanta de novo um questionamento: "Queremos nós considerar esta nova possibilidade categorial de intervir no genoma humano como incremento e liberdade que necessita de ser normativamente regulado – ou optaremos antes por vê-la como uma autoconcessão de plenos poderes para produzir transformações segundo preferências próprias, que não requerem qualquer auto-restrição?"[49].

Para ele, a questão fundamental será válida, caso seja "decidida a favor da primeira alternativa", pois, só assim será possível " discutir os limites de uma eugenia negativa, (...) uma eugenia inequivocamente direcionada para a eliminação de certas patologias"[50]:

Não restam dúvidas de que a questão em causa nos conduz a uma outra questão fundamental, a da liberdade, na medida em que, ao fazer-se a manipulação do genoma humano, se interfere diretamente na esfera da liberdade do outro ser humano, confrontando, se recordarmos IMMANUEL KANT, o conceito da autonomia da vontade. Portanto, toda a estrutura teórica-filosófica, e até mesmo jurídica, fundamenta a noção da dignidade humana, tendo como substrato a autonomia da vontade. Aliás, GEORGE PASCAL, na linha Kantiana, explicita: "a ideia de autonomia prende-se à ideia de dignidade da pessoa. Autor de sua própria lei, o homem não tem apenas um preço, ou seja, um valor relativo, mas uma dignidade, ou seja, um valor intrínseco", uma vez que "a autonomia implica, ao mesmo tempo, a vontade de uma legislação universal e o respeito à pessoa humana que lhe deve a sua dignidade"[51].

---

[47] ???????

[48] *Ibidem.*

[49] ?????

[50] *Idem*, pp. 52-53.

[51] PASCAL, Georges (2005) *Compreender Kant*, p. 133.

Relembrando um outro princípio fundamental que concorre com o princípio da autonomia da vontade, e que melhor explicita as proibições no âmbito do genoma humano, Enéas Júnior irá afirmar que, mesmo garantindo o "direito ao patrimônio genético da humanidade enquanto espécie é também omnipresente, de forma que deve-se preservar, a qualquer custo, a manutenção das características essenciais da espécie humana"[52].

Portanto, "tal princípio tem aplicabilidade, no âmbito do biodireito, principalmente como impedimento das experimentações científicas em células germinais humanas, as quais, uma vez alteradas, poderiam trazer "mutações" indesejáveis para toda a espécie humana, uma vez que a alteração das células germinais de um indivíduo poderia iniciar um processo de disseminação desta "mutação" perante os indivíduos das gerações futuras"[53]:

No entanto, através do "princípio da ubiquidade, deve-se considerar que o patrimônio genético da espécie humana deve ser preservado, evitando-se a "contaminação" indesejada de indivíduos de gerações vindouras, de forma que se constitui em um dos fundamentos"[54] fulcrais para o campo da genética.

Ao terem os progenitores a possibilidade de desenhar o ADN dos seus filhos, apartando-se das combinações espontâneas e de algum modo imprevisíveis dos cromossomas que resultam da união do pai e da mãe, a fim de se gerar uma nova vida, acabam de alguma forma mexendo com o princípio da autonomia, ou melhor, da liberdade, pois, os pais estariam a determinar as potencialidades do seu filho, ou seja, o "vir a ser" do seu filho, incutindo, nesse ser, as características que eles próprios desejariam.

Na senda de Habermas, o que aglutina as ciências médicas e biológicas (bioética) com as jurídicas (bio-direito) são as experiências tecnológicas aliadas ao genoma humano, que derivam dos debates sobre a conceção inerente aos futuros filhos. Aliás, o autor, chamando a atenção para a aplicação discricionária das técnicas científicas, acentua o seguinte:

> "De facto, no dia em que os adultos encararem as características genéticas desejáveis dos seus descendentes como um produto moldável e, nessa medida, passível de ser planeado e modelado ao seu bel-prazer, estarão a exercer sobre

[52] ????

[53] Chiarini Júnior, Enéas Castilho. *Noções introdutórias sobre Biodireito.* Jus Navigandi, Teresina, ano 9, n. 424, 4 set. 2004.

[54] *Ibidem.*

essa progenitura geneticamente programada um tipo de discricionariedade que interfere com as bases somáticas da auto-relação espontânea e da liberdade ética de uma outra pessoa – ou seja, um tipo de controlo que, como até aqui se considerou, apenas deveria ser exercido sobre coisas, não sobre pessoas"[55].

Bem vistas as coisas, o que está em causa, no pensamento de Habermas, é a possibilidade que essas técnicas têm, no concernente à manipulação do ser humano, pois, há uma tendência de se avançar contra o ciclo normal, ou seja, natural, dos seres humanos, e o projeto pessoal do futuro filho, nessas condições, fica à mercê das decisões de seus progenitores, quanto à escolha do seu futuro, como ser humano, uma liberdade que lhe é recusada e, antecipadamente, amputada. Assim, a pergunta que Habermas não quer calar é exatamente essa: "Estaremos a caminho de uma eugenia liberal?", uma eugenia escolhida pelo indivíduo, e muitas vezes por quem tem poder de decisão, ainda que não escolhida por quem venha a beneficiar-se ou prejudicar-se mediante essa decisão?[56] Portanto, a eugenia positiva é refutada pelo autor, porque é impeditiva de certos princípios que só caberiam, em última instância, ao indivíduo sobre quem pesariam as consequências da ação.

Habermas chama a atenção para as consequências que podem advir das intervenções tecnológicas com vista à alteração do genoma humano, alegando uma possível reivindicação dos futuros filhos, submetidos a essas técnicas. Aliás, sobre isso Habermas adverte para o seguinte: "Se assim acontecer, as gerações futuras poderão pedir contas aos programadores do seu genoma, responsabilizando-os por eventuais consequências – na sua perspectiva – indesejáveis das condições orgânicas de partida da sua vida"[57]. Além disso, "essa nova estrutura da imputabilidade resulta do esbatimento da fronteira entre pessoas e coisas – o que já hoje se verifica no caso dos pais de crianças deficientes que processam os seus médicos pelas consequências materiais de um erro de diagnóstico pré-natal, exigindo uma "indemnização", como se essa deficiência imprevista pela medicina fosse um dano material passível de ser ressarcido"[58].

---

[55] Habemas, Jürgen (2003) *Op. Cit.*, p. 53.

[56] A esse respeito, como explica João Carlos Loureiro, "(...) o "novo eugenismo" – liberal ou de laissez-faire – tem como nota essencial transferir o eixo decisório dos políticos para os pais, deixando de ser centralizado. (Habemas, Jürgen (2003) *Op. Cit.*, p. 12).

[57] ????

[58] *Ibidem.*

Ademais, assevera o filósofo alemão que sempre que uma pessoa tome uma decisão, em relação ao seu futuro "surge uma relação interpessoal até aqui desconhecida [que] ofende a nossa sensibilidade moral, pois constitui um corpo estranho nas relações de reconhecimento juridicamente institucionalizadas das sociedades modernas." É factual que "cada vez que alguém tomar uma decisão que interfira, profunda e irreversivelmente, na constituição orgânica de uma outra pessoa, verificar-se-á uma redução nessa simetria de responsabilidade, em princípio, existente entre indivíduos livres e iguais"[59]. Com efeito, diante do "destino decorrente da nossa socialização, mantemos, na verdade, uma liberdade diferente da que teríamos face a uma fabricação pré-natal do nosso genoma"[60].

Na verdade, há certas situações que limitam e condicionam o futuro do indivíduo, pois, alerta Habermas que a "possibilidade de apropriação auto-crítica, pelo indivíduo, da história do seu próprio desenvolvimento não se dá do mesmo modo quando estão está em causa predisposições geneticamente manipuladas." Sem dúvida que, diante de tal cenário, "(...) o indivíduo adulto sentir-se-ia, muito provavelmente, numa dependência cega da decisão irreversível de uma outra pessoa e não teria qualquer possibilidade de restaurar, pela via retroactiva de uma compreensão ética, essa simetria de responsabilidade indispensável a um relacionamento *inter pares*". E, rebate ainda: "ao lesado restaria somente a alternativa entre fatalismo e ressentimento"[61].

No fundo, duas questões fundamentais são trazidas à ribalta:

i) O filho manipulado poderá autocompreender-se, fazer a sua própria compreensão do seu passado, reconciliando-se com o facto de ter sido manipulado, por alguém, sem a sua devida autorização, buscando dar um sentido à sua vida que infelizmente teve de ser decidida por quem o projetou e programou?

ii) O indivíduo que sofreu a mutação poderia estar confinado ao(s) ser(es) que decidiu por ele, ou seja, aquele que se adiantou com as manipulações e modificações do seu genoma?

Em suma: seria o autor (moral) das manipulações responsabilizado pelos danos causados ao manipulado, ou seja, por todos os danos causados na vida do seu descendente? Aliás, HABERMAS, alertando para uma auto-compreensão da humanidade, em que cada vez mais as circunstâncias que contribuem

---

[59] ???????

[60] *Ibidem.*

[61] *Idem*, p. 54.

para a geração e o nascimento estão a perder o carácter compreensivo da nossa compreensão normativa, recorre aos instrumentos europeus, em termos jurídicos, nomeadamente a Carta dos Direitos Fundamentais da União Europeia (CDFUE), que garante a integridade física e mental, e, do mesmo modo, proíbe as " práticas eugénicas, especialmente aquelas que tenham por objectivo a selecção de pessoas", incluindo "a proibição da clonagem reprodutiva de seres humanos"[62]-[63].

Esse tipo de questionamento leva-nos ao estágio inicial de sabermos não só o que fazemos da nossa vida, mas também o que pretendemos fazer dela. Deverão a moral (agir individual) e a ética (agir coletivo) conduzir-nos, apenas, a uma vida correta?

Não restam dúvidas de que a manipulação genética, na ótica do autor, deverá ser um assunto que esteja sob a alçada das normas jurídicas e éticas. O jurista, e inclusive o filósofo, aliás todos, como alerta o autor, deverão estar a par dessas intervenções tecnológicas: "as novas tecnologias impingem-nos um discurso público acerca do correcto entendimento da forma cultural de vida enquanto tal. E quer os juristas, assim como os filósofos já não têm, na verdade, nenhuma boa justificação para deixarem o debate deste tema inteiramente entregue aos biólogos e aos engenheiros entusiasmados por ficção científica"[64].

A prática de todo esse processo desenvolvido pela ciência "o diagnóstico de pré-implantação torna possível submeter embriões de oito células a um exame genético preventivo"[65]. Portanto, como bem observa HABERMAS, "o processo dirige-se, antes de mais, a pais que pretendem evitar o risco de transmissão de doenças hereditárias." E, nos casos em que "esse risco se confirme, o embrião, analisado em tubo de ensaio, já não será implantado no útero da mãe. Ser-lhe-á assim poupada uma interrupção da gravidez numa fase mais adiantada da gestação, (...) na sequência do diagnóstico pré-natal"[66].

[62] *Idem*, p. 55.

[63] *Cfr.* o artigo 3.º da CDFUE.

[64] HABEMAS, Jürgen (2003) *Op. Cit.*, p. 55.

[65] ?????

[66] *Idem*, p. 58.

2. O Eugenismo em Habermas face ao princípio da Dignidade Humana

Diante destes avanços tecnológicos e científicos há quem se recuse a aderir a essas novas práticas, refutando toda e qualquer prática eugénica e os fundamentos reclinam-se sobre justificações éticas e jurídicas.

É nesse contexto que se observa a necessidade de se poder dar resposta ao mundo científico e tecnológico eclipsado nas novas técnicas de intervenção, no campo da vida, avançada pelas ciências médicas, através de argumentos éticos e jurídicos.

De facto, o que se pretende é regular as novas práticas científicas que intervêm diretamente na vida humana, por meio de normas éticas e jurídicas, tendo em conta que a dignidade humana, como um princípio fundamental, deve a todo o momento ser salvaguardada.

O que nos propõe Habermas é que os avanços científicos não devem apenas subsumir-se às normas jurídicas e às técnicas, mas devem ter como escopo, seguindo Kant, o progresso cosmopolita. Portanto, para Habermas, de acordo com pressupostos éticos, propõe-nos um cenário de progresso num tempo razoável, em que se deveria limitar a Aplicação do Diagnóstico Pré-implantação, progredindo-se com as práticas, de um modo admissível, sempre que os resultados estejam à vista e satisfaçam a comunidade.

Dito de outra forma, para o autor vislumbra-se "um possível cenário de desenvolvimento a médio prazo" pois, "no Parlamento, na esfera política e na população em geral, começa por prevalecer a opinião de que o recurso ao diagnóstico de pré-implantação, considerado em si mesmo, deve ser moralmente admissível ou juridicamente aceite, desde que limitemos o seu uso a um número reduzido de casos, bem definidos, de doenças hereditárias graves, que os próprios potenciais afectados não consigam tolerar"[67].

A técnica da pré-implantação, segundo Habermas, tendo em conta a conjuntura em apreço, pode, sem embargo, aliar-se a uma questão normativa, a saber: "será compatível com a dignidade da vida humana uma pessoa ser gerada sob condição e, só depois de um exame genético, lhe ser concedido o direito de existir e a desenvolver-se(?)", ou melhor, "ser-nos-á lícito dispor livremente da vida humana para fins de selecção? "[68].

A pergunta também se impõe em relação ao uso dos embriões, incorrendo numa banalização dos mesmos, na medida em que os embriões são usados

[67] *Ibidem*.

[68] *Idem*, p. 61.

para fins pouco abonatórios, ou seja, para pesquisas ou melhoramento de indivíduos, querer, por exemplo, que o filho nasça com um estereótipo mais aceitável por uma sociedade; negro ou branco, moreno, loiro ou ruivo; com os olhos negros ou claros; com uma inteligência acima da média, perdendo-se a sensibilidade moral, em relação aos limites que se podem conceder ao cálculo-benefício dos mesmos, impondo, a meu ver, uma tendência de robotização, ao invés de se pautar pelos benefícios terapêuticos que a tecnologia pode trazer ao homem. Aliás, a propósito dessas preferências negativas, diz o autor: "(...) hoje, apercebemo-nos ainda da obscenidade de uma tal retificação, e não podemos deixar de nos perguntar se queremos realmente viver numa sociedade que paga a satisfação narcisística de preferências individuais com o desrespeito pelos fundamentos naturais e normativos da vida"[69]. Tendo em conta o Diagnóstico Genético de Pré-Implantação e as pesquisas sobre células tronco há, pois, hodiernamente, uma tendência de auto-instrumentalização e auto-otimização, levadas a cabo pelo homem, em relação às raízes biológicas da sua existência.

De facto, assevera Habermas: "A fronteira conceptual entre a prevenção do nascimento de uma criança gravemente doente e a melhoria do património genético, ou seja, uma decisão de carácter eugénico, já não é nítida." No fundo, a "demarcação entre prevenção e eugenia tornar-se-á (...) matéria de legislação política"[70]. Essa prevenção, a partir dos limites impostos pelas normas, é essencial, a fim de que se controle a evolução biológica do ser humano e não haja, pois, degeneração da raça humana, futuramente[71].

Em relação às melhorias genéticas, que seriam as hipóteses onde se busca a possibilidade de aperfeiçoamento da célula embrionária, Habermas, grosso modo, surge como um opositor, alegando que tais atitudes ofendem não só a moral e o respeito à humanidade, mas também a autonomia das pessoas.

Dentro das intervenções genéticas, Habermas, falando sobre a figura do programador e do programado, questiona a moralidade das intervenções genéticas. Na perspetiva do autor, o programador, ao impor as suas preferências sobre alguém, em potência, tende a tratá-lo como um objeto e não como sujeito, isto é, como um indivíduo autónomo. É inquestionável afirmar que impor a terceiros uma decisão sobre sua composição genética de acordo com as preferências de quem o projeta, de um modo geral, limita a esse ser

---

[69] *Idem*, p. 62.

[70] ???????

[71] *Ibidem*.

a capacidade, como pessoa, de se autorrealizar, entendendo-se tal atitude como instrumentalização e dominação, o que pode ser observado, por meio da distinção que o autor faz entre intervenções eugénicas, com finalidades de melhoramento de certas características, e intervenções eugénicas de natureza terapêutica, com a finalidade de prever doenças, apontando para uma resolução com base na ação comunicativa:

É de frisar que, enquanto "a intervenção médica se nortear pelo objetivo clínico da cura de uma doença, ou da profilaxia para uma vida saudável, o responsável pelo tratamento pode partir do princípio de que o paciente – preventivamente tratado – estaria de acordo com a intervenção"[72]. É essa presunção de consentimento que "converte uma ação egocêntrica numa acção comunicativa."[73] Contudo, adverte para a intervenção médico-geneticista: "Desde que se veja a si mesmo como um médico, o geneticista humano que pratica a intervenção não tem forçosamente de assumir a atitude objectivadora de um técnico e encarar o embrião como se fosse uma coisa a fabricar, consertar ou orientar em determinado sentido"[74].

Seja como for, a eug.enia liberal, para o autor, "tem (...) de se interrogar se a observada desdiferenciação entre natural e artificial, subjectivo e objectivo, não poderá ter eventuais consequências sobre a autonomia e autocompreensão moral de uma pessoa programada." E, rebate: "não nos será possível fazer uma avaliação normativa sem antes assumirmos a perspectiva da própria pessoa afectada"[75].

Evocando Immanuel Kant, observa Habermas: "a "fórmula dos fins" do imperativo categórico contém a exigência de que cada pessoa seja "sempre, simultaneamente" considera "como um fim em si mesmo" e "jamais" usada "como um simples meio"[76]. E, mesmo em situações de conflito, os "indivíduos envolvidos devem continuar a interagir no sentido da acção comunicativa", ou seja, "partindo da sua perspectiva participante de primeira pessoa, dirigindo-se ao outro como uma segunda pessoa com quem tencionam pôr-se de acordo sobre algo, em lugar de, assumindo a perspectiva observatório

[72] *Idem*, pp. 96-97.

[73] Não devemos olvidar que o conceito de ação comunicativa a que o autor faz referência, nessa sua obra, resulta de um trabalho que ele desenvolve no âmbito da Filosofia Política. (Para mais pormenores *vide* Jürgen Habermas (1981) *Teoria da Ação Comunicativa*).

[74] *Idem*, p. 96.

[75] *Idem*, p. 97.

[76] ?????

de uma terceira, o retificarem e instrumentalizarem para os seus próprios fins." Portanto, "o imperativo categórico exige que cada um renuncie à perspectiva da primeira pessoa em prol das perpectivas intersubjectivamente partilhadas de um "nós", a partir da qual seja possível, a todos em conjunto, encontrar orientações axiológicas passíveis de serem generalizadas. Neste sentido, a própria fórmula dos fins contém já a ponte para a fórmula da lei"[77].

No entanto, recorrendo à ideia da humanidade, rebate Habermas: "a ideia de que as normas válidas têm de conseguir obter um consenso geral manifesta-se na singular exortação a que respeitamos a "humanidade" de cada pessoa, tratando-a sempre como um fim em si mesma: "Age de maneira a nunca tratares a humanidade, tanto na tua pessoa como na pessoa de qualquer outro, como um simples meio, mas sempre, simultaneamente, como um fim". Assim, a "ideia de humanidade obriga-nos, a assumir aquela perspectiva de um "nós", à luz da qual nos podemos reciprocamente encarar como membros de uma comunidade inclusiva, que não exclui nenhuma pessoa", ou seja, " o carácter de "finalidade em si mesma" da pessoa que enquanto indivíduo, deve ser capaz de levar uma vida própria e insubstituível (...)", todavia, "temos o idêntico respeito a que cada pessoa, enquanto tal, tem basicamente direito"[78].

Evocando as normas gerais que deverão estar confinadas aos imperativos legais morais, Habermas rebate: "a moral só assegurará a liberdade se o indivíduo viver em autonomia se a aplicação de normas gerais não restringir intoleravelmente as possibilidades de configuração de projectos individuais de vida. Na própria universalidade das normas vigentes tem de se exprimir uma comunidade intersubjectiva, não assimiladora nem coerciva, que contemple, em toda a sua amplitude, a legítima diversidade de interesses e opiniões dos seus membros, ou seja, uma comunidade que não nivele ou oprima, nem marginalize ou exclua, as vozes dos outros – dos estrangeiros, dos dissidentes, dos fracos"[79].

Por conseguinte, "são essas condições que o acordo racionalmente motivado de sujeitos independentes, que dispõem da possibilidade de dizer "não" deve satisfazer." E, "(...) daí que, [para] a pessoa que formula juízos morais, o poder de ser ela própria seja tão importante quanto o ser próprio do outro é para a pessoa que age moralmente." Portanto, alegando que a decisão do

[77] *Idem*, pp. 99-100.

[78] *Idem*, p. 100.

[79] *Idem*, pp. 100-102

indivíduo é fundamental, sendo este um ser não substituível, explicita: "o poder de dizer "não" dos participantes do discurso tem de dar expressão adequada à compreensão espontânea do eu e do mundo de cada – insubstituível – indivíduo." De facto, quer no discurso, quer na ação, " o "sim" ou "não" de uma pessoa conta porque – e na justa medida em que – é ela própria a origem das suas intenções, iniciativas e aspirações. Se nos vemos como pessoas morais partimos intuitivamente do princípio de que agimos e ajuizamos *in propria persona*, na nossa qualidade de pessoas insubstituíveis – ou seja, que nenhuma voz, para além da nossa, se faz ouvir no que dizemos"[80].

Em suma: Para HABERMAS não é moralmente admissível que alguém altere ou modifique o genoma das gerações futuras, pois ao permitir-se tal ação infringir-se-ia a autonomia, a igualdade e o poder de decisão, que são imperativos, tendo em conta a necessidade de poder estar inserido no seio de todos os membros de uma comunidade. De facto, sentencia Habermas: "Sem o impulso dos sentimentos morais do dever e da culpa, da censura e do perdão; sem a acção emancipadora do respeito moral, o reconfortante apoio da solidariedade; sem o opressivo peso das faltas morais, e sem a "cordialidade" de um modo civilizado de lidar com o conflito e a contradição, o universo habitado pelos seres humanos teria de nos parecer – ainda é essa, pelo menos, a nossa opinião actual – completamente insuportável. A vida num vácuo moral, numa forma de vida que já nem sequer o cinismo moral conheceria, não seria digna de ser vivida". Portanto, em conclusão, o autor reconhece que "(...) este juízo traduz simplesmente o "impulso" de preferir uma existência humanamente digna à frieza de uma forma de vida impermeável a considerações morais"[81].

3. Breve Análise Legislativa sobre a problemática do Direito Genómico e das TPMA centrado no Eugenismo

Por fim, diante deste debate com Habermas, importa referir a necessidade de acoplar essas matérias a uma visão jurídica, tendo em conta que o Direito, em última instância, é a área de conhecimento que, para além de dirimir conflitos, coloca limites e previne certas ações humanas que não abonam uma sã e boa convivência entre os indivíduos, dentro de uma sociedade.

[80] *Idem*, p. 101.

[81] *Idem*, pp. 117-118.

Neste sentido, vale a pena chamar à colação a legislação, a nível internacional, com referência para a Convenção para a Proteção dos Direitos do Homem e da Dignidade do Ser Humano face às aplicações da Biologia e da Medicina, de 1998, que afirma que: "As Partes na presente Convenção protegem o ser humano na sua dignidade e na sua identidade e garantem a toda a pessoa, sem discriminação, o respeito pela sua integridade e pelos seus outros direitos e liberdades fundamentais face às aplicações da biologia e da Medicina". De facto, dispõe ainda o instrumento que, "cada uma das Partes deve adoptar, no seu direito interno, as medidas necessárias para tornar efectiva a aplicação das disposições da presente Convenção"[82].

Com efeito, tendo em conta o primado do homem, ou seja, a sua autonomia, diante de qualquer invenção, "o interesse e o bem-estar do ser humano devem prevalecer sobre o interesse único da sociedade ou da ciência."[83] Aliás, no que concerne ao consentimento "qualquer intervenção no domínio da saúde só pode ser efectuada após ter sido prestado pela pessoa em causa o seu consentimento livre e esclarecido." Portanto, "esta pessoa deve receber previamente a informação adequada quanto ao objectivo e à natureza da intervenção, bem como às suas consequências e riscos"[84]. Tomando em consideração o seu carácter anulatório, "a pessoa em questão pode, em qualquer momento, revogar livremente o seu consentimento"[85].

O legislador também acautelou um fator importante, na medida em que é interessante notar que o médico, no momento da intervenção, caso haja omissão por parte do paciente, deverá ter em conta a vontade anteriormente expressada por esse último[86], o que a meu ver deveria pesar na decisão do próprio médico, já que é ele, em última instância, que observa o estado clínico do paciente.

No que tange ao genoma humano, adverte o legislador internacional para que não haja discriminação, sendo, pois, "proibida toda a forma de discriminação contra uma pessoa em virtude do seu património genético."[87] São vedados os testes genéticos preditivos que "(...) permitam quer a identificação do indivíduo como portador de um gene responsável por uma doença

---

[82] *Cfr.* artigo 1.º do diploma *supra*.

[83] *Cfr.* artigo 2.º.

[84] ?????

[85] *Cfr.* artigo 5.º.

[86] *Cfr.* artigo 9.º.

[87] *Cfr.* artigo 11.º.

quer a detecção de uma predisposição ou de uma susceptibilidade genética a uma doença"[88].

No concernente às intervenções inerentes ao genoma humano, como se viu na linha de Habermas, "uma intervenção que tenha por objecto modificar o genoma humano não pode ser levada a efeito senão por razões preventivas, de diagnóstico ou terapêuticas e somente se não tiver por finalidade introduzir uma modificação no genoma da descendência"[89].

São vedadas quaisquer técnicas de procriação medicamente assistidas que tenham "como base a selecção de sexo, salvo nos casos em que isso se justifique"[90].

Em relação às pesquisas em embriões *in vitro*, elas são legalmente admitidas, desde que se proteja de um modo adequado esses embriões, aliás, é por isso mesmo que a criação de embriões para fins de investigação é proibida[91]. A colheita de órgãos e tecidos em dadores vivos para fins de transplante é admissível desde que não provenha de uma fonte ilícita, havendo, pois, uma necessidade de um consentimento explícito a uma instância oficial[92]. Evidencia-se, igualmente, uma proibição de obtenção de lucros e utilização de partes do corpo humano[93]. Todavia, pode utilizar-se as partes colhidas no corpo humano, dentro dos procedimentos de informação e consentimento adequados[94].

Um instrumento jurídico de grande relevância, ainda dentro desta temática, é a Declaração Universal Sobre o Genoma Humano e os Direitos Humanos. No seu artigo 1.º, o legislador considera o genoma como a unidade fundamental de todos os membros da família humana, bem como o reconhecimento da sua inerente dignidade e diversidade. Nesse diapasão, todas as pessoas têm direito ao respeito pela sua dignidade e pelos seus direitos, independentemente das respetivas características genéticas. Essa dignidade impõe que os indivíduos não sejam reduzidos às suas características

[88] *Cfr.* artigo 12.º.
[89] *Cfr.* artigo 13.º
[90] *Cfr.* artigo 14.º
[91] *Cfr.* artigo 18.º
[92] *Cfr.* artigo 19.º
[93] *Cfr.* artigo 21.º
[94] *Cfr.* artigo 22.º

genéticas e que se respeite o carácter único de cada um, bem como a sua diversidade[95].

Verifica-se, pelo articulado no artigo 4.º, a vedação a quaisquer benefícios pecuniários, advindo do genoma humano. Em sede do artigo 5.º, prevê-se quando é que uma investigação, o tratamento ou o diagnóstico que afetem o genoma de um indivíduo poderão ser feitos. Portanto, em jeito de resposta, apenas é possível após uma avaliação rigorosa e prévia dos potenciais riscos e benefícios associados, e caso se encontrem preenchidos todos os requisitos impostos pela legislação interna.

As características genéticas deverão ser respeitadas e, por isso mesmo, "nenhuma pessoa será sujeita a discriminação com base nas características genéticas, que tenha como objectivo ou como efeito atentar contra os direitos humanos, as liberdades fundamentais e a dignidade humana"[96].

Deverá respeitar-se o sigilo, nas condições estabelecidas por lei, dos dados genéticos associados a uma pessoa identificável e armazenados ou processados para fins de investigação ou para qualquer outro fim[97].

Salvaguardando os direitos humanos, as liberdades fundamentais e a dignidade individual, "nenhuma investigação na área do genoma humano ou respectivas aplicações, em particular nas áreas da biologia, da genética e da medicina, deve prevalecer " até mesmo nas situações em que estão em causa grupos humanos[98].

A nível do Direito interno, enquanto texto Fundamental, a Constituição da República Portuguesa (CRP) representa o instrumento basilar na tutela dos direitos fundamentais, centrando-se na defesa do direito à identidade pessoal e do genoma humano. É nesse prisma que a CRP consagra no artigo 26.º, a seguinte epígrafe: Outros Direitos Pessoais.

O legislador constituinte consagra que "a todos são reconhecidos os direitos à identidade pessoal, ao desenvolvimento da personalidade, à capacidade civil, à cidadania, ao bom nome e reputação, à imagem, à palavra, à reserva da intimidade da vida privada e familiar e à protecção legal contra quaisquer formas de discriminação"[99].

---

[95] *Cfr.* artigo 2.º.

[96] *Cfr.* artigo 6.º.

[97] *Cfr.* artigo 7.º.

[98] *Cfr.* artigo 10.º

[99] *Cfr.* n.º 1.

É dentro desse quadro jurídico-constitucional que a "lei estabelecerá garantias efectivas contra a obtenção e utilização abusivas, ou contrárias à dignidade humana, de informações relativas às pessoas e famílias"[100]. Em *stricto sensu*, tendo em conta a dignidade humana, "a lei garantirá a dignidade pessoal e a identidade genética do ser humano, nomeadamente na criação, desenvolvimento e utilização das tecnologias e na experimentação científica"[101].

Para além desse instrumento fundamental, o legislador constituinte deixou espaço para a reserva da Lei, avançando com inúmeros dispositivos infraconstitucionais, com destaque para a Lei n.º Lei n.º 17/2016, de 20 de junho, que alarga o âmbito dos beneficiários das técnicas de procriação medicamente assistida, procedendo à segunda alteração à Lei n.º 32/2006, de 26 de julho (Lei da Procriação Medicamente Assistida).

Desde logo, a lei é aplicável a:

> "a) Inseminação artificial;
> b) Fertilização *in vitro*;
> c) Injeção intracitoplasmática de espermatozoides;
> d) Transferência de embriões, gâmetas ou zigotos;
> e) Diagnóstico genético pré-implantação;
> f) Outras técnicas laboratoriais de manipulação gamética ou embrionária equivalentes ou subsidiárias."

Não obstante, a "(...) lei aplica-se ainda às situações de gestação de substituição previstas no artigo 8.º"[102].

---

[100] *Cfr.* n.º 2.

[101] *Cfr.* n.º 3.

[102] *Cfr.* n.ºs 1 e 2, do artigo 1. Refira-se que, a propósito desta disposição, o Tribunal Constitucional, por meio dos juízes conselheiros, considerou que era inconstitucional, sendo decidido por maioria que "(...) as 'mães de aluguer' podem revogar o consentimento dado até ao momento da entrega da criança aos beneficiários (...)." Para estes juízes, "(...) qualquer outra interpretação violaria o princípio do direito ao desenvolvimento da personalidade, através da limitação do direito de constituir família."
Com efeito, o tribunal considerou inconstitucional a norma que "(...) determinava como regra absoluta o anonimato da mãe de aluguer." Portanto, "(...) também aqui, o Tribunal Constitucional considera que se trata da limitação intolerável dos direitos das pessoas nascidas em consequência da procriação medicamente assistida." Todavia, "(...) as inconstitucionalidades não se aplicarão nas situações em que já tenham sido iniciados os processos terapêuticos,

O legislador apela à não descriminação, tendo em conta o respeito pela dignidade humana[103]. Com efeito, as Técnicas de Procriação Medicamente Assistidas (TPMA) com vista à procriação devem ser vistas apenas como uma alternativa e não como um método subsidiário, utilizadas para diagnóstico de infertilidade ou de tratamento de doenças, com grave risco de transmissão genética[104].

Prevê-se, no artigo 7.º, alguma proibição para clonagem reprodutiva[105]; para conseguir melhorar determinadas características não médicas do nascituro, designadamente a escolha do sexo[106]; não podem ser utilizadas com o objetivo de originarem quimeras (pessoas desvanecidas/fantasmas/monstros) ou híbridos (degenerados)[107], como temos estado a apelar, em relação aos perigos do Eugenismo em Habermas.

Refira-se, na mesma linha, que a investigação com recurso a embriões com o objetivo deliberado da sua utilização na investigação científica é proibida, salvo quando "(...) seja razoável esperar que daí possa resultar benefício para a humanidade, dependendo cada projeto científico de apreciação e

em execução de contratos já autorizados." Deste modo, muitas das normas foram tidas, pelo Tribunal Constitucional, como inconstitucionais. (Para mais pormenores, *vide*: https://www.cmjornal.pt/sociedade/detalhe/maes-de-aluguer-podem-recusar-entregar-filhos, 04/06/2018). Refira-se também que tem havido um debate em torno das crianças que nascidas por inseminação artificial, através de técnicas de fertilização *in vitro* geradas por um embrião, que é depois transportado para o útero de uma outra mulher, venham a contrair alguma deformação no decurso da gestação. A pergunta que se coloca é: os beneficiários, ou seja, os legítimos proprietários do material genético que seriam portanto os pais biológicos da criança, após esta nascer, devem aceitar a criança ou rejeitá-la, tendo em conta que o contrato que estabeleceram era o de receber, após o parto, uma criança saudável, livre de quaisquer defeitos? O mais sensato é que os beneficiários, os "legítimos proprietários" do material genético, ou seja, os pais biológicos tenham em observância o *pacta sunt servanda*, isto é, cumpram com o contrato, melhor dito, aceitem receber a criança, seu filho, independentemente da forma como ela nasça, pois, ao rejeitarem a criança por algum defeito, superveniente às técnicas de fertilização *in vitro*, estariam a atentar contra a sua dignidade, pondo em casa um dos princípios fundamentais da Convenção dos Direitos da Criança, o do superior interesse.

103 *Cfr.* artigo 2.º

104 *Cfr.* artigo 4.º

105 *Cfr.* n.º1.

106 *Cfr.* n.º 2.

107 *Cfr.* n.º 3.

decisão do Conselho Nacional de Procriação Medicamente Assistida"[108]-[109]. Em relação a isso tem havido movimentos com posições apologistas acerbadas do uso liberalizado e deliberado dos embriões, mesmo contra os apelos da sua utilização restrita mediante as exigências normativas do Direito e da Moral, em nome do progresso científico que, como temos vindo a afirmar, pode resultar na robotização do ser humano, ou seja, na criação de monstros ou de seres com características eugênicas defendidas por um grupo maioritário, por um povo ou até mesmo por um continente.

É imperioso encontrar um meio-termo em torno desses avanços e recuos técnico-científicos, pois, por um lado é preciso acreditar nos avanções das ciências genéticas, mas ao mesmo tempo é necessário procurar-se-lhe um sentido limitador normativo. Reconhece-se, portanto, que o problema, em causa, o da reconciliação destas duas vertentes, é complexo, dado que se apresenta como uma faca de dois gumes e impõe-se como um autêntico dilema, senão vejamos:

> "Os avanços da Ciência Genética nos apresentam uma promessa e um dilema. A promessa é que em breve podemos ser capazes de tratar e prevenir uma série de doenças debilitantes. O dilema é que, apesar destes e de outros benefícios, nosso reportório moral ainda está mal equipado para enfrentar as perguntas mais complexas suscitadas pela engenharia genética. Embora a maior parte das pessoas considere pelo menos algumas das formas desses avanços perturbadora, não é fácil explicar afinal por quê. Afinal o que há de errado em reprogramar nossa natureza? (...)"[110].

Importa também lembrar, também na senda da visão feita por Michael Sandel, que "alguns defensores da eugenia faziam lobby para criar leis que impedissem a reprodução de pessoas com genes indesejáveis". Aliás, a res-

[108] *Cfr.* artigo 3.º

[109] É preciso referenciar que o Diagnóstico Genético Pré-implantação só é permitido quando está em causa a diminuição do risco de alterações cromossómicas, aumentando assim as possibilidades de sucesso das técnicas de PMA (*cfr.* n.º 2, do artigo 28.º). No fundo, "(...) destina-se a pessoas provenientes de famílias com alterações que causam morte precoce ou doença grave, quando exista risco elevado de transmissão à sua descendência (...)", mediante recomendações de profissionais (*cfr.* artigo 29.º) . Para além da revisão da estatuição, estão também previstas sanções ao abrigo do artigo 34.º e ss., e, logicamente, do Código Penal enquanto um regime supletivo.

[110] Para mais pormenores *vide* sinopse de Sandel, Michael (2013) *Op. Cit.* p. 2.

peito disso note-se que, "em 1907 o estado de Indiana adotou a primeira lei de esterilização compulsória para pacientes mentais, prisioneiros e miseráveis. Vinte e nove estados americanos acabaram adotando leis de esterilização compulsória e mais de 60 mil americanos geneticamente "defeituosos" foram esterilizados."[111]

De Facto, tendo em conta uma decisão que se pode considerar como uma jurisprudência, quanto a nós muito injusta, "em 1927 a Suprema Corte dos Estados Unidos defendeu a constitucionalidade das leis de esterilização no famoso caso *Buck vs. Bell.* O caso envolvia *Carrie Buck*, uma mãe solteira de 17 anos que fora internada em um asilo para deficientes mentais na Virgínia e submetida à esterilização. O juiz Oliver Wendell Holmes escreveu o veredicto, aprovado numa votação de oito para um, em favor da permanência da lei de esterilização: Já vimos mais de uma vez que a nação pode exigir as vidas dos melhores cidadãos. Seria estranho se não pudesse exigir esses sacrifícios menores daqueles que ¡á sugam a energia do Estado"[112], Assim, "o princípio que sustenta a vacinação compulsória é amplo o bastante para cobrir também o corte das trompas de Falópio. Será melhor para o mundo inteiro se, em vez de esperar para executar por crime a prole dos degenerados, ou de deixar que morram de fome por conta de sua imbecilidade, a sociedade impedir que as pessoas manifestadamente inadequadas continuem a se reproduzir"[113].

Por conseguinte, estas posições, na nossa ótica, atentam alguns princípios como a dignidade da pessoa humana, da humanidade e do superior interesse de cada pessoa que subjaz no facto de todas as pessoas terem o direito de possuir uma vida digna, isto é, de serem eles próprios os dignatários da vida, mesmo mediante os acidentes patológicos que obtiverem antes ou depois de terem nascidos. O meu posicionamento não significa a refutação das novas descobertas tecnológicas e de engenharia ou dos "milagres" que a genética, a biologia e a medicina atualmente tem vindo a proporcionar para a melhoria da vida do ser humano no campo da saúde mas simplesmente um alerta, como este que iremos descrever e concluir a presente contribuição que é apenas um dentre muitos:

---

[111] *Idem*, p. 79.

[112] ????

[113] *Idem*, pp. 79-80.

"Os que argumentam que a bioengenharia é semelha em espírito a outras formas com que os pais ambiciosos moldam seus filhos têm certa razão, porém essa semelhança não é motivo para abraçar a manipulação genética das crianças. É, ao contrário, motivo para questionar as práticas de educação de baixa tecnologia e alta pressão que aceitamos comumente. O hiperempenho dos pais, tão familiar em nossos tempos, representa um excesso ansioso de maestria e dominação que deixa de lado o sentido de dádiva da vida. Isso o aproxima de modo perturbador da eugenia"[114].

Conclusão

O Direito Genómico ou Direito do Genoma Humano, inserido no âmbito do bio-direito e da bioética, é um dos campos relativamente recentes que discute questões essenciais da vida humana e que toca em questões relacionadas com a dignidade humana. O direito a ter uma morte digna, que muito se discute no âmbito da eutanásia; o direito a não ser clonado; o direito a ter uma gravidez por substituição; o direito a não nascer com determinadas características impostas pelos progenitores, como por exemplo: olhos mais claros ou menos claros, loiro ou moreno, negro ou branco, nariz achatado ou comprido, etc., características que se enquadram no campo da eugenia, na qual Habermas faz alusão na sua obra, sendo que a eugenia do tipo liberal, onde tudo é permitido, pode colocar em causa a convivência do ser humano, tornando-se mais conflituosa a sua relação e perigando alguns princípios fundamentais, como o da dignidade da pessoa humana e do humanismo.

A problemática do eugenismo tem sido desde há muitos séculos discutida. É uma questão que, grosso modo, agita a consciência sobre a essência humana, saber se é possível alterar ou modificar a natureza humana face às descobertas de novas técnicas científicas, aplicáveis à medicina, à genética e à biologia e que tem sido alvo de profundas interrogações. É possível conceder aos beneficiários a legitimidade de modificar/manipular um ser na fase pré-natal, diante de algumas enfermidades incuráveis? É possível modificar ou alterar as características naturais de um embrião? É possível eliminar um embrião, dado que é suposto que o mesmo tem vida? Dito de outro modo

[114] *Idem*, p. 2.

como, aliás, questiona Habermas, é possível liberalizar situações ligadas ao eugenismo?

A resposta que Habermas nos propõe é uma resposta na vertente ética, como vimos, onde se permitiria a aplicação de determinadas técnicas médicas para fins terapêuticos e de prevenção (eugenia negativa) e não para fins de estética, inteligência, etc. (eugenia positiva). Para a primeira aplicação, a ação deve partir de uma presunção de consentimento prévio da vítima, dentro do que é eticamente razoável, o que significa, portanto, em última instância, que se deve atuar sempre com respeito pelo princípio da dignidade da pessoa humana, tendo em conta o respeito pelo outro.

Em suma, a abordagem acopla duas vertentes, uma ético-moral, outra jurídica, sendo certo que, em última instância, para a regulação dessas práticas, que envolve a engenharia genética, o Direito se impõe enquanto área que melhor dirime os conflitos humanos, dentro de uma sociedade de cariz democrática que respeita as garantias e as liberdades fundamentais dos seus cidadãos.

Bibliografia

ACADEMIA DAS CIÊNCIAS DE LISBOA (2001) *Dicionário da Língua Portuguesa Contemporânea*, Vol. I, Lisboa, Ed. Verbo.

ARCHER, Luís (1995) *O Progresso da Ciência e o Espírito, in Cadernos de Bioética*, n.º 10, Coimbra: Edição do Centro de Estudos de Bioética.

BARBAS, Stelas (2006) *Direito ao Património Genético*, Ed. Almedina.

BARBAS, Stelas (2011) *Direito do Genoma Humano*, Ed. Almedina.

CAMPOS, Diogo Leite (Coord.) (2007) *Estudos sobre o Direito das Pessoas*, Ed. Almedina.

CAMPOS, Diogo Leite; CHINELLATO, Silmara Juny (Coords.) (2009) *Pessoa Humana e Direito*, Ed. Almedina.

CARVALHO, João Serra; CARVALHO, Virgílio Serra; CARVALHO, Hamilton Serra (2016) *Direito Genómico e Dignidade Humana, Estudos avançados sobre o Direito à Vida, à Identidade Pessoal e Genética do Ser Humano*, 1.ª edição, Ed. Chiado.

CHIARINI JÚNIOR, Enéas Castilho. Noções introdutórias sobre Biodireito. Jus Navigandi, Teresina, ano 9, n. 424, 4 set. 2004. Disponível em: <http://jus.com.br/revista/texto/5664>. Acesso em: 7 set. 2011).

CORDEIRO, Luís Menezes (2011) *Tratado de Direito Civil IV, Parte Geral Pessoas*, 3.ª dição, Ed. Almdina.

Duarte, Tiago (2003) *In Vitro Veritas? A Procriação Medicamente Assistida na Constituição e na Lei*, Ed. Almedina.

Gouveia, Jorge Bacelar (2011) *Manual de Direito Constitucional*, 4.ª edição, Vol. II, Ed. Almedina.

Habermas, Jürgen (2006) *O Futuro da Natureza Humana*, A Caminho de uma Eugenia Liberal?, Almedina.

Hobsbawm, Eric John (2000) *Da Revolução Industrial Inglesa ao Imperialismo*, 5.ª edição, Ed. Forense Universitária.

Hottois, Gilbert; Susanne, Charles (2003) "Eugenia", in Nova Enciclopédia da Bioética (coord.: Gilbert Hottois e Jean-Noël Missa) (trad. do original francês de 2001 por Maria de Carvalho), Lisboa: Instituto Piaget.

Kant, Immanuel (2007) *Fundamentação da Metafísica dos Costumes*, Ed. 70.

Melo, Helena Pereira (2008) *Manual de Biodireito*, Ed. Almedina.

Otero, Paulo (2004) *Direito da Vida, Relatório sobre o Programa Conteúdos e Métodos de Ensino*, Ed. Almedina.

Pascal, Georges (2009) *Compreender Kant*, Petrópolis, Ed. Vozes.

Patto, Pedro Vaz (2008) *No Cruzamento do Direito e da Ética*, Ed. Almedina.

Pina, J. A. Esperança (2013) *Ética, Deontologia e Direito Médico*, Lidel edições.

Reale, Giovanne; Antiseri, Dario (1990) *História da Filosofia Antiga e Idade Média*, 3.ª edição,Ed. Paulus, Vol. I.

Regateiro, Fernando (1996) "Eugenia – Passado, Presente e Futuro", Brotéria Genética, n.ºs 1-2, vol. XVII (XCII), 1996, Lisboa.

Sandel, Michael J. (2013) *Contra a perfeição, Ética na Era da Engenharia Genética*, 1.ª edição, Ed. Civilização Brasileira, Tradução de Ana Carolina Mesquita.

Legislação usada

Constituição da República Portuguesa de 1976

Constituição da República Moçambicana de 2004

Código Civil de 1966

Lei n.º 17/2016, de 20 de junho que alarga o âmbito dos beneficiários das técnicas de procriação medicamente assistida, procedendo à segunda alteração à Lei n.º 32/2006, de 26 de julho (procriação medicamente assistida).

Resolução da Assembleia da República n.º 1/2001, aprova, para ratificação, a Convenção para a Protecção dos Direitos do Homem e da Dignidade do Ser Humano face às aplicações da Biologia e da Medicina (1998).

Declaração Universal Sobre o Genoma Humano e os Direitos Humanos de 1997.

Abreviaturas

CRM – Constituição da República de Moçambique
CRP – Constituição da República Portuguesa
CV – Código Civil
LPMA – Lei da Procriação Medicamente Assistida
TPMA – Técnicas e Procriação Medicamente Assistidas

Estado e Poder [Judicial]. A Política e o Direito

IL POTERE GIUDIZIARIO E LA LEGGE PROCESSUALE PENALE IN ITALIA[1-2]

BRUNA CAPPARELLI[3]
Professora da Universidade de Bolonha

SOMMARIO: 1. Genesi della norma costituzionale sul potere giudiziario in Italia. – 2. L'amministrazione dalla giustizia in nome del popolo e la soggezione del giudice soltanto alla legge. – 3. Il giudice e la sua indipendenza. – 4. Conclusioni.

Parole chiave: potere giudiziario – principio di legalità – diritto processuale penale italiano

SUMMARY: 1. Genesis of the constitutional rule on the judiciary in Italy. – 2. The administration of justice in the name of the people and the submission of the judge only to the law. – 3. The judge and its independence. – 4. Conclusions.

Keywords: judicial power – principle of legality – Italian criminal procedural law

1. Genesi della norma costituzionale sul potere giudiziario in Italia

Preliminarmente è utile soffermarsi sui principi che scolpiscono la funzione giurisdizionale in Italia, così come interpretati dalla dottrina e dalla giurisprudenza costituzionale. Si tratta certamente di un'indagine imprescindibile in quanto diretta a delineare il *dover essere* del ruolo del giudice, ossia il modo in cui esso è stato teorizzato e formalizzato in costituzione.

---

[1] Como citar este artigo:
CAPPARELLI, BRUNA. Il Potere Giudiziario e la Legge Processuale Penale in Italia. In: MANUEL MONTEIRO GUEDES VALENTE. *Os Desafios do Direito do Século XXI*. Coimbra: Almedina, 2018, pp. 105-137.

[2] Il testo prende le mosse dalla relazione svolta al convegno *Giornate internazionali. Le sfide del diritto nel secolo XXI*. Università Autonoma di Lisbona, 11 luglio 2018.

[3] PhD in Procedura penale – Università di Bologna. PhD in Scienze Criminali – PUCRS (in cotutela). Dottore in Legge – Università di Bologna. Abilitata all'esercizio della professione di avvocato in Italia. *Associate editor* RBDPP, bruna.capparelli2@unibo.it. http://orcid.org/0000-0003-1249-2658

Del resto, tale approfondimento appare propedeutico alla comprensione delle insidie connesse all'ingresso del diritto sovranazionale e della teoria della "tutela dei diritti" – a discapito della "tutela del diritto" – nell'agone processuale penale italiano, i quali rischiano di scuotere le fondamenta dell'impianto edificato dal Costituente, invitando l'interprete a rimeditare in chiave sistematica il significato di alcuni assiomi fondamentali e ad aggiornare il modello di un giudice *soggetto soltanto alla legge* che ne rappresenta l'incarnazione più importante ai fini che qui interessano.

La prima e più rilevante norma che occorre analizzare è l'art. 101 della Costituzione italiana, il quale stabilisce al primo comma che «La giustizia è amministrata in nome del popolo» e al secondo comma che «I giudici sono soggetti soltanto alla legge».

Se la lontana matrice di tale disposizione può rinvenirsi nell'art. 68 dello Statuto albertino[4], è l'art. 94, cc. 1 e 2, del Progetto di Costituzione a rappresentarne il precedente più immediato. Per quanto concerne il primo comma, a mente del quale «La funzione giurisdizionale, espressione della sovranità della Repubblica, è esercitata in nome del popolo», deve rilevarsi che la locuzione tecnica «esercizio della funzione giurisdizionale» è stata sostituita con l'espressione propria del linguaggio comune «amministrazione della giustizia»[5], intesa come l'attività di risoluzione delle controversie. In secondo luogo, il riferimento alla giurisdizione come forma di «espressione della sovranità della Repubblica» è stato soppresso giacché ritenuto privo di valore prescrittivo, nonché replicante il principio secondo cui la funzione giurisdizionale «è esercitata in nome del popolo»[6].

---

[4] Tale disposizione costituì un primo riconoscimento dell'indipendenza del giudice, giacché da un lato assicurava che l'applicazione della legge non fosse condizionata da ordini regi o ministeriali, dall'altro impediva che il re potesse esercitare in modo diretto la giustizia (Zanon, N. – Panzeri, A., *Commento all'art. 101 Cost.*, in Bifulco, R. – Celotto, A. – Olivetti , M., (a cura di), *Commentario alla Costituzione, Artt. 101-139, Disposizioni transitorie e finali*, Torino, Utet Giuridica, 2006, 1958).

[5] La formulazione definitiva si deve all'on. Colitto (seduta del 20 novembre 1947, in *A. C.*, V, 3352).

[6] A ben vedere, il nesso tra giurisdizione e sovranità popolare compariva unicamente nel progetto di riforma predisposto dalla Commissione ministeriale, il quale esordiva affermando che «Il potere giudiziario è emanazione diretta della sovranità dello Stato. Esso amministra la giustizia in nome del popolo, garantisce la libertà dei cittadini, ne tutela i diritti e gli interessi legittimi ed applica le sanzioni penali» (art. 1). Su questa disposizione si appuntò la discussione della sottocommissione nel corso della seduta di venerdì 13 dicembre 1946, durante la quale

In relazione poi al secondo comma, il quale affermava che «I magistrati dipendono soltanto dalla legge, che interpretano ed applicano secondo coscienza», occorre segnalare tre modifiche rilevanti intervenute nel passaggio dalla formulazione originaria a quella definitiva: la sostituzione della nozione di "dipendenza" con quella di "soggezione" alla legge, l'opzione in favore del termine "giudici" al posto di "magistrati" e la completa caducazione dell'inciso secondo cui l'interpretazione e l'applicazione della legge sarebbero dovuti avvenire «secondo coscienza».

Ma procediamo con ordine. Senza soffermarsi sulle differenze semantiche che hanno dettato la sostituzione del concetto di "dipendenza" con quello di "soggezione" (sostituzione che appare, in ogni caso, rivolta a corroborare la posizione di indipendenza del giudice), degna di nota è l'opzione in favore dell'espressione "giudici", che determina una evidente compressione dell'ambito di applicazione del principio in esame, rivolto – nelle intenzioni del Costituente – ai soli magistrati esercenti funzioni giudicanti. Con riferimento poi alla seconda parte della proposizione, è indubbio che la soppressione dell'inciso secondo cui la legge deve essere interpretata e applicata «secondo coscienza» riflette una valutazione ben precisa dei costituenti, i quali vollero impedire la diffusione di «metodi interpretativi non ortodossi»[7] , ovvero di interpretazioni poco fedeli al dato testuale e alla *ratio legis*, riconducibili a forme di *diritto libero* che potessero riecheggiare costruzioni teoriche care all'hitlerismo[8].

Calamandrei sottolineò che il potere giudiziario doveva considerarsi non già "emanazione" bensì parte integrante della sovranità popolare. Dello stesso avviso fu anche l'on. Leone, che ribadì come il potere giudiziario costituisse un aspetto della sovranità, ossia una sua espressione (in R*esoconti della seconda Sottocommissione, Seconda sezione (Potere giudiziario)*, reperibili sul sito istituzionale della Camera dei Deputati all'indirizzo <http://legislature.camera.it>, p. 26, ultimo accesso: settembre 2018).

[7] Guastini, R., *Commento dell'art. 101 Cost.*, in Branca, G. – Pizzorusso, A., (a cura di), *Commentario alla Costituzione, La Magistratura*, I, Zanichelli, Bologna – Roma, 144.

[8] Così l'on. Ruini, che avversò fermamente tale formulazione ritenendola «o una dichiarazione generica di ovvio significato [...] o la via a una interpretazione che sarebbe pericolosa» (seduta del 20 novembre 1947, in *A. C.*, V, 3959).

Così brevemente ricostruita la genesi dell'attuale formulazione dell'art. 101 Cost.[9], non si può fare a meno di ricordare che storicamente[10] il principio della "soggezione" del giudice alla legge esprime e formalizza il primato del legislatore nella produzione normativa, assegnando invece al giudice la funzione di interprete di norme che egli non concorre a creare[11]. In questo senso, la legislazione si oppone alla giurisdizione: mentre la prima è istituzione di nuove regole giuridiche, la seconda è conoscenza e applicazione di prescrizioni già esistenti[12]. Tale ultimo assunto deve, tuttavia, essere calato nel contesto effettuale dell'ordinamento giuridico, che – di fatto – non presenta quei caratteri di completezza e di coerenza postulati in astratto. Nondimeno, occorre altresì specificare che l'oggetto su cui si appunta l'attività ermeneutica del giudice non è rappresentato propriamente dalla *norma*, ossia il significato della prescrizione, bensì dalla *disposizione* stessa, intesa come enunciato linguistico potenzialmente polisemico[13]. Ne discende che l'interpretazione non si risolve in un'attività meramente cognitiva, implicando sempre un'attitudine valutativa che si riverbera sul momento intimamente decisionale.

2. L'amministrazione della giustizia in nome del popolo e la soggezione del giudice soltanto alla legge

Posta questa breve premessa, si passa all'indagine del significato dischiuso dal primo comma dell'art. 101 Cost. italiana, il quale, proprio per la sua formulazione estremamente concisa, ha suscitato non poche incertezze interpretative. Da un lato, vi è chi ha sostenuto che tale disposizione racchiuda una formula meramente declamatoria, dal sapore quasi simbolico: si tratterebbe, cioè, di una proclamazione ideologica, sprovvista di valore precettivo,

[9] Le disposizioni di legge citate nel testo senza ulteriori specificazioni si riferiscono alla Costituzione italiana o a disposizioni del codice di procedura penale italiano deducibile dal contesto.

[10] Si intende, cioè, dalla Rivoluzione francese in poi.

[11] Zanon, N., *op. loc. cit.*

[12] Guastini, R., *op. cit.*, 148.

[13] Sulla distinzione semantica tra norma e disposizione, v. Guastini, R., *Dalle fonti alle norme, Introduzione*, Torino, Giappichelli, 1992.

giacché rivolta piuttosto a suscitare emozioni[14]. In altro senso, parte della dottrina ha valorizzato la portata meramente formale della norma, dalla quale si ricaverebbe la formula dell'intestazione delle sentenze[15].

L'orientamento dottrinale più accreditato, affidandosi ad un'interpretazione di carattere sistematico, istituisce una stretta connessione tra sovranità popolare e funzione giurisdizionale, tale per cui la seconda viene addirittura intesa come una "forma di esercizio" della prima[16]. Ne discende una ricostruzione del rapporto tra potere giudiziario e potere legislativo in termini di gerarchia, di talché «l'attività giurisdizionale deve necessariamente esercitare un ruolo subordinato rispetto a quello degli organi rappresentativi»[17].

Per vero, anche tale esegesi rischierebbe di ridursi ad una formula vacua e declamatoria se non fosse debitamente concretizzata. Proprio al fine di scongiurare questa eventualità, autorevole dottrina ha affermato che l'art. 101, co.1, Cost. italiana deve essere inteso nel senso di una strutturale subordinazione della funzione giurisdizionale alla funzione legislativa[18] . Ne consegue non solo che il giudice deve fondare la propria decisione giurisdizionale solo e soltanto sulla legge, ma anche che non può in alcun modo contrapporre e sostituire la volontà popolare con quella dell'ordinamento positivo[19]. Così interpretato, il primo comma dell'art. 101 Cost. diverrebbe quasi un'anticipazione del comma successivo, recando in sé la premessa logica e sistematica che giustifica il secondo comma.

Proseguendo dunque nell'esegesi della norma, conviene ora spostare l'attenzione sulla parte centrale e finale del secondo comma, che predica la soggezione del giudice soltanto alla legge. Tale locuzione ha senza dubbio originato le maggiori oscillazioni interpretative, impegnando la dottrina in un acceso dibattito non del tutto sopito, e certamente non privo di conseguenze sul processo penale[20].

---

[14] In questo senso, v. D'ELIA, G., *L'azione penale popolare nel sistema costituzione italiano*, in *Giurisprudenza costituzionale*, 1997, 3110.

[15] In GUASTINI, R., *Commento dell'art. 101 Cost.*, cit., 166.

[16] PIZZORUSSO, A., *L'organizzazione della giustizia in Italia: la magistratura nel sistema politico e istituzionale*, Torino, Einaudi, 1982, 54-55.

[17] PIZZORUSSO, A., *op. cit.* 55.

[18] GUASTINI, R., *op. cit.*, 169.

[19] In argomento, per tutti: ILLUMINATI, G., *In nome del popolo*, in *Cass. Pen.*, 2003, 2, p. 371-373. Cfr, inoltre, BARTOLE, S., *op. cit.*, 230.

[20] V. *infra* p. 7-11. Tra i contributi più recenti, si veda, *ex multis*, PISANI, M., *Il giudice, la legge e l'art. 101, comma 2, Cost.*, in *Rivista italiana di diritto e procedura penale*, 2/2013, 558 s., il quale

Il primo dato che occorre rilevare è che l'espressione "soggezione", come impiegata nel contesto della disposizione, assume il significato minimo e incontroverso di «dovere incondizionato di applicazione»[21]. Lungi dall'esaurirsi in una formula simbolica, tale dovere merita di essere accuratamente analizzato nella sua portata precettiva, recando in sé importanti implicazioni anche sul versante processuale penale.

In primo luogo, la soggezione alla legge comporta che ogni provvedimento giurisdizionale debba trovare fondamento in una norma di legge, intesa sia come norma *esplicita*, direttamente ricavabile dal precetto normativo, sia come norma *implicita*, desumibile mediante l'applicazione dei criteri ermeneutici previsti dall'art. 12, co. 2, delle disposizioni preliminari al codice civile, sia come norma di *rinvio*, sempre nel rispetto della legalità[22]. In secondo luogo, la formulazione in esame implica che i provvedimenti giurisdizionali siano non solo compatibili, nel senso di non contraddittori, ma anche materialmente conformi alla legge, ossia latori di un contenuto normativo logicamente deducibile dalla legge[23]. In terzo luogo, la soggezione alla legge esprime il divieto per il giudice di creare nuove leggi, l'obbligo di conoscere la normativa vigente, nonché – quale ultimo corollario – l'impossibilità di rifiutare l'applicazione della legge[24].

Se tale locuzione non ha provocato particolari perplessità esegetiche, lo stesso non può dirsi per il lemma "legge", la cui interpretazione ha dato origine a differenti orientamenti dottrinali. Da un lato, vi è chi sostiene che esso deve essere inteso come legge "in senso materiale", ossia come fonte del diritto oggettivo[25]: il vocabolo alluderebbe, cioè, metonimicamente al contenuto normativo. In altro senso, è stato affermato che il termine "legge" afferisce esclusivamente alla legge in senso formale, attributo riferito alla legge costituzionale e alla legge ordinaria statale e regionale[26]. Infine, in posizione intermedia rispetto ai due menzionati indirizzi, taluni ritengono

---

valorizza il contenuto di garanzia che si accompagna all'art. 101, co. 2, Cost. in un sistema costituzionale di stampo democratico.

[21] GUASTINI, R., *op. cit.*, 183.

[22] GUASTINI, R., *op. cit.*, 183-184.

[23] GUASTINI, R., *op. cit.*, 185.

[24] GUASTINI, R., *op. cit.*, 185-186.

[25] In questo senso, v. CRISAFULLI, V. *Fonti del diritto* (dir. cost.), voce in *Enciclopedia del diritto*, XVII, Milano, Giuffrè,1968, 930, nt. 11.

[26] Così FOIS, S., *Legalità* (principio di), voce in *Enciclopedia del diritto*, XXIII, Milano, Giuffrè, 1973, 684-685.

che il vocabolo "legge" debba concernere sia la legge formale, sia gli atti aventi forza di legge, ossia il decreto-legge, il decreto legislativo e il referendum abrogativo[27].

Nel districarsi all'interno di tale reticolo esegetico, occorre sin da subito chiarire che la "legge" a cui si riferisce il testo costituzionale deve intendersi innanzitutto come la legge formale, militando a favore di tale ricostruzione molteplici argomenti. In primo luogo, tale interpretazione appare consonante con il primo comma dell'art. 101 Cost. italiana, che – come si è visto – subordina la funzione giurisdizionale alla sovranità popolare, ossia alla volontà espressa dagli organi rappresentativi[28]. In secondo luogo, essa pare altresì accordarsi con il divieto di disapplicare la legge formale gravante sui giudici, i quali, in caso di dubbio (motivato) sulla legittimità costituzionale di una legge, debbono sospendere il giudizio *a quo* e rinviare la questione alla Corte costituzionale[29]. Infine, la prospettata esegesi trova ulteriore conforto nel controllo giurisdizionale di legalità a cui sono sottoposti gli atti della pubblica amministrazione (art. 113, co.1, Cost. italiana), in forza del quale il giudice ordinario può disapplicare ogni atto amministrativo ritenuto in contrasto con la legge formale[30] (art. 5, legge 2248/1865, all. E)[31].

Pur risultando indubbiamente persuasiva, la tesi sinora presentata non consente ancora di fugare ogni dubbio sulla effettiva ampiezza della nozione di "legge" cui fa riferimento il secondo comma dell'art. 101 Cost. italiana. Occorre, infatti, comprendere se tale dizione sia idonea a ricomprendere anche gli atti aventi forza di legge di cui agli artt. 76 e 77 Cost. italiana. La dottrina e la giurisprudenza prevalenti risolvono tale interrogativo in senso affermativo, muovendo dall'assunto secondo cui l'espressione "forza di

---

[27] Guastini, R., *op. loc. cit.*

[28] Sul rapporto tra il primo e il secondo comma della norma in esame, v. Fois, S., *op. loc. cit.*; Grossi, P., *op. cit.*, 563 s.

[29] Guastini, R., *op. cit.*, 178.

[30] In questo senso Fois, S., *op. cit.*, 685 s.; Grossi, P., *op. cit.*, 566 s. V. anche Corte cost. nn. 41/1959, 150/1964, 40/1964, 44/1968, reperibili in <http://www.giurcost.org>, ultimo accesso: settembre 2018.

[31] Tale disposizione, inserita all'interno della legge sul contenzioso amministrativo, afferma che «In questo, come in ogni altro caso, le autorità giudiziarie applicheranno gli atti amministrativi ed i regolamenti generali e locali in quanto siano conformi alle leggi».

legge" deve riferirsi sia alla posizione gerarchica dell'atto normativo, sia alla competenza materiale, sia al complessivo regime costituzionale della legge[32].

Ciò posto, è necessario rilevare che la ricostruzione sinora operata si arricchisce di ulteriori contenuti se riguardata alla luce del processo di integrazione europea, il quale impone di considerare il ruolo che il diritto, sia europeo sia internazionale, occupa nell'attuale sistema integrato e multilivello delle fonti normative[33]. Nei tempi odierni, infatti, il concetto di "legge" non può essere esaminato assumendo esclusivamente il punto di vista dell'ordinamento interno, giacchè l'adesione dell'Italia all'Unione europea e ai Trattati internazionali ha implicato la cessione di parte della sovranità statale alle istituzioni sovranazionali[34], così determinando – specie in ambito penale – la progressiva crisi della riserva di legge nella sua accezione nazionale in favore di una "legalità europea e internazionale"[35]. Secondo questa impostazione,

---

[32] Così Pizzorusso, A., *Delle fonti del diritto*, in Scialoja, A. – Branca, G. (a cura di), *Commentario al codice civile, Artt. 1-9*, Bologna – Roma, Zanichelli, 1977, 227-228. Sul punto v. anche Sorrentino, F. – Caporali, G., *Legge (atti con forza di)*, voce in *Digesto delle discipline pubblicistiche*, vol. IX, Torino, Utet, 1994, 100-107. Invero, anche la dottrina più recente concorda sul fatto che le materie coperte dalla riserva di legge possano essere disciplinate «non solo dalla legge formale, strettamente intesa, ma anche da quegli atti dell'esecutivo cui la Costituzione conferisce la medesima «forza» o il medesimo «valore» della legge», ossia i decreti legislativi e i decreti legge (Guastini, R., *Legge* (riserva di), voce in *Digesto delle discipline pubblicistiche*, vol. IX, Torino, Utet, 1994, 171).

[33] Come è stato affermato in dottrina, la vera novità dischiusa dalla globalizzazione giuridica è rappresentato dalla «nascita di una vera 'rete normativa' complessa, legislativa e giudiziaria, nazionale, comunitaria e internazionale», «un intreccio reticolare di fonti di produzione delle norme e un pluralismo orizzontale e verticale di quelle medesime fonti e dei rispettivi universi culturali» (Donini, M., *Un nuovo medioevo penale? Vecchio e nuovo nell'espansione del diritto penale economico*, in Foffani, L., (a cura di), *Diritto penale comparato, europeo e internazionale: prospettive per il XXI secolo*, Milano, Giuffrè, 2006, 77).

[34] Come noto, il processo di integrazione europea ha provocato un parziale indebolimento del principio di rappresentatività democratica: ciò è dovuto – tra le altre concause – alla moltiplicazione delle sedi di regolazione giuridica sottratte al circuito politico-rappresentativo in funzione di istanze di efficienza e di tecnicismo; appare, in tal senso, emblematico il fenomeno delle autorità indipendenti, le quali – come si vedrà nel corso della trattazione – «godono di una forza di fatto che sfugge al primato della legge e che trova nel predominio del principio tecnocratico sul principio democratico la sua prima *ratio*» (Gargani, A., *Verso una democrazia giudiziaria? I poteri normativi del giudice tra principio di legalità e diritto europeo*, in *Criminalia*, 2011, 104).

[35] Fiandaca, G., *Crisi della riserva di legge e disagio nella democrazia rappresentativa nell'età del protagonismo giudiziario*, in *Criminalia*, 2011, 86 s.

tra le conseguenze pratico-applicative dell'ingresso del diritto europeo nel sistema delle fonti giuridiche può senz'altro annoverarsi un significativo ampliamento della discrezionalità ermeneutica del giudice, il quale appare nei fatti sempre meno soggetto alla legge interna: difatti, come osservato da una parte della dottrina, «ad essere posto in discussione dal potere-dovere del giudice comune di disapplicare la legge in contrasto con fonti europee, secondo un modello di controllo diffuso in deroga all'art. 134 Cost. italiana, è soprattutto il principio della soggezione alla legge»[36].

In effetti, l'archetipo di un giudice che, in ossequio al principio della *primauté* del diritto sovranazionale sul diritto nazionale, può giungere alla disapplicazione delle norme interne contrastanti con le norme "europee" si pone in radicale antitesi con la tralatizia concezione del giudice quale mero applicatore della legge[37], in favore di una visione che assegna al giudice interno il ruolo di «arbitro dei conflitti tra regimi giuridici»[38], nonché – come sostenuto in dottrina – di co-produttore della *regola* iuris[39]. Invero, una parte della dottrina ha giustificato tale deviazione dal modello delineato dall'art. 101, co. 2, Cost. mediante una soluzione esegetica che intende tale disposi-

[36] Gargani, A., *op. cit.*, 114, 116.

[37] Come osservato in dottrina, mentre nel periodo pre-costituzionale dello Stato liberale monoclasse si assisteva ad una netta prevalenza del momento "politico" della formazione del diritto, il quale si esprimeva «essenzialmente e quasi esclusivamente attraverso la legge formale del Parlamento», l'avvento della Costituzione ha di fatto "rivoluzionato" la tradizionale concezione del giudice quale applicatore meccanico della legge: la superiorità gerarchica della fonte costituzionale e dunque la previsione di limiti invalicabili per il legislatore ordinario hanno, infatti, reso decisiva l'attività dei giudici, chiamati a garantire il rispetto di quei limiti e ad attuare i principi costituzionali, in stretto raccordo con la Corte costituzionale (Romboli, R., *L'attività creativa di diritto da parte del giudice*, in *Questione giustizia*, 6/2008, 196).

[38] Gargani, A., *op. cit.*, 111.

[39] Che i giudici svolgano un'attività (anche) creativa del diritto non pare, d'altronde, una conclusione nuova alla riflessione giuridica, atteso che – già negli anni '80 – Cappelletti, M. qualificava la creatività della giurisprudenza come una «verità banale», «anche se infinite volte in ogni epoca e con tanta inesauribile perseveranza negata o nascosta» (*Giudici legislatori?*, Milano, Giuffrè, 1984, 22 s.). In tempi più recenti, Cassese, S. ha affermato che «oggi il diritto è, in larga misura, frutto della ricerca *ex post* tra insiemi di regole disparate, che derivano dalla moltiplicazione dei centri di produttori di norme. Prevale un pullulare di particolarismi giuridici, che richiedono però una più ampia e intensa funzione creativa degli operatori giuridici, chiamati a stabilire accordi, a dare coerenza, a cercare principi primi e regole generali» (*Eclissi o rinascita del diritto?*, in Rossi, P., (a cura di), *Fine del diritto?*, Bologna, Il Mulino, 2009, 34).

zione anzitutto come soggezione al diritto[40], sicché nella nozione di "legge" verrebbe ricompreso tutto il diritto oggettivo, incluso il diritto europeo e internazionale, così come interpretato dalle rispettive Corti, i quali contribuirebbero così a conformare il principio di legalità[41]. Troverebbe, così, conferma la tesi sostenuta che raffigura il principio della soggezione del giudice alla legge come una formula dinamica, il cui significato risente delle caratteristiche generali dell'ordinamento giuridico in cui l'attività giudiziaria trova concreta esplicazione[42].

Nondimeno, ciò che lascia particolarmente perplessi, è constatare che, sulla base dei summenzionati indirizzi interpretativi, ci si avvia sempre più verso una progressiva inversione del rapporto tra il giudice e legge processuale. In altre parole, non è più la legge a costituire un argine all'abuso dei poteri del giudice, ma è il giudice ad abusare dei suoi poteri per proteggere i cittadini dall'arbitrio della legge, a farsi garante dei diritti anche contro il diritto scritto. A titolo meramente esemplificativo, in ambito processuale penale risulta assai problematico a livello sistematico[43] – in un'ottica che rovescia il classico «paradigma» della primazia della legge formale sul formante giurisprudenziale[44]–, l'affermazione ripetuta ai più alti livelli della giurisprudenza italiana, secondo cui «il processo di erosione dell'intangibilità del giudicato [...] ha subito negli ultimi tempi una forte accelerazione, sotto la necessità di dare esecuzione all'obbligo di ripristinare i diritti del condannato, lesi da violazioni delle norme della Convenzione europea per la salvaguardia dei diritti dell'uomo e delle libertà fondamentali»[45]. Ne deriverebbe un onere per i giudici nazionali di fare tutto quanto loro possibile per dare esecuzione alle decisioni sovranazionali, là dove esse riconoscessero specificamente all'imputato il diritto alla rinnovazione del processo una volta accertata la violazione di garanzie fondamentali di origine pattizia: e ciò anche a prescindere dall'esistenza nell'ordinamento interno di un appo-

---

[40] Tale interpretazione è stata elaborata da PIZZORUSSO, A., *Intervento al Convegno di Senigallia 9-11 novembre 1979*, in *Giustizia e Costituzione*, 3-4, 1980, 183 s.

[41] Così, D. BIFULCO, *Il giudice è soggetto soltanto al "diritto". Contributo allo studio dell'art. 101, comma 2, della Costituzione italiana*, Napoli, Jovene, 2008, 127.

[42] ZAGREBELSKY, G., *Il diritto mite*, Torino, Einaudi, 1992, 206.

[43] Per considerazioni critiche di scenario sulla ricostruzione in discorso, v. CAPRIOLI, F., *Il giudice e la legge processuale*, cit, p. 973 s.

[44] Così, CAPRIOLI, F., *Il giudice e la legge processuale: il paradigma rovesciato*, in *L'Indice penale*, 2017, p. 967 s.

[45] Cass., Sez. Un., 14 ottobre 2014, n. 42858, in *C.E.D. Cass.*, rv. 260698, par. 8 motivazione.

sito rimedio normativo. Ma è proprio su quest'ultimo aspetto che si ritiene di poter manifestare dissenso, frutto del timore per gli ultimi esiti di una deriva verso gli orizzonti di un giudice che si improvvisa legislatore[46]. Se il summenzionato scenario getta certamente le basi per la rivisitazione della disciplina codicistica vigente in materia, non sembra tuttavia autorizzare quel ruolo vicario che la giurisprudenza intende conferirsi. D'altra parte, la delicatezza dei valori coinvolti alla base del problema esige disamine condotte *sine ira ac studio*, posto che le soluzioni interpretative giurisprudenziali offerte finiscono di fatto per sovvertire le categorie processuali approntate dalla legge. Del resto, sul piano dell'indagine casistica si assiste al tentativo esegetico di identificare il diritto vivente interno con il diritto sovranazionale, grazie all'abbandono di una tradizione dogmatica che individuava proprio nella cosa giudicata l'istituto improntato ad assicurare le istanze generali di certezza dell'ordinamento. L'espediente non sembrava riuscire vittorioso: recando in sé l'idea di offrire giustizia al singolo caso, esso ha infatti il torto di nascondere la funzione di antidoto svolta dal principio di legalità contro l'arbitrio sia del legislatore che del giudice in tutti gli Stati democratici. Certamente non bisogna nascondersi che qui non è tanto in discussione il dogma del giudicato come tale, facile da abbandonare ogni qual volta sia di ostacolo a soluzioni *pro reo*; piuttosto, a uscirne minacciata è la stessa legalità processuale, l'insieme cioè di regole formali che, da un lato, disciplinano le modalità di sviluppo della regiudicanda fino alla pronuncia della sentenza irrevocabile, e dall'altro lato stabiliscono a quali condizioni la *res iudicata* possa successivamente dissolversi. A ribadire lo strettissimo legame sussistente tra i due fenomeni, con il pericolo di ricadute reciproche, basterebbe forse ricordare la posizione espressa in proposito da Carnelutti, favorevole alla revisione della sentenza definitiva di assoluzione così come a concedere ampi poteri discrezionali al giudice penale, evitando che la legislazione intervenga a vincolarne passo a passo l'attività[47]. Ma come già notava un'illustre dottrina, simili aspirazioni non sono condivisibili: «in Italia, un'abdicazione del legislatore esaspererebbe una già allarmante tensione delle

[46] Volendo, v. CAPPARELLI, B., *Decisiones de la Corte Europea y cosa juzgada penal "injusta"*, in *Revista De Derecho Penal y Criminología*, 2016, 2, 125-138.

[47] CARNELUTTI, F., *Contro il giudicato penale*, in *Riv. dir. proc.*, 1951, 293-294; ID., *L'equità nel diritto penale*, in *Riv. it. dir. e proc. civ.*, 1935, I, 110 s.

strutture»[48]. Invero, si ritiene che le croniche lentezze e inerzie del Parlamento non possono legittimare, alla stregua di uno stato di necessità, la supplenza dei giudici del caso singolo, chiamati a tradurre l'anticipazione in presente, a modellare il diritto su ciò che ancora non esiste[49]. Come si è giustamente osservato in dottrina[50], l'equivoco sta nel confondere e sovrapporre indebitamente il fatto, di origine sopranazionale, costitutivo del diritto alla *restitutio in integrum*, e la fattispecie normativa dell'ordinamento interno destinata a recepirlo in forma di regola operativa di un determinato istituto processuale; se manca il secondo elemento della sequenza, è superfluo discutere di immediata precettività delle norme CEDU, della loro rilevanza quale parametro interpretativo del diritto nazionale, oppure della necessità per il giudice italiano di uniformarsi alla decisione della Corte di Strasburgo, assumendo la violazione in essa accertata a premessa vincolante e criterio guida di una riapertura della regiudicanda, giacché la produzione di simili effetti dipende dal combinarsi del diritto riconosciuto in sede europea con un idoneo regolamento processuale interno. E per quanto la Corte di cassazione nelle sue ben note pronunce operi un richiamo a protocolli ratificati, a rapporti, raccomandazioni e risoluzioni degli organi sopranazionali, a fonti legali di impegni governativi e di iscrizioni delle sentenze della Corte EDU nel casellario giudiziale, l'appellarsi ad un insieme, pur convergente, di volontà politiche non equivaleva ancora a costruire un'apposita fattispecie nel codice di rito: tali strumenti valgono al fine di legittimare una procedura di infrazione a carico dello Stato italiano inadempiente all'obbligo di riformare la disciplina positiva; possono anche funzionare da canone esegetico per il singolo giudice, ma a patto che esista una disposizione processuale da interpretare[51]. La tendenza che emerge dalle argomentazioni della Corte di

[48] Cordero, F., voce *Legalità penale*, in *Enc. giur.*, vol. XVIII, Roma 1990, 6. Per una ricostruzione del dibattito apertosi all'indomani della pubblicazione della "bozza di uno schema di codice di procedura penale", dovuta allo stesso Carnelutti, tra fautori del criterio di rigidità e sostenitori dell'elasticità processuale, v. Siracusano Delfino, *Problemi attuali della discrezionalità in diritto penale (spunti processuali)*, in *Ind. pen.*, 1976, 437-439.

[49] Il tema della legalità e della sua crisi in rapporto alla supremazia del momento giudiziale, percorre l'intero saggio di Nobili, M., *Nuovi modelli e connessioni: processo – teoria dello Stato – epistemologia*, in *Ind. pen.*, 1999, 27 s.; cfr. inoltre Id., *Storie d'una illustre formula: il "libero convincimento" negli ultimi trent'anni*, in *Riv. it. dir. e proc. pen.*, 2003, 90.

[50] Negri, D., *Rimedi*, in *All'incrocio*, cit. p. 169 s.

[51] La tematica è stata affrontata in Negri, D., *Commento all'art. 1, d.l. 18 febbraio 2005, n. 17*, in *Legisl. pen.*, 2005, 266, cui si rinvia anche per i riferimenti giurisprudenziali.

cassazione sembra invece quella di convertire gli spazi della discrezionalità giudiziale in criterio ermeneutico, profittando dell'incerta distinzione tra le figure dell'interpretazione e dell'applicazione analogica[52], incertezza aggravata nel campo processuale penale dalle già segnalate difficoltà in cui si dibatteva il principio di legalità. Del resto, giova ribadire, anche il principio di legalità, al pari della corrispondente garanzia sostanziale, pone vincoli stretti al giudice anche sotto il profilo della tassatività; non soltanto entro il settore delle libertà individuali, la cui limitazione può avvenire unicamente nei «casi» e «modi» previsti dalla legge (artt. 13 e 14 Cost.), oppure con riguardo alla predeterminazione legale dei criteri di competenza in ossequio al principio del giudice naturale (art. 25, comma 1, Cost.), ma più in generale ogni qual volta sia dato riconoscere direttamente o indirettamente carattere esclusivo ad una fattispecie di rito. Merita d'altronde ricordare come, conseguentemente, al canone di tassatività abbia dimostrato in più occasioni di attenersi la stessa giurisprudenza costituzionale, a prescindere dall'esito favorevole o svantaggioso per la posizione dell'imputato cui avrebbe potuto condurre un ampliamento operativo di un determinato istituto processuale tramite lo strumento dell'interpretazione. Senza alcuna pretesa di completezza, andrà innanzitutto ricordata la declaratoria di illegittimità di tipo additivo resasi necessaria per estendere anche alle misure cautelari personali diverse dalle custodiali l'effetto di estinzione derivante dall'omesso interrogatorio di garanzia, sul presupposto che non fosse praticabile a tal fine, neppure *in bonam partem*, l'applicazione analogica dell'art. 302 c.p.p.[53]. Ancora maggiore lo scrupolo, la decisione riguardante la facoltà del difensore di estrarre copia degli atti già a lui conoscibili in seguito al precedente deposito da parte dell'autorità giudiziaria[54]: dalla scelta legislativa di disciplinare la materia indicando «una serie di casi» in cui tale prerogativa è «espressamente» concessa, derivava, ad avviso della Corte costituzionale, l'impossibilità di includere tra essi per via interpretativa l'ipotesi regolata nell'art. 293, comma 3, c.p.p. e l'esigenza di rimuovere perciò l'ostacolo al pieno eser-

[52] Simili forzature vengono stigmatizzate anche da Bernardi, *L'europeizzazione del diritto e della scienza penale*, Torino, Giappichelli, 2004, 13-15, nel campo tuttavia del diritto penale sostanziale, dotato di ben più robusti contrafforti dal lato della legalità.

[53] Corte costituzionale, sent. n. 95 del 2001, disponibile in <http://www.giurcost.org>, ultimo accesso: settembre 2018.

[54] Corte costituzionale, sent. n. 192 del 1997, reperibile in <http://www.giurcost.org>, ultimo accesso: settembre 2018.

cizio del diritto di difesa mediante apposita pronuncia manipolativa del testo legale. Di estremo significato per la tematica in disamina sembra poi anche l'intervento con il quale i giudici di palazzo della Consulta hanno ampliato i casi di ricusazione specificamente elencati nell'art. 37, comma 1, c.p.p.[55]; vi si adombrava, infatti, la possibilità di sussumere l'ulteriore ipotesi di pregiudizio per l'imparzialità del giudice, oggetto dello scrutinio di costituzionalità, sotto una delle fattispecie già previste dagli artt. 37, comma 1, lett. *b*) e 36, comma 1, lett. *c*), a causa della loro apparente maggiore affinità: entrambe riguardano precedenti manifestazioni di convincimento da parte del giudice, al pari di quella, da aggiungere, relativa alla prevenzione maturata nell'esercizio delle funzioni in altro procedimento. Ebbene, nonostante la somiglianza, la Corte costituzionale non si era mossa in una logica di ortopedia interpretativa, ma anzi, si è risolta ad adottare una pronuncia di tipo additivo «anche per evitare che le esigenze di tutela del giusto processo possano essere in qualche modo condizionate dalla stratificazione giurisprudenziale e dottrinale in materia». Ma anche un'attenta lettura della stessa sent. n. 10 del 1993[56], evocata a sostegno dell'adattamento automatico della normativa sopranazionale nell'ordinamento interno, mostrava come essa in realtà confermasse l'impostazione basata sul criterio di legalità. Notevole e condivisibile era l'apertura verso l'efficacia cogente delle fonti pattizie, al pari tuttavia del rigore nell'impiego dei corretti canoni ermeneutici: dai trattati la Corte costituzionale ricava il vincolo esegetico ad attribuire un significato espansivo alle disposizioni che garantissero all'imputato l'esatta comprensione dell'accusa, tanto da riconoscergli il diritto alla traduzione nella lingua conosciuta degli atti processuali sia orali – com'era pacifico – sia però anche scritti; simile risultato diveniva possibile, tuttavia, per la presenza nella disciplina positiva di una norma – l'art. 143, comma 1, c.p.p. – la cui formulazione è sufficientemente ampia da assumere il ruolo di clausola generale e da includere così ulteriori fattispecie meritevoli di tutela alla luce dei principi di origine convenzionale, ipotesi viceversa escluse dall'indirizzo restrittivo della giurisprudenza prevalente. Del resto, il minore grado di determinatezza spesso riscontrabile nelle fattispecie processuali, a paragone

---

[55] Corte costituzionale, sent. n. 283 del 2000, consultabile in disponibile in <http://www.giurcost.org>, ultimo accesso: settembre 2018.

[56] Disponibile in <http://www.giurcost.org>, ultimo accesso: settembre 2018.

delle norme incriminatici[57], non avrebbe dovuto distogliere l'interprete dalla necessità di osservare egualmente il criterio di tassatività[58].

Passando ora ad analizzare l'ultimo elemento significativo della disposizione in esame, ossia l'avverbio "soltanto", vale la pena sottolineare che tale formula scolpisce il principio di stretta legalità nella giurisdizione, rappresentando così – come si dirà tra poco – l'addentellato costituzionale del principio di indipendenza del giudice[59]. Volendo preliminarmente indagare la portata sistematica dell'avverbio impiegato dai costituenti, occorre in primo luogo rilevare che la soggezione solo alla legge implica *a fortiori* la soggezione anche alla Costituzione, gerarchicamente sovraordinata alla prima. Ciò significa che i giudici non possono né violare la Costituzione, né negare applicazione alla stessa là dove suscettibile di applicazione diretta, ossia qualora la norma costituzionale sia immediatamente precettiva[60]. In secondo luogo, la formulazione in esame implica che i giudici non sono vincolati ai precedenti, i quali non possono in nessun caso acquisire "forza di legge"[61]. Ciò non impedisce di riconoscere loro autorevolezza ed efficacia persuasiva, ma rimane esclusa la sussistenza di un obbligo per il giudice di rispettare la precedente interpretazione giurisprudenziale, anche se proveniente dalla Suprema Corte di Cassazione in funzione nomofilattica. Ancora, la soggezione del giudice soltanto alla legge deve essere intesa in senso restrittivo in relazione agli atti della pubblica amministrazione, i quali risultano vinco-

---

[57] Sui vincoli di determinatezza della fattispecie processuale penale, v. il saggio di CATALANO, *L'accertamento dei fatti processuali*, in *Ind. pen.*, 2002, 523 s.

[58] Impostazioni dimentiche della tassatività processuale emergono pure dal versante del III Pilastro UE, a dimostrazione di una tendenza più generale: si veda al riguardo, Corte di giustizia CE, 16 giugno 2005, Pupino (C-105/03), in *Giur. cost.*, 2005, 4019, dove, sollecitando il giudice interno ad interpretare, per quanto possibile, il diritto nazionale alla luce della decisione quadro 2201/220/GAI, a tutela della persona offesa nell'ambito del procedimento penale, si tende ad ammettere il ricorso all'incidente probatorio oltre i casi espressamente – e tassativamente – previsti dal legislatore.

[59] V. GIANNATTASIO, C., *La Magistratura*, in CALAMANDREI, P. – LEVI, A., (a cura di), *Commentario sistematico alla Costituzione italiana*, II, Firenze, Barbera, 1950, 174. Secondo l'A., «La più solenne affermazione dell'indipendenza della Magistratura [...] è quella secondo la quale i giudici sono soggetti soltanto alla legge [...]. Con essa si vuole intendere che i magistrati sono sottratti ad ogni ingerenza degli organi del potere esecutivo». Dello stesso avviso, LAVAGNA, C., *Istituzioni di diritto pubblico*, Torino, Utet, 1976, 913.

[60] GUASTINI, R., *op. cit.*, 187-188.

[61] GUASTINI, R., *op. cit.*, 191 s.

lanti per il giudice solo se fondati sulla legge e se materialmente conformi ad essa[62]. Infine, l'avverbio soltanto attribuisce ai giudici piena autonomia di giudizio, escludendo ogni forma di condizionamento esterno nel momento intimamente decisionale.

In conclusione, a parere di chi scrive, le due proposizioni contenute nell'art. 101 Cost. debbono essere lette in una prospettiva di complementarietà e di reciproca integrazione: infatti l'amministrazione della giustizia in tanto è esercitata in nome del popolo in quanto il giudice è soggetto solo alla volontà popolare espressa e cristallizzata nella legislazione positiva; d'altro canto, l'assoggettamento del giudice solo alla legge lo consacra al servizio esclusivo del popolo sovrano, che si realizza attraverso l'applicazione delle leggi emanate dai suoi rappresentanti.

Se quanto detto è vero, occorre tuttavia sgombrare il campo da un equivoco che potrebbe generarsi nell'istituzione di un raccordo funzionale tra sovranità popolare e giurisdizione. Vale infatti la pena di rammentare che la funzione giurisdizionale, benché trovi la propria giustificazione in un ordinamento a base democratica, rimane estranea al circuito politico-rappresentativo, che àncora ogni funzione politicamente rilevante alla legittimazione popolare[63]. Di talché l'art. 101, co. 1, Cost. non può rappresentare l'addentellato costituzionale per affermare la titolarità dell'amministrazione della giustizia in capo al popolo, giacché proprio la locuzione "in nome del popolo" impedisce questa opzione semantica, frapponendo una "barriera" tra il popolo e la giurisdizione[64].

3. Il giudice e la sua indipendenza

Venendo ora alle garanzie costituzionali che circondano l'indipendenza del giudice, daremo qui una definizione approssimativa della locuzione "giudice".

Secondo l'interpretazione proposta dalla dottrina prevalente, tale nozione sarebbe sinonimo dell'espressione "autorità giurisdizionale", impiegata dagli artt. 23 e 29 della legge 11 marzo 1953, n. 87 in materia di legittimazione del giudice *a quo* alla sollevazione di questioni di legittimità costituzio-

[62] Guastini, R., *op. cit.*, 193.

[63] Zanon, N., *op. cit.*, 1959-1960.

[64] Zanon, N., *op. cit.*, 1959.

nale in via incidentale[65]. La stessa Corte costituzionale ha peraltro chiarito che, alla luce del combinato disposto degli artt. 1 della legge costituzionale 1/1948, 23 della legge 87/1953 e 1 delle Norme integrative, deve considerarsi autorità giurisdizionale per un verso ogni organo stabilmente investito di una funzione giudicante (requisito soggettivo) e per altro verso ogni organo che, seppure estraneo all'organizzazione della giurisdizione, svolga un'attività giurisdizionale in posizione *super partes* (requisito oggettivo)[66].

Così ricostruito e declinato, il termine "giudice" evidentemente non si attaglia ai magistrati requirenti[67], la cui funzione non risiederebbe nell'amministrazione della giustizia, bensì nella partecipazione a tale ufficio mediante l'esercizio di attività di preparazione, di impulso, di consulenza e di esecuzione[68]. Ne consegue che la soggezione alla legge del pubblico ministero,

---

[65] R GUASTINI, R., *op. cit.*, 172. Secondo l'A., tale qualificazione non potrebbe tuttavia riferirsi alla Corte costituzionale, la quale è soggetta non già alla legge, bensì esclusivamente alla Costituzione: «lungi dall'aver l'obbligo di applicare la legge, la Corte costituzionale ha anzi il potere di dichiararne la illegittimità costituzionale, provocandone così l'annullamento e quindi inibendone l'applicazione da parte di ogni altra autorità giurisdizionale» (GUASTINI, R., *op. cit.*, 183).

[66] V. Corte cost. n. 83/1966, reperibile in <http://www.giurcost.org>, ultimo accesso: settembre 2018. Questa decisione teorizzò, ai fini della legittimazione come autorità rimettente, la sufficienza anche di uno solo tra i due requisiti, impostazione peraltro confermata dalla giurisprudenza costituzionale successiva. In tal senso, v. anche Corte cost. nn. 67/1974, 226/1976, reperibili su <http://www.giurcost.org>, ultimo accesso: settembre 2018.

[67] In relazione alla posizione istituzionale e costituzionale del p.m., v., *ex multis*, Corte cost. nn. 190/1970, 96/1975, 463, 1993 e 420/1995, consultabili in <http://www.giurcost.org>, ultimo accesso: settembre 2018. In senso difforme, v. – seppure isolata – Corte cost. n. 88/1991, dove si afferma che anche il p.m. sarebbe soggetto soltanto alla legge ex art. 101, co. 2, Cost. al pari del giudice (disponibile su <http://www.giurcost.org>, ultimo accesso: settembre 2018).

[68] GROSSI, P., *Indipendenza del pubblico ministero e soggezione dei giudici alla legge*, in *Giurisprudenza costituzionale*, I, 1964, 564. Secondo l'A., «per il pubblico ministero si uniscono all'indipendenza esterna le garanzie necessariamente stabilite dalle norme sull'ordinamento giudiziario, se trattasi di magistrati ordinari, e quelle solo eventualmente poste dalla legge per gli altri. Il che spiega come per tali organi di giurisdizione ordinaria o speciale siano ammissibili e oggi legislativamente vigenti organizzazioni interne a carattere gerarchico». In senso contrario, v. CAVALLARI, V., *Il pubblico ministero nelle prospettive di riforma del processo penale*, in AA. VV., *La riforma del pubblico ministero, Atti del Convegno nazionale di studio (Mantova, 5-6 maggio 1973) dell'ANM*, Milano, Giuffrè, 1974, 148. Secondo l'A., il testo approvato dall'Assemblea costituente (nella seduta del 20 novembre 1947) si riferiva a tutti i "magistrati" e non solo ai "giudici", espressione adottata solo in sede di coordinamento (nella seduta del 22 dicembre 1947). Siffatta interpretazione è risultata piuttosto isolata nel panorama dottrinale italiano,

non essendo desumibile dall'art. 101, co. 2, Cost., deve forse essere ricostruita a partire dal principio dell'obbligatorietà dell'azione penale di cui all'art. 112 Cost.[69], senza dimenticare però che l'attività degli organi requirenti presuppone il perseguimento di finalità qualificabili come "indirizzi di politica giudiziaria"[70].

Detto questo, preme sottolineare che l'indipendenza concorre in modo decisivo a caratterizzare la funzione giurisdizionale, ragione per cui si è ritenuto imprescindibile valorizzare il contenuto di garanzia che si accompagna alle previsioni costituzionali racchiuse negli artt. 104 e 107 della Costituzione.

Secondo autorevole dottrina, il concetto di indipendenza sottende infatti una stretta correlazione – se non addirittura un rapporto di immedesimazione – tra la forma e la sostanza della funzione giurisdizionale: il giudice deve essere indipendente poiché l'attività che è chiamato a svolgere deve essere oggettiva e neutrale, giacché, se così non fosse, risulterebbe precario e incerto lo stesso fondamento giustificativo della funzione[71]. Altra parte della dottrina, sottolineando l'inscindibile legame che sussiste tra il sistema giudiziario e il sistema politico, valorizza invece la connotazione necessariamente relativa della nozione di indipendenza della magistratura, da intendere come margine di autodeterminazione professionale di cui gode il giudice, senza il rischio di subire ritorsioni o sanzioni da parte dell'apparato istituzionale in cui è organicamente inserito[72].

Prendendo le mosse dal testo costituzionale, l'indipendenza della magistratura è stata tradizionalmente ancorata alle due prescrizioni costituzionali sopra menzionate: mentre l'art. 104 si occupa dell'indipendenza *esterna* della magistratura, intesa come "ordine", l'art. 107 si rivolge al singolo giu-

tanto che taluno ha giudicato tale argomentazione inconsistente poiché sprovvista di efficacia dimostrativa (Guastini, R., *op. cit.*, 174).

69 Volendo, v. Capparelli, B. – Vasconcellos, V., *Notas sobre a perene crise do principio de obrigatoriedade da ação penal no ordenamento italiano*, in Revista Eletrônica de Direito Processual Penal, 2017, 18, p. 118-149. DOI: 10.12957/redp.2017.27994.

70 Pizzorusso, A., *op. cit.*, 21-22.

71 Mezzanotte, C., *Sulla nozione di indipendenza del giudice*, in Caravita, B., (a cura di), *Magistratura, CSM e principi costituzionali*, Bari, Laterza, 1994, 3.

72 Guarnieri, C., *L'indipendenza della magistratura*, in *Rivista trimestrale di diritto e procedura civile*, 2/1978, 31. L'A. evidenzia dunque la necessità di conciliare l'indipendenza del giudice con la sua responsabilità democratica.

dice, prevedendo un complesso di garanzie dirette a preservarne l'indipendenza *interna*.

La prima delle due disposizione presenta una struttura articolata ed eterogenea, che si compone di ben sette commi contenenti enunciazioni di varia natura. Se il co.1, prescrivendo che «La magistratura costituisce un ordine autonomo e indipendente da ogni altro potere», reca una chiara affermazione di principio, i commi successivi (dal co. 2 al co. 7)[73] regolano la composizione del Consiglio Superiore della Magistratura e il regime delle incompatibilità.

Muovendo da una prospettiva storica, deve in primo luogo rilevarsi che la disposizione in commento presenta un contenuto innovativo rispetto alle previsioni precedenti, introducendo nel testo costituzionale la disciplina del Consiglio Superiore della Magistratura: viene, in particolare, riservata una speciale attenzione alla sua composizione, concepita per garantire un'equa rappresentazione della componente togata e di quella laica, e alla sua presidenza, attribuita al Presidente della Repubblica, quale soggetto collocato in una posizione di terzietà e deputato ad assicurare che il dialogo tra la magistratura e la politica si svolga nel rispetto delle reciproche sfere di competenza.

La prima questione su cui si appuntò l'attenzione degli interpreti fu la qualificazione della magistratura come "ordine" e la sua doppia aggettivazione in termini di autonomia e di indipendenza. Per quanto concerne la prima questione interpretativa, l'impiego della predetta espressione suscitò un acceso dibattito già in seno all'Assemblea costituente, dove si ritenne opportuno distinguere tra il profilo soggettivo dell'organizzazione e il profilo oggettivo dell'esercizio della funzione[74] . Autorevole dottrina ha rilevato che l'opzione per il termine "ordine" in luogo del termine "potere" tro-

[73] I commi dal primo al settimo dell'art. 104 Cost. affermano che: «2. Il Consiglio superiore della magistratura è presieduto dal Presidente della Repubblica. 3. Ne fanno parte di diritto il primo presidente e il procuratore generale della Corte di cassazione. 4. Gli altri componenti sono eletti per due terzi da tutti i magistrati ordinari tra gli appartenenti alle varie categorie, e per un terzo dal Parlamento in seduta comune tra professori ordinari di università in materie giuridiche ed avvocati dopo quindici anni di esercizio. 5. Il Consiglio elegge un vicepresidente fra i componenti designati dal Parlamento. 6. I membri elettivi del Consiglio durano in carica quattro anni e non sono immediatamente rieleggibili. 7. Non possono, finché sono in carica, essere iscritti negli albi professionali, né far parte del Parlamento o di un Consiglio regionale».

[74] Bonifacio, F. – Giacobbe, G., *op. cit.*, 15. Per maggiore approfondimento, v. Camera dei Deputati – Segretariato Generale (a cura di), *La Costituzione della Repubblica nei lavori*

verebbe giustificazione in una duplice ragione: da un lato, nella difficoltà di diversificare il potere giurisdizionale dal potere esecutivo in termini di contenuto delle rispettive funzioni, giacché entrambi debbono applicare la legge al caso concreto, seppure in differenti contingenze temporali e funzionali; dall'altro, nella soggezione del giudice alla legge, e dunque alla volontà politica cristallizzata nel dato normativo, che inibisce al magistrato l'esercizio di un'attività di carattere nomopoietico[75]. Ad ogni modo, la dottrina oramai prevalente sembra aver riferito il termine "ordine" alla dimensione organizzativa e strutturale della magistratura, sul presupposto che la formula "potere" sottenda invece l'espressione di una sovranità che, quantomeno in forma diretta e immediata, non appartiene alla funzione giudiziaria[76].

In altro senso, volendo considerare non già l'organizzazione strutturale, bensì il profilo funzionale, pare difficile negare alla giurisdizione la qualificazione di potere dello Stato, come peraltro confermato dalla stessa Corte costituzionale in tema di legittimazione attiva alla sollevazione del conflitto di attribuzioni interorganico[77]. Proprio al fine di preservare l'equilibrio tra legislativo, esecutivo e giudiziario, la Costituzione ha introdotto il Consiglio Superiore della Magistratura, che, per la sua peculiare composizione, è stato ritenuto uno strumento necessario a garantire il bilanciamento tra gli organi costituzionali.

Il dibattito sorto intorno alla definizione del ruolo del giudice nell'ordinamento costituzionale sembra privilegiare la seconda delle soluzioni interpretative prospettate, a mente della quale, in parziale disallineamento dal significato letterale della disposizione, il lemma "ordine" viene inteso come sinonimo di "potere", alla luce del contesto effettuale in cui si colloca il dato normativo in esame[78].

Passando ora alle distinte nozioni di "autonomia" e di "indipendenza" contenute nel primo comma[79], è opinione oramai consolidata che l'attri-

---

preparatori della Assemblea Costituente, Roma, Camera dei deputati Segretariato generale, 1976, VIII, 1973 s.

[75] Mortati, C., *Istituzioni di diritto pubblico*, vol. II, Padova, Cedam, 1967, 1279.

[76] Bonifacio, F. – Giacobbe, G., *op. cit.*, 16.

[77] V., *ex multis*, Corte cost. nn. 132/1981, 386/1985 e 203/1989 disponibili in <http://www.giurcost.org>, ultimo accesso: settembre 2018.

[78] V. per tutti Denti, V., *Il potere giudiziario*, in Aa. Vv., *Attualità e attuazione della Costituzione*, Bari, Laterza, 1979, 173 s.

[79] Per maggiore approfondimento sull'elaborazione giurisprudenziale intervenuta sulla

buto della autonomia debba essere riferito alla magistratura come ordine giudiziario e dunque alla dimensione organizzativa. In questo senso, l'autonomia prevista e garantita dalla Costituzione si configura come sistema di autodisciplina interna, alla quale concorrono anche componenti esterne alla magistratura, sia pure nell'ambito delle coordinate dettate dalla legge sull'ordinamento giudiziario, che definisce i limiti entro cui essa può essere esercitata[80]. Così declinata, l'autonomia diviene funzionale a garantire l'indipendenza del singolo giudice, la quale mal si presta ad essere intesa – riduttivamente – come manifestazione qualificata del principio di autonomia, esprimendo piuttosto un connotato *funzionale* della giurisdizione, ossia il concreto esercizio della funzione di risoluzione dei conflitti demandata al giudice[81]. In questo senso, l'indipendenza deve essere riferita non già all'ordine, garantito attraverso l'autonomia, quanto invece al singolo giudice, monocratico o collegiale. Ne consegue che il principio di indipendenza può concretamente realizzarsi solo nella misura in cui il giudice è sottoposto alla legge, giacché tale soggezione implica che «il giudice riceva soltanto dalla legge l'indicazione delle regole da applicare nel giudizio, escludendo qualsiasi intervento esterno circa il modo di giudicare in concreto»[82]. Evidentemente, il predetto rapporto di derivazione dell'art. 104, co. 1, dall'art. 101, co. 2, Cost. non permette di ritenere per ciò solo realizzata la garanzia dell'indipendenza, occorrendo al tal fine la predisposizione di uno strumentario che renda effettivo sul piano operativo il valore costituzionale in parola.

Fatta questa premessa, occorre rilevare che il rapporto tra indipendenza e autonomia da un lato, e soggezione alla legge dall'altro, si esprime e si qualifica in funzione della imparzialità, da non intendere come discrezionalità in senso amministrativistico né come mera terzietà rispetto alle parti, quanto piuttosto come individuazione e applicazione della norma alla fattispecie concreta nell'ambito di un sistema precettivo e valoriale precostituìto dalla legge, rispetto al quale valutare la fondatezza e la legittimità delle decisioni assunte dal giudice[83]. In questo senso, l'indipendenza diviene fun-

---

dicotomia autonomia-indipendenza, v. Navarrini, G., *L'autonomia e l'indipendenza dell'ordine giudiziario nella giurisprudenza della Corte costituzionale*, in *Legalità e giustizia*, 2-3/2004, 247 s.

[80] Bonifacio, F. – Giacobbe, G., *op. cit.*, 28.

[81] Bonifacio, F. – Giacobbe, G.,*op. cit.*, 30.

[82] Corte cost. n. 234/1976, reperibile in <http://www.giurcost.org>, ultimo accesso: settembre 2018.

[83] Bonifacio, F. – Giacobbe, G., *op. cit.*, 32.

zionale all'imparzialità, la quale a sua volta deriva dalla soggezione soltanto alla legge[84].

Orbene, il combinato disposto delle norme sinora richiamate consente di affermare che la giurisdizione, intesa come ordine e come potere, consente l'attuazione della funzione garantista dello Stato, realizzata mediante l'applicazione della legge[85].

Passando, ora, ai commi successivi, occorre svolgere qualche breve riflessione sul Consiglio Superiore, organo di *autogoverno* della magistratura, la cui disciplina è contenuta negli artt. 104 e 105 della Costituzione.

Secondo Torrente, ricostruire l'evoluzione storica del Consiglio Superiore «equivale a scrivere la storia del progressivo affermarsi, non solo nella coscienza collettiva, ma anche nel nostro ordinamento positivo, del principio dell'indipendenza dei giudici dal potere esecutivo»[86]. Tale affermazione appare particolarmente rappresentativa dell'intima connessione tra l'organo di autogoverno e il principio di indipendenza esterna della magistratura, della quale il primo intende garantire l'attuazione. Nondimeno, l'esperienza di un organo di governo della magistratura non era del tutto sconosciuta alla legislazione italiana sull'ordinamento giudiziario, giacché nel 1880, con il r.d. n. 5230, veniva istituita una commissione consultiva presieduta dal Ministro della Giustizia e composta da magistrati eletti dalla Corte di Cassazione, deputata ad esprimere pareri sullo *status* dei magistrati. L'istituzione della prima incarnazione del Consiglio Superiore della Magistratura si realizzò, poi, con la legge 14 luglio 1907, n. 511. Tale organo, secondo il regime anteriore alla Costituzione, peraltro rimasto in vigore sino alla riforma attuata con la legge 24 marzo 1958, n. 195, fatta eccezione per la materia disciplinare e per gli scrutini, svolgeva funzioni di carattere prevalentemente consultivo, di talché non si distingueva dagli organi, aventi medesima denominazione e analoghe attribuzioni, istituiti presso gli altri ministeri[87].

---

[84] Secondo il Primo Presidente della Corte di Cassazione, l'indipendenza e l'autonomia «non appaiono come una prerogativa dei magistrati, bensì come la garanzia, in uno Stato di diritto, per l'applicazione equa e imparziale del diritto e per l'uguaglianza dei cittadini dinanzi alla legge» (Canzio, G., *Corte di cassazione e principio di legalità*, in *Diritto penale e processo*, n. 4/2016, 425).

[85] Bonifacio, F. – Giacobbe, G., *op. cit.*, 33.

[86] Torrente, A., *Consiglio superiore della magistratura*, voce in *Enciclopedia del diritto*, IX, Milano, Giuffrè, 327-328.

[87] Torrente, A., *op. cit.*, 328-329.

Evidentemente, il testo costituzionale si pose in netta soluzione di continuità con la tradizione, assegnando al Consiglio Superiore della Magistratura un ruolo istituzionale e funzionale di primo rilievo nel sistema degli equilibri e delle garanzie costituzionali. Al di là della composizione[88] e delle specifiche funzioni esercitate dal Consiglio, per le quali si rinvia agli approfonditi studi di settore[89], si vorrebbe in questa sede sottolineare che la progressiva attuazione dell'art. 104 Cost.[90] e il ruolo assunto dal Consiglio Superiore hanno connotato l'esperienza italiana in termini di originalità, differenziandola dai modelli di ordinamento giudiziario attualmente operanti nel panorama europeo[91]. La maggiore peculiarità risiede forse nella compresenza dei seguenti elementi: la netta separazione della magistratura dal potere esecutivo, la sussistenza di strumenti di garanzia dell'indipendenza interna ed esterna, la creazione di una struttura amministrativa, distinta tanto dall'esecutivo quanto dagli organi giurisdizionali, preposta all'esercizio delle funzioni strumentali al corretto svolgimento dell'attività giurisdizionale[92]. La

[88] In questo senso, occorre evidenziare che i costituenti optarono per una composizione mista, togata (2/3) e laica (1/3), che esprimesse un rapporto di prevalenza e non di primazia dei membri eletti dalla magistratura rispetto a quelli eletti dal Parlamento in seduta comune, nell'ottica di profilare il CSM non già come un organo chiuso, schiacciato su posizioni di matrice corporativa, bensì come un organo che si inserisse armoniosamente nell'assetto dei poteri costituzionali. Grande rilievo deve altresì riconoscersi all'attribuzione della presidenza dell'organo al Presidente della Repubblica, nonché all'individuazione degli ulteriori due membri di diritto nelle figure del Primo Presidente e del Procuratore Generale presso la Corte di Cassazione.

[89] V., *ex multis*, Daga, L., *op. cit.*; Bruti Liberati, E., *Autogoverno o controllo della magistratura? Il modello italiano di Consiglio superiore*, Milano, Feltrinelli, 1998; Mazzamuto, S., (a cura di), *Il Consiglio superiore della magistratura: aspetti costituzionali e prospettive di riforma*, Torino, Giappichelli, 2001.

[90] Occorre segnalare che il Consiglio Superiore della Magistratura, così come profilato dal testo costituzionale, è stato formalmente istituito con la legge 24 marzo 1958, n. 195, recante le norme sulla costituzione e sul funzionamento dell'organo.

[91] Si segnala, in particolare, l'esperienza francese, per la quale si rinvia a quanto già illustrato nel paragrafo 2. Per maggiore approfondimento sul tema dell'indipendenza della magistratura nel contesto sovranazionale, v. D'Orlando, E. – Montanari, L., *L'indipendenza della magistratura in Europa e il ruolo del Consiglio di Giustizia*, in *Diritto pubblico comparato e europeo*, 4/2010, 1603 s.; Toniatti, R., *Indipendenza dei giudici sovranazionali ed internazionali*, in *Diritto pubblico comparato e europeo*, 4/2010, 1733 s.; Patrono, M., *L'indipendenza della magistratura in Europa: un quadro comparato*, in *Diritto pubblico comparato ed europeo*, 4/2010, 1613 s.

[92] Zanon, N., *op. cit.*, 2016.

virtuosa combinazione dei predetti fattori ha consentito la costruzione di un modello ordinamentale unico nel contesto europeo, il quale ha guidato le scelte in materia di organizzazione giudiziaria di paesi come la Grecia, la Spagna e il Portogallo.

Dopo aver illustrato il profilo esterno dell'indipendenza della magistratura, conviene ora dirigere l'attenzione sull'indipendenza interna, così come declinata dall'art. 107 della Costituzione. La norma contiene tre previsioni fondamentali concernenti la garanzia dell'inamovibilità, l'esercizio dell'azione disciplinare e il criterio funzionale quale regola discretiva dei magistrati[93]. Si è ritenuto, in questa sede, di soffermarsi principalmente sulla prima e sull'ultima prescrizione, poiché ritenute maggiormente rilevanti ai fini della ricostruzione della fisionomia della funzione giurisdizionale ai fini che qui interessano.

Occorre preliminarmente rilevare che la discussione sviluppatasi sul punto in seno all'Assemblea costituente fu sostanzialmente circoscritta all'ultimo comma dell'art. 107 Cost.[94], il quale afferma che «Il pubblico ministero gode delle garanzie stabilite nei suoi riguardi dalle norme sull'ordinamento giudiziario». Tale formulazione ha infatti rappresentato il compromesso tra due principali orientamenti espressi in seno alla Costituente[95]: da un lato, quello volto a respingere ogni tentativo di equiparazione tra la posizione del p.m. e quella del giudice, a fronte del bilanciamento di interessi già operato dal legislatore ordinario[96]; dall'altro, quello favorevole all'estensione al p.m. delle garanzie di indipendenza già riconosciute al giudice[97]. Ad oggi, la prevalente dottrina sembra ritenere che la garanzia dell'indipendenza debba

---

[93] Si ricorda infatti che l'art. 107 Cost. afferma che «1. I magistrati sono inamovibili. Non possono essere dispensati o sospesi dal servizio né destinati ad altre sedi o funzioni se non in seguito a decisione del Consiglio superiore della magistratura, adottata o per i motivi e con le garanzie di difesa stabilite dall'ordinamento giudiziario o con il loro consenso. 2. Il Ministro della giustizia ha facoltà di promuovere l'azione disciplinare. 3. I magistrati si distinguono fra loro soltanto per diversità di funzioni. 4. Il pubblico ministero gode delle garanzie stabilite nei suoi riguardi dalle norme sull'ordinamento giudiziario».

[94] Seduta pom. 26 novembre 1947, in A.C., V, 4115 s.

[95] Zanon, N., *op. cit.*, 2059.

[96] Art. 39, r.d.lg. 511/1946 (legge Togliatti), che modifica l'art. 69, r.d. 12/1941, sostituendo la "direzione" con la meno invasiva attività di "vigilanza" ministeriale sulle funzioni svolte dalla pubblica accusa.

[97] Si rinviene traccia di quanto detto dell'art. 99, co. 4, del Progetto di Costituzione, il quale affermava che «Il Pubblico Ministero gode di tutte le garanzie dei magistrati».

essere attribuita anche al pubblico ministero, di talché il margine di intervento che residua al legislatore concernerebbe meramente l'articolazione delle garanzie del p.m. e, in particolare, l'organizzazione interna dell'ufficio a cui appartiene[98].

Ciò premesso, occorre ora svolgere una breve riflessione sull'istituto dell'inamovibilità di cui al primo comma della disposizione in esame, il quale non individua un principio del tutto nuovo nel nostro ordinamento giuridico, poiché già lo Statuto albertino riconosceva la garanzia dell'inamovibilità, decorsi tre anni di esercizio della funzione giurisdizionale[99]. Le principali novità dischiuse dall'art. 107, co. 1, Cost. risiedono piuttosto nell'attribuzione a detta garanzia di una copertura costituzionale, in funzione dell'attuazione del principio di indipendenza posto dall'art. 104 Cost., nonché nel rinvio generico alla categoria dei magistrati, senza distinzione tra funzione giudicante e funzione requirente, seppure nei limiti previsti dall'ultimo comma della norma in esame[100].

Se tale è il contenuto di novità che si accompagna alla previsione costituzionale, deve rilevarsi che, dal punto di vista prescrittivo, l'inamovibilità implica la necessità che «i provvedimenti di dispensa o sospensione dal servizio, ovvero di destinazione ad altre sedi o funzioni, siano assunti dal Consiglio Superiore della Magistratura a conclusione di procedimenti garantiti [...] ovvero consensuali [...]»[101]. Tale istituto, prescrivendo uno specifico *modus procedendi* per l'assunzione dei provvedimenti concernenti lo *status* dei magistrati, appare infatti preordinato a tutelarne il diritto alla conservazione della sede e delle funzioni, al fine di rafforzarne l'indipendenza e di evitare nel contempo che esso possa tramutarsi in una forma di privilegio personale. Deve infatti rilevarsi che il Costituente non ha inteso assegnare alla garanzia *de qua* un valore assoluto e incondizionato, posto che l'inamovibilità risulta

---

98 Spagna musso, E., *Problemi costituzionali del Pubblico Ministero*, in Id., *Studi di diritto costituzionale*, Napoli, Morano, 1966, 33-34; Zagrebelsky, V., *Indipendenza del Pubblico Ministero e obbligatorietà dell'azione penale*, in Conso, G., (a cura di), *Pubblico Ministero e accusa penale: problemi e prospettive di riforma*, Bologna, Zanichelli, 1979, 12 s.; Zanon, N. *Pubblico ministero e Costituzione*, Padova, Cedam, 1996, 7; Guarnieri, C., *L'indipendenza del p.m.*, in *Il Mulino*, 277/1981, 725 s.

99 L'art. 69 dello Statuto albertino affermava che «I Giudici nominati dal re, ad eccezione di quelli di mandamento, sono inamovibili dopo tre anni di esercizio».

100 Bonifacio, F. – Giacobbe, G., *Commento dell'art. 107 Cost.*, in, Branca, G. – Pizzorusso, A., (a cura di) *Commentario della Costituzione, La magistratura*, II, Bologna – Roma, Zanichelli, 1986, 141.

101 Zanon, N., *op. cit.*, 2053.

funzionalizzata alla tutela dell'autonomia dell'ordine giudiziario e soprattutto dell'indipendenza del singolo giudice. Ne consegue che, ove il collegamento teleologico con i valori richiamati dovesse indebolirsi, risulterebbe giustificata una riespansione della discrezionalità del Consiglio Superiore, legittimato ad intervenire nel rispetto dei limiti previsti e delle fattispecie tipizzate nella legge sull'ordinamento giudiziario[102].

Evidentemente, posto che il provvedimento di mobilità del magistrato, se pure assunto secondo i crismi indicati dal dettato di rango costituzionale e ordinario, è idoneo ad incidere sulla titolarità dei procedimenti giudiziari, vi è il rischio che esso arrechi un pregiudizio al principio di precostituzione del giudice[103]. Invero, la Corte costituzionale ha sempre respinto le questioni di legittimità costituzionale sollevate in riferimento a provvedimenti di mobilità temporanea per violazione dell'art. 25 Cost., valorizzando le esigenza di "continuità" e di "prontezza" della funzione giurisdizionale[104] ed evidenziando che la procedimentalizzazione dei trasferimenti e delle assegnazioni lascia in ogni caso residuare un margine di discrezionalità nella scelta del magistrato designando, che risponde a scopi di efficiente e razionale organizzazione e distribuzione del lavoro degli uffici giudiziari[105].

---

[102] Bonifacio, F. – Giacobbe, G., *op. ult. cit.*, 143.

[103] Sul principio del giudice naturale, v. Pizzorusso, A., *Il principio del giudice naturale nel suo aspetto di norma sostanziale*, in *Rivista trimestrale di diritto e procedura civile*, 1974, 1 s., secondo il quale l'art. 25, co. 1, Cost. non recepisce un principio risultante da una concreta esperienza applicativa, codificando piuttosto una regola astratta, il cui significato è stato in larga parte rimesso all'attività ermeneutica della Corte costituzionale. Indubbiamente, la garanzia costituzionale del giudice naturale svolge una funzione strumentale alla garanzia di altri principi costituzionali logicamente connessi, quali l'indipendenza, l'imparzialità e la tutela giurisdizionale. In questo senso, l'A. sostiene che il principio del giudice naturale sia al contempo una norma formale, nella misura in cui sancisce una riserva assoluta di legge in materia di competenza giurisdizionale e una norma sostanziale, che impone la precostituzione del giudice rispetto al fatto da giudicare in funzione di garanzia delle parti. Per maggiore approfondimento, v. anche Id., *Sul significato dell'espressione «giudice» nell'art. 25, co. 1, della Costituzione*, in *Giurisprudenza costituzionale*, 2/1970, 1067 s.; Romboli, R., *Il giudice precostituito per legge fra diritto del cittadino e tutela dell'indipendenza interna della magistratura*, in *Il Foro italiano*, 2/2009, 110 s.; Zanon, N. – Biondi, F., *Il sistema costituzionale della magistratura*, Bologna, Zanichelli, 2014, 199 s.; Natale, M., *Alcune considerazioni sul tema della naturalità e della precostituzione per legge del giudice*, in *Giurisprudenza costituzionale*, 6/2006, 4651 s.

[104] Corte cost. nn. 156/1963, 52/1977, consultabili in <http://www.giurcost.org>, ultimo accesso: settembre 2018.

[105] Corte cost. n. 143/1973, in <http://www.giurcost.org>, ultimo accesso: settembre 2018.

Veniamo ora all'ultimo profilo che si è scelto di analizzare, rappresentato dal terzo comma dell'art. 107 Cost., il quale codifica il principio di indipendenza interna funzionale[106]. Tale norma è stata considerata «l'elemento di qualificazione di tutto il sistema», essendo rivolta a impedire la riaffermazione di modelli gerarchici lesivi dei principi di autonomia e di indipendenza della magistratura[107]. Occorre infatti rammentare che in epoca precostituzionale l'organizzazione degli uffici giudiziari era informata al principio di gerarchia, espressamente consacrato a livello legislativo[108].

Evidentemente, tale modello favoriva il tendenziale adeguamento dei giudici inferiori agli orientamenti espressi dalle giurisdizioni superiori, determinando di conseguenza il consolidamento di posizioni conservatrici, stante il timore che interpretazioni evolutive del diritto potessero pregiudicare eventuali progressioni di carriera[109].

Senza dubbio, l'entrata in vigore della Costituzione comportò un significativo rinnovamento delle dinamiche organizzative interne alla magistratura, che, qualche anno più tardi, fu recepito anche dal legislatore ordinario: la legge Piccioni[110] mutò infatti in modo sostanziale la disciplina anteriormente vigente quanto alla divisione dei magistrati per gradi, affermando che i magistrati ordinari «si distinguono secondo le funzioni»[111]. L'attuazione del dettato costituzionale fu poi fortemente sollecitata dalla Corte costituzionale, che rivestì un ruolo fondamentale nella transizione da un modello organizzativo di stampo gerarchico ad una struttura informata ai principi di indipendenza e di autonomia[112], sia pure nella consapevolezza che il criterio

---

[106] Camerlengo, Q., *Soltanto per diversità di funzioni? I magistrati ordinari tra carriera e prestigio*, in *Quaderni costituzionali*, 2/2014, 285.

[107] Bonifacio, F. – Giacobbe, G., *op. ult. cit.*, 162. Altra parte della dottrina, ritiene che il principio in oggetto sarebbe la traduzione in ambito giurisdizionale del principio di uguaglianza (Amorth, A., *La Costituzione italiana: commento sistematico*, Milano, Giuffrè, 1948, 109).

[108] Il r.d. 12/1941, agli artt. 4 e 39, faceva infatti espresso riferimento al diverso grado dei magistrati. Era, dunque, lecito parlare di gerarchia poiché sia i magistrati d'appello sia quelli di Cassazione «potevano esercitare una diretta influenza sui giudici inferiori, la cui carriera era ad essi in buona misura affidata» (Bartole, S., *Il potere giudiziario*, in Amato, G. – Barbera, A. (a cura di), *Manuale di diritto pubblico*, vol. II, Bologna, Il Mulino, 1997, 429 s.).

[109] Camerlengo, Q., *op. cit.*, 289.

[110] Legge 24 maggio 1951, n. 392.

[111] Così l'art. 1. Tale modifica implicò conseguentemente la novella degli artt. 4 e 39 del r.d. 30 gennaio 1941, n. 12, nel quale il riferimento ai gradi fu sostituito con quello alle funzioni.

[112] Camerlengo, Q., *op. loc. cit.*

discretivo della funzione «non postula affatto che ai magistrati venga riconosciuta una posizione di assoluta parificazione, giacché nella stessa Costituzione, all'art. 105, si prevede che fra i magistrati intervenga avanzamento per promozioni, assegnandone il relativo compito al Consiglio Superiore della Magistratura»[113]. Quest'ultimo sarà tuttavia tenuto ad adottare i provvedimenti relativi allo *status* dei magistrati solo in considerazione dell'idoneità del singolo individuo all'esercizio delle funzioni alle quali deve essere assegnato, senza che ciò assuma rilevanza ai fini degli avanzamenti di carriera[114].

Occorre, tuttavia, rilevare che il sistema di promozione e di carriera dei magistrati ha conosciuto una significativa evoluzione con le riforme degli anni 1966-1973: se infatti fino alla metà degli anni '60 le progressioni di carriera avvenivano attraverso procedure selettive assai rigorose – soprattutto per la promozione a magistrato di appello e di cassazione – al punto che al momento del pensionamento obbligatorio la maggioranza dei magistrati occupava ancora il primo livello di selezione competitiva della carriera, a partire dalla seconda metà degli anni '60 vi fu un'importante inversione di rotta[115]. Le riforme consentirono infatti a tutti i magistrati, eccettuate ipotesi circoscritte di demerito per gravi violazioni disciplinari o per mancanza di equilibrio, di percorrere tutti i livelli di carriera previsti sulla base del semplice criterio dell'anzianità di servizio senza demerito, senza sottoporsi alle valutazioni periodiche di professionalità[116].

Tale sistema è rimasto in vigore sino al 2006, allorquando è intervenuta una nuova riforma dell'ordinamento giudiziario che ha determinato il superamento del modello di progressione di carriera basato sulle tradizionali qualifiche in favore di un sistema complesso e articolato, che consentisse di operare una ricostruzione completa e obiettiva della personalità professionale del magistrato mediante il meccanismo delle valutazioni quadriennali di professionalità[117]. Queste ultime vengono ora condotte secondo criteri

---

[113] Corte cost. n. 80/1970. Dello stesso tenore anche Corte cost. n. 123/1970, in <http://www.giurcost.org>, ultimo accesso: settembre 2018.

[114] Bonifacio, F., Giacobbe, G., *op. ult. cit.*,165.

[115] Di Federico, G., *Organico, reclutamento, valutazioni di professionalità, carriera, tramutamenti e attribuzione di funzioni giudiziarie, trattamento economico*, in Id. (a cura di), *Ordinamento giudiziario: uffici giudiziari, Csm e governo della magistratura*, Padova, Cedam, 2012, 241 s.

[116] Di Federico, G., *op. loc. cit.*

[117] Si tratta della riforma realizzata con il d.lgs. n. 160 del 2006, in attuazione della l. delega n. 150 del 2005, poi modificato dalla l. n. 111 del 2007.

certi e dettagliati stabiliti dalla legge e dagli atti di formazione secondaria del Csm, sulla cui base è possibile formulare un giudizio complessivo e unitario dell'operato del magistrato in un dato periodo, attingendo ad un bacino di informazioni molto più ampio che in passato[118]. Come sostenuto in dottrina, pare infatti richiedersi al magistrato «una professionalità nuova, complessa, che va ben oltre il suo compito 'tradizionale' di applicare correttamente le norme di diritto al caso concreto», per ricomprendere anche un insieme di ulteriori capacità – quali, ad esempio, le abilità informatiche, la puntualità e la produttività, il contributo alla risoluzione di problemi contingenti, la capacità di organizzare il lavoro, la disponibilità offerta all'interno dell'ufficio – che riflettono «i nuovi bisogni della società e le esigenze di efficienza e modernizzazione della giustizia»[119].

Recuperando, in conclusione, il collegamento sopra menzionato tra il principio di stretta legalità della giurisdizione e il principio di indipendenza del giudice, occorre rilevare che i due concetti appaiono interrelati: la legge, in quanto norma generale e astratta, da un lato rappresenta l'unico vincolo cui soggiace l'autorità giurisdizionale, dall'altro, assicura l'impermeabilità del giudice ad ogni influenza esogena[120]. Sviluppando ulteriormente tale ragionamento, parte della dottrina giunge ad affermare che, così inteso, l'art. 101, co. 2, Cost. è deputato a preservare l'indipendenza del giudice non solo dagli altri poteri, cosiddetta indipendenza esterna, ma anche da attività potenzialmente invasive poste in essere da altri giudici, cosiddetta indipendenza interna[121].

---

[118] Cavallini, D., *Le valutazioni di professionalità dei magistrati: prime riflessioni tratte da una ricerca empirica sui verbali del Csm*, in *Rivista trimestrale di diritto e procedura civile*, 4/2012, 1223 s. Invero, non è mancato chi ha osservato che la struttura del procedimento di valutazione tende a consegnare un ruolo decisivo al capo dell'ufficio, rischiando così di innescare "spinte gerarchizzanti", nonché la reviviscenza di «moduli argomentativi ispirati alla soggettività e al conformismo, esattamente come nel passato» (Iacobini, A., *Le valutazioni di professionalità*, in *Il Foro Italiano*, 5/2016, 204).

[119] Cavallini, D., *op. cit.*, 1248.

[120] Zanon, N., *op. cit.*, 1963.

[121] Zanon, N., *op. loc. cit.* In questo senso, la Corte costituzionale ha escluso che l'indipendenza c.d. interna possa essere compromessa dalla riforma di una sentenza a seguito di gravame (Corte cost. n. 142/1971, reperibile in <http://www.giurcost.org>, ultimo accesso: settembre 2018), o dal vincolo del giudice al principio di diritto fissato dalla Corte di Cassazione ai sensi dell'art. 384 c.p.c. (Corte cost. n. 50/1970, disponibile in <http://www.giurcost.org>, ultimo accesso: settembre 2018).

4. Conclusioni

Avviandoci alle conclusioni, non resta oramai che raccogliere e ricomporre le risultanze che affiorano dall'indagine condotta in ciascuna delle pagini precedenti per coglier vi le peculiari tensioni in atto nel rapporto tra il giudice e la legge processuale penale e misurare l'impatto che le dinamiche osservate spiegano sull'art. 101 Cost.

Si sente spesso dire che le leggi sono troppe, sono mal scritte, sono spesso contradditorie, talora incomprensibili e che si deve smettere di fare finta di non vedere quello che è sotto gli occhi di tutti, ossia che la legge non è più in grado di guidare la mano del giudice. Di conseguenza, spetterebbe al giudice fare diritto, non solo nel senso dell'interpretazione e dell'applicazione della norma, che rientrano ormai a pieno titolo nel processo di produzione normativa. Ma nel senso di una vera supplenza, di una completa sostituzione del giudice alla legge: doverosa, inevitabile, e, per molti, tutto sommato, auspicabile. E così succede che sempre più spesso al giudice si attribuisce il ruolo di tutore dei diritti fondamentali degli individui, col rischio accettato di andare perfino contro la legge scritta. Del resto, non è più la legge a proteggere i diritti dei cittadini dagli abusi del giudice, ma sono i giudici a tutelare i diritti dei cittadini, in fondo abusando dei loro poteri. È la stagione della certezza dei diritti garantiti dai giudici contrapposta alla certezza del diritto assicurato dalla legge. È la stagione in cui la giustizia della decisione conta più della sua conformità alla legge.

In particolare, ci si riferisce a quell'idea generale della "legge" come simbolo della razionalità, scudo contro l'arbitrio del potere e garanzia del trattamento egualitario rispetto alle decisioni prese caso per caso sotto l'impulso di mutabili valutazioni particolariste soggette all'influenza delle passioni. Di fatto, nella giustizia penale la parola è la forma che contiene la sostanza: così come la musica richiede le note inserite in punteggiatura, il diritto, e, in particolare, il diritto processuale penale, richiede la parola sintetizzata in legge e in testi normativi. Che sia del diritto o della musica, il messaggio «è posto nella bottiglia e lanciato in mare aperto»[122]. La forma dunque sembra essere il *medium* necessario per varie finalità: *in primis* la comprensione.

Il legislatore o il compositore, sa che il suo testo sarà compreso «secondo una complessa strategia di interpretazione»[123]: e questo «misterioso e fasci-

---

[122] Pulitanò, D. *Diritto penale*, Torino, Giappichelli, 2009, p. 155.

[123] Eco, U., *I limiti dell'interpretazione*, Milano, Bompiani, 1990, p. 107.

nante passaggio» non è mai immediato, ma è sempre veicolato da una soggettiva attività ermeneutica che può assumere caratteristiche molto diverse, nonostante rimangano imprescindibili, ad ogni modo[124]. Tuttavia, il percorso argomentativo del giudice, così come il compasso nella musica, «paga i limiti inerenti a qualunque comunicazione attraverso il linguaggio»[125], che non è niente oltre «all'essenza della perfezione: contiene in se stessa tutte le interpretazioni possibili e, pertanto, non limita l'interpretazione dell'interprete»[126] perché il principale *medium* del diritto vive di ambiguità: combustibile essenziale per un processo evolutivo, sintomo chiaro della vitalità dell'ordinamento giuridico e garanzia di sviluppo[127].

Esattamente come un compositore, il legislatore traduce il suo spirito creativo in segnali, dando a questi la forza della propria autorità. Tuttavia, «i segnali sul pentagramma non sono più di una occasione»[128] un'imprescindibile ancora che deve essere coniugata con il contesto nel quale l'interprete si contorce. E questo meccanismo, a volte perverso, rappresenta il cuore pulsante di tutto il sistema giuridico vigente[129] e, consapevoli di questo intrigante gioco di contrappesi, spesso è proprio quel legislatore-compositore a limitare con precisione assoluta i confini della norma, lasciando all'incessante lavoro della giurisprudenza, assieme con la dottrina, la specificazione dei vari tipi di interpretazione. In questo modo, l'ordinamento giuridico acquisisce flessibilità. I dogmi ed i principi diventano dunque i limiti dell'estensione, la cui funzione è impedire rompimenti sistematici, con conseguenze nefaste.

In questo quadro delineato, la legge processuale si è dimostrata sempre più incapace di reggere il passo con i tempi, di riflettere i mutamenti più profondi della nostra sensibilità giuridica. Tant'è che per «renderla consona

---

[124] Palazzo, F., *Testo, contesto e sistema nell'interpretazione penalistica*, in Vogliotti, M. (a cura di), Il tramonto della modernità giuridica. Un percorso interdisciplinare, Torino, Giappichelli, 2008, p. 252.

[125] Cione, E. *Problemi di estetica musicale*, Logos, 1938, p. 25.

[126] Pulitanò, D., *Diritto*, cit., p. 155.

[127] Il passaggio appena letto è stato tradotto in portoghese e pubblicato in: Capparelli, B., Editorial: *O fascínio do conhecimento do Direito Processual Penal na era do "protagonismo jurisdicional" e da comunicação científica digital*, in *Rev. Bras. Dir. Proc. Pen.*, vol. 3, n. 2, p. 459-470, maggio/agosto, 2017. DOI: 10.22197/rbdpp.v3i2.79.

[128] Cione, E. *Problemi*, cit., p. 25.

[129] Marcheselli, A., *Magistrati dietro le sbarre. Farsa e tragedia nella giustizia penale italiana*, Milano, Melampo, 2009, p. 69.

agli impegni assunti con la ratifica degli atti internazionali sui diritti dell'uomo»[130], si è dovuto attendere una sollecitazione da soggetti estranei alla formazione culturale segnata dall'evoluzione storica fin qui delineata.

Ma poco importa, si dice[131], è inutile affannarsi a cercare la fattispecie generale e astratta nella quale sussumere la fattispecie concreta, come si è sempre imparato fare, perché ormai bastano i principi. I giudici ormai invocano i principi perché non hanno più le forme, non hanno più le regole processuali.

Allora, come si dovrebbe ragionare? Si dovrebbero interpretare estensivamente le norme del codice di procedura penale che non offrono soluzioni concrete, anche quando l'unica soluzione sarebbe semplicemente la creazione di una norma che semplicemente non esiste?

Per alcuni forse sì[132]. Ma si vuole qui ribadire che si tratta di una linea di tendenza pericolosa, che porta al progressivo affievolirsi di quell'ideale della legge processuale come argine alla violenza dei magistrati, come una sorta di ribellione dei nostri giudici al codice del 1988. Per la nostra costituzione, infatti, come visto in precedenza, il processo "giusto" è solo quello regolato dalla "legge" e dunque questa tendenza della magistratura a evadere il dato positivo di cui si è appena parlato, di superare i confini tra interpretazione e creazione della norma processuale, deve essere accolta con sfavore.

Sono riflessioni, queste, che si ritiene di sottolineare qui perché naturalmente preoccupa il rovescio della medaglia, preoccupano le derive sostanzialiste ai danni dell'imputato, ossia di un'invalidità non dichiarata che però con il senno di poi venisse ritenuta innocua, dal momento che la logica dei "valori di appartenenza all'insieme" che la Corte europea dispensa nelle sue sentenze mette fortemente in crisi proprio il principio di sussunzione. Si tratta cioè della logica dei "gradi di verità", di un enunciato "un po' vero e un po' no", la stessa logica, si badi, utilizzata dal legislatore per attuare in Italia anche le ultime riforme in tema di contumacia[133], ove si introduce nell'ordinamento italiano un istituto che è disciplinato "un po' come contumacia

---

130 Ubertis, G., *Dibattimento*, cit., p. 8.

131 Cfr. Chimichi, S., *Art. 625*-ter*: la rescissione del giudicato*, in Conti, C.; Marandola, A.; Varraso, G. (a cura di), *Le nuove norme sulla giustizia penale*, Padova, Cedam, 2014, p. 321 s.

132 V. § 2 *supra*.

133 Cfr. Fanuli, G. L., *Le nuove norme in tema di processo* in absentia, in *Arch. Nuova Proc. Pen.*, 2014, 6, p. 531 s.

e un po' no", ed allora si è deciso di chiamarlo 'assenza' dell'imputato e di conservare comunque le presunzioni legali di conoscenza dell'atto[134].

Ma è davvero questa la giustizia penale che si spera di avere? Se la legge non è più in grado di condurre "la mano del giudice", chi dovrebbe essere in grado di farlo? Davvero si sta conquistando la "certezza dei diritti orfani" sacrificando la "certezza del diritto"?

Ci si chiede rispetto a una materia, come quella processuale penale, che più di ogni altra sembra essere destinata a vedere i giudici erigersi a "paladini dei diritti individuali" contro "l'ottusità della legge processuale" (ipotesi in cui, come quella in esame, la legge processuale non prevede rimedi efficaci contro i vizi).

---

[134] GUADALUPI, S., *Presunzioni nel processo* in absentia*: difficile bilanciamento tra la necessità di alleggerire la macchina processuale e la tutela dei diritti dell'imputato*, in *Arch. Nuova Proc. Pen.*, 2016, 5, 473 s.

ESTADO, PODER E SEGURANÇA[1]

STATE, POWER AND SECURITY

EDUARDO PEREIRA CORREIA[2]
Professor Auxiliar do Instituto Superior de Ciências Policiais e Segurança Interna

RESUMO: Este artigo apresenta uma abordagem à análise do Estado e aos seus vínculos de Poder e de Segurança, nomeadamente enquanto sinais basilares da sua fundação e conservação. A visão do Estado, Poder e Segurança aponta este consequente afastamento histórico na tentativa de demonstrar uma visão sobre três princípios correlativos, sem o peso da áurea crítica de uma disciplina singular. Através deste artigo, o autor aponta as debilidades de um novíssimo Estado em contraponto com os princípios do Estado moderno, bem como da liberdade de ação e atuação da ancestralidade do Poder, e do especial interesse na liturgia de uma nova Segurança.

Palavras-Chave: Estado; Poder; Segurança; Política.

ABSTRACT: This article presents an approach to the analysis of the State and its Power and Security links, especially as basic signs of its foundation and conservation. The vision of the State, Power and Security points to this consequent historical distance to demonstrate an insight into three correlative principles, without the weight of the golden criticism of a singular discipline. Through this article, the author points out the weaknesses

---

[1] Como citar este artigo:
Correia, Eduardo Pereira. Estado, Poder e Segurança. In: Manuel Monteiro Guedes Valente. *Os Desafios do Direito do Século XXI*. Coimbra: Almedina, 2018, pp. 139-145.

[2] Doutor em Ciência Política e Relações Internacionais (Segurança e Defesa) pelo Instituto de Estudos Políticos da Universidade Católica Portuguesa, Mestre em Direito e Segurança pela Faculdade de Direito da Universidade Nova de Lisboa e Mestre em Ciência Política e Relações Internacionais pela Faculdade de Ciências Sociais e Humanas da Universidade Nova de Lisboa. Licenciou-se em Ciência Política na Faculdade de Ciências Humanas e Sociais da Universidade Lusíada de Lisboa. É Professor Auxiliar no Instituto Superior de Ciências Policiais e Segurança Interna, Auditor de Defesa Nacional – Instituto de Defesa Nacional e colabora como Investigador Associado no Centro de Investigação IEP-Universidade Católica Portuguesa, Investigador Integrado do ICPOL – Centro de Investigação em Ciências Policiais e Investigador no Observatório Político.

of a brand-new State in counterpoint to the principles of the modern State, as well as the freedom of action and action of the ancestry of Power, and the special interest in the liturgy of a new Security.

Keywords: State; Power; Security; Politics.

Introdução

O mundo atual, assoberbado por desenvolvimentos tecnológicos globalizados que ultrapassam a enorme difusão académica e erudita, não atenta maioritariamente aos conceitos históricos e políticos de outrora, mas na prolixidade de breves ideias convencionais que emergem da economia de despojos.

A visão do Estado, Poder e Segurança aponta este consequente afastamento histórico na tentativa de demonstrar uma visão sobre três princípios correlativos, sem o peso da áurea crítica de uma disciplina singular. O estímulo e a liberdade da academia para a inovação de conceitos preveem que surjam novas fusões na apresentação de noções basilares da formação de uma comunidade e das suas estruturas de apoio. Assente a liberdade de ação e atuação, o Poder e a Segurança configuram, na contemporaneidade, os mais relevantes princípios que um novo conceito de Estado deve preservar na configuração das suas políticas públicas.

I. O Novíssimo Estado

Os princípios que norteavam o composto *Estado moderno* estão hoje amplamente ultrapassados por cinco séculos de transformações, sobretudo políticas, que se impuseram às conceções clássicas e teóricas. Nos dias de hoje, em todos os seus elementos referenciais, o Estado observa a emergência do Poder e da Segurança em constante harmonia: a garantia de Poder e Segurança sobre a *população*, o *território*, a *soberania* e o *governo*. Desde logo a *população* que deve submeter-se a um Poder centralizado no Estado, unidos num espírito de nação e representados numa lógica distinta enquanto povo, garantida a Segurança da sua ação coletiva. No *território*, o Estado deve exercer o seu Poder e a Segurança de forma singular, legítima e democrática, nomeadamente afirmando a sua *soberania* no controlo de recursos e na condução securitária de políticas públicas, económicas e/ou sociais. Por fim, o *governo* que garante a unicidade na administração do Estado, superintendendo a nação com Poder e assumindo a responsabilidade sobre a Segurança coletiva dos seus cidadãos.

Ainda que timidamente, o novíssimo Estado prossegue a busca por novos princípios políticos, económicos e sociais que ajudem na conquista de um novo conceito de Estado, assente na liberdade e adaptado às exigentes transformações da sociedade. Este é um desígnio completo por uma inquestionável utilização premente de Poder (evitando os desvios concorrenciais na soberania do Estado) e na firme garantia da Segurança dos cidadãos enquanto pilar basilar da fundação de uma sociedade moderna.

Por fim, a promoção da inclusão social, onde o novíssimo Estado pretende diminuir as desigualdades sociais da comunidade, nomeadamente através de políticas públicas que estimulem o desenvolvimento coletivo do princípio de nação.

Desta forma, estes fatores levam também à necessidade de se procurarem novas formas de produção de políticas públicas, de acordo com uma configuração mais democrática e participativa, ágil e dinâmica na avaliação das escolhas da sociedade. Uma lenta contemporização no planeamento e avaliação das políticas públicas criam um justificado desinteresse pelos seus beneficiários, provocando uma pulverização na unidade do Estado.

Atualmente, os princípios liberais, económicos e assistencialistas, desenvolveram um Estado com as habituais dimensões da segurança económica, segurança na educação, segurança social, da segurança na saúde, segurança energética e, até, a segurança alimentar, relevando para último plano a fulcral segurança física dos cidadãos, tão atemorizada por constantes ameaças terroristas. Só através da inversão desta prioridade, o novo conceito de Estado poderá gerar um inovador e autêntico conceito de Segurança humana.

Contudo, não é somente o surgimento dos princípios liberais e relacionados com a previdência que vêm transformar o Estado moderno, mas uma nova sociedade democrática e uma distinta economia em competição, que exigirão um novo conceito de Estado, onde a premissa do Poder se irá sobrepor à rigorosa globalização.

II. A Ancestralidade do Poder

Desde os primórdios da humanidade que o poder adquire especial interesse na relação entre grupos. As habilidades com que as comunidades se organizam, de forma natural, são demonstrativas da importância do poder para a sua sobrevivência. Como escreveu FOUCAULT, "nenhum poder se exerce sem a extração, a apropriação, a distribuição ou a retenção de um saber"[3]. Estas palavras recordam a ancestralidade do interesse demonstrado pela ciência no estudo do poder, sobretudo pela ciência da política.

Na teoria neoclássica, que postula a adaptação dos princípios da era clássica à realidade hodierna, deparamo-nos com o conceito de poder como um conceito basilar na análise da Ciência Política. A compreensão deste conceito requer a diferenciação entre poder do homem sobre a natureza e poder do homem sobre o homem. A primeira noção constitui a forma inicial de poder onde o homem se apropria do meio ambiente, espécies animais e natureza, que o envolve. A segunda noção (poder do homem sobre o homem) consiste na extensão da primeira na dialética com o seu semelhante humano e engloba o recurso à violência para a sua sobrevivência, afirmação da sua vontade e proteção dos seus interesses.

Todavia, exige-se uma materialização morfológica do poder, como sugere STEVEN LUKES ao afirmar que a palavra *poder* é polissémica, na medida em que também as palavras *social* e *política* adquirem um múltiplo e diversificado sentido, apropriado para diferentes configurações[4].

Recentemente, NORBERTO BOBBIO descreveu os diferentes poderes apresentando os meios que são utilizados para condicionar o comportamento do outro. O poder económico, que "se vale da posse de certos bens, necessários ou considerados como tais, numa situação de escassez, para induzir aqueles que não os possuem a manter um certo comportamento... sobretudo na realização de um certo tipo de trabalho"[5], o poder ideológico que "se vale da posse de certas formas de saber inacessíveis aos demais, de doutrinas, de conhecimentos, até mesmo apenas de informações, ou então de códigos de conduta, para exercer uma influência sobre o comportamento de outrem e induzir os componentes do grupo a agir de um determinado modo e não de outro"[6] e, finalmente, o poder político, o que mais influencia os comporta-

---

[3] FOUCAULT, Michel (1974). *Histoire des systèmes de pensée*, Cours: Théories et institutions pénales, Collège de France, p. 283.

[4] LUKES, Steven (2005). *Power – a radical view*, Wales, Palgrave Macmillan, p. 61.

[5] BOBBIO, Norberto; MATTEUCCI, Nicola e PASQUINO, Gianfranco (2004). *Dicionário de Política* (12.ª Ed.), Vol. II, Brasília, Editora Universidade de Brasília, p. 934.

[6] BOBBIO, N. (2000). *Teoria Geral da Política*, Editora Campus, p. 221.

mentos sociais por meio de "instrumentos através dos quais se exerce a força física"[7].

Tendo como característica intrínseca o uso da força ou a ameaça de se vir a exercer a força[8], o poder político é considerado por BOBBIO como o poder mais eficaz para condicionar os comportamentos, e seria aquele pelo qual todas as demais classes estariam inevitavelmente subordinadas.

Se os fenómenos políticos surgem também sob a forma de relações de poder, podemos então declarar que o poder político adquire uma natureza vinculativa, é marcado pela suscetibilidade da autoridade[9] ou do uso da coação e da força, com o intuito de resolver os conflitos de interesses que possam surgir entre aqueles que competem na utilização de bens escassos e/ou finitos. Segundo ADRIANO MOREIRA, existe uma *falta de autenticidade do poder*, motivada pela diferença ou falta de coincidência frequentes entre o modelo normativo de conduta que a Lei proclama e o modelo de conduta que o Poder adota[10].

O poder político surge-nos assim como uma relação de força. Porém, se nas sociedades modernas o Estado recorre à força como um meio de ação, não se pode (ou deve) manter através dela. Para MAX WEBBER, o Estado só existe enquanto os homens se submeterem à autoridade e o Poder está intimamente relacionado com a violência. Este autor defende também que o Estado "reivindica com sucesso para seu próprio benefício o monopólio da violência física legítima"[11]. Também CARL SCHMITT nota que é "a falta de tradição da moderna teoria do Estado que opõe autoridade e liberdade, autoridade e democracia, até confundir autoridade com ditadura"[12]. Contudo, os meios do poder político não se esgotam na força e na coação, englobam igualmente a persuasão e a legitimação que podem tornar-se duas vias

---

[7] *Ibidem.*

[8] Neste sentido e esgotados todos os meios, as diferenciações de luta de vontades são conseguidas através do uso da força, do conflito armado. *Vide* CLAUSEWITZ onde afirma que *"a guerra é um acto de violência com que se pretende obrigar o nosso oponente a obedecer à nossa vontade" in* CLAUSEWITZ (1832). *Da Guerra*, Publicações Europa-América, p. 29.

[9] Entenda-se *autoridade* como a legitimidade dos seus detentores no exercício do poder político.

[10] MOREIRA, Adriano (2003). *Ciência Política*, Coimbra, Almedina, p. 71.

[11] WEBER, Max (2004). *Economia e sociedade: Fundamentos da sociologia compreensiva*, Vol. II, São Paulo, Editora Universidade de Brasília, pp. 525-526.

[12] SCHMITT, Carl (1931). *Der Hüter der Verfassung*, Tübingen, Mohr, p. 137.

complementares, além de serem consideradas elementos-chave no sucesso da legitimação e do exercício do poder político nas sociedades modernas.

III. A Liturgia da Segurança

Ao longo da história recente, o tema central da essência dos Estados centrou-se na Segurança, coluna fundamental na sua institucionalização desde a aceitação pelo Homem de obediência a uma entidade dotada de unidade e abstrata, o Estado enquanto suporte do Poder.

A segurança foi o primeiro fim do Estado moderno a surgir, a par da justiça e o bem-estar, sendo que SOUSA LARA defende que "o Estado moderno tem a sua estruturação mais evidente a partir do fim de segurança"[13] consubstanciando a sua ligação intrínseca entre estes dois polos. No entanto, e independentemente da sua origem, as novas conceções e exigências das conjunturas securitárias promovem a necessidade de formação de sinergias entre diversos atores ligados à segurança, gerando uma maior e profícua operacionalização da Segurança. Como defende MANUEL VALENTE, também a constitucionalização da Segurança implica considerar a promoção da Segurança como uma tarefa fundamental do Estado[14], a par da salvaguarda do princípio da legalidade democrática.

Estes factos, em conjunto, levaram a que a Segurança se veja modernamente revestida do conceito litúrgico, no sentido de um ofício ou serviço público indispensável e obrigatório. Etimologicamente, o sentido primitivo da liturgia indica um ato ou serviço com um carácter eminentemente público, adequando-se na perfeição aos fundamentos da função securitária.

Como bem comum, a Segurança é divulgada e assegurada através de um conjunto de convenções sociais, aceites pela sociedade. Pese embora diversas alterações do paradigma de Segurança estabelecido desde Vestefália, a ordem pública baseia-se num estado de tranquilidade pública, em consonância com a Liberdade garantida por sistemas de justiça que regulam um Estado de Direito. Quando o direito à Liberdade colide com o direito à Segu-

---

[13] LARA, António Sousa (2009). *Ciência política: estudo da ordem e da subversão*, Lisboa, Instituto Superior de Ciências Sociais e Políticas – Universidade Técnica de Lisboa, p. 355.

[14] VALENTE, Manuel Monteiro Guedes (2013). *Segurança – um tópico jurídico em reconstrução.* Lisboa: Âncora Editora, p. 26.

rança, há que atender, em presença, à defesa da sua prossecução, mormente em respeito aos restantes direitos fundamentais pessoais que subsistam na comunidade.

Nas últimas décadas, este raciocínio do custo-benefício ultrapassou a dimensão política, e impôs um juízo humano de valores, alicerçados na cultura e poder de análise estruturado e consensualmente validado. Enquanto valores principais de uma sociedade democrática, a Segurança, a par da liberdade, torna-se dependente de desafios estruturais, obrigando constantemente a novas e apuradas reflexões por parte do novíssimo Estado.

Conclusão

O desafio para o novo século de modernização consiste numa realização clara do bem-estar social. Hodiernamente, Estado, Poder e Segurança configuram conceções basilares do fundamento de uma sociedade ocidental democrática. Contudo, originam necessariamente uma atualização dos conceitos à luz dos princípios promocionais da dignidade da pessoa humana, reforçando um verdadeiro equilíbrio político e social. Por conseguinte, a conservação de conceitos históricos e políticos será promotora de uma nova visão sobre estes três princípios correlativos, impulsionando a inovação académica. Só assim, podem configurar os mais relevantes princípios de um novo conceito que a democracia deve preservar na configuração das suas políticas.

Desta forma, não se pretende defender a única verdade possível para o fenómeno de transformação conceptual em curso, mas atentar para a dinâmica societária que, em conjunto com os princípios de um novíssimo Estado, com a ancestralidade do Poder, e a liturgia da Segurança, obrigará a uma visão moderna dos conceitos de Estado, Poder e Segurança.

Bibliografia

Bobbio, Norberto (2000). *Teoria Geral da Política*, Editora Campus.

Bobbio, Norberto; Matteucci, Nicola e Pasquino, Gianfranco (2004). *Dicionário de Política* (12.ª Ed.), Vol. II, Brasília, Editora Universidade de Brasília.

Clausewitz (1832). *Da Guerra*, Publicações Europa-América.

Fernandes, António Teixeira (1998). *Os Fenómenos Políticos, Sociologia do Poder*, Porto, Edições Afrontamento.

FOUCAULT, Michel (1974). *Histoire des systèmes de pensée,* Cours: Théories et institutions pénales, Collège de France.

LARA, António Sousa (2009). *Ciência política: estudo da ordem e da subversão*, Lisboa, Instituto Superior de Ciências Sociais e Políticas – Universidade Técnica de Lisboa.

LUKES, Steven (2005). *Power – a radical view*, Wales, Palgrave Macmillan.

MOREIRA, Adriano (2003). *Ciência Política*, Coimbra, Almedina.

SCHMITT, Carl (1931). *Der Hüter der Verfassung*, Tübingen, Mohr.

VALENTE, Manuel Monteiro Guedes (2013). *Segurança – um tópico jurídico em reconstrução*. Lisboa: Âncora Editora.

WEBER, Max (2004). *Economia e sociedade: Fundamentos da sociologia compreensiva*, Vol. II, São Paulo, Editora Universidade de Brasília.

A Constituição como fim e limite do poder político em democracia

A DESPESA PÚBLICA JUSTA

IDEIAS-CHAVE PARA A COMPREENSÃO DO CONCEITO DE DESPESA PÚBLICA JUSTA[1-2,3]

MARIA D'OLIVEIRA MARTINS
Professora Auxiliar na Faculdade de Direito da Universidade Católica Portuguesa

RESUMO: A despesa pública justa é um conceito que deriva da Constituição, apesar da derivação não ser explícita. Esta encontra-se nos limites da reserva do financeiramente possível e sua compreensão tem um efeito transformador assinável em vários domínios, sejam eles mais ligados às finanças públicas ou mais ligados com o direito constitucional. A despesa pública justa muda a forma de encarar os direitos fundamentais e a ação do Tribunal Constitucional no que diz respeito ao controlo orçamental.

Palavras-chave: Despesa Pública; Orçamento do Estado; Controlo Orçamental; Reserva do financeiramente possível; Necessidade receptiva.

ABSTRACT: Fair public expenditure is a concept that derives from the Constitution, although the derivation is not explicit. It can be found in the limits of the reserve of what is financially possible (Vorbehalt des Möglichen). Its comprehension has a transformative effect that can be subscribed in several areas, whether they are more linked to public finances or more linked to constitutional law. Fair public expenditure changes, namely, the way we look to State Budget and the way we look over fundamental rights and over the action of the Constitutional Court in what concerns to budgetary control.

Keywords: Public Expenditure; State's budget; Budgetary Control; Reserve of what is financially possible (Vorbehalt des Möglichen); Receptive need.

---

[1] Como citar este artigo:
MARTINS, MARIA D'OLIVEIRA. A Despesa Pública Justa. Ideias-Chave para a Compreensão do Conceito de Despesa Pública Justa. In: MANUEL MONTEIRO GUEDES VALENTE. *Os Desafios do Direito do Século XXI*. Coimbra: Almedina, 2018, pp. 149-163.

[2] O presente texto serviu de base a uma intervenção proferida no dia 17 de julho de 2018 na Universidade Autónoma de Lisboa, no âmbito das Jornadas Internacionais "Os Desafios do Direito no Século XXI".

[3] Defendido em "A despesa justa – Uma análise jurídico-constitucional do tema da Justiça na despesa pública" (Almedina: 2016).

O conceito de despesa pública justa

A despesa pública justa corresponde a obrigações de dispêndio para o Estado. Obrigações estas que se prendem com a necessidade de erradicação da pobreza extrema, com a necessidade de fazer face a compromissos assumidos na Constituição, e com a necessidade de fazer face a necessidades ligadas com a concretização de uma justiça social que retire as pessoas de situações de submissão, exploração, dominação, violência ou extrema carência.

A base do conceito de despesa pública justa é o texto da Constituição

O conceito de despesa pública justa é resultado de uma investigação baseada no texto da Constituição Portuguesa. No entanto, este conceito já conhecido em Espanha[4] pode ser retirado das Constituições sociais da maior parte dos Estados Europeus, uma vez que estas estão profundamente enraizadas numa conceção moderna de despesa pública que obriga a chamar o Estado a uma transformação social capaz de responder aos problemas dos mais pobres da sociedade.

Admitimos que uma leitura da Constituição, baseada apenas nas referências explícitas à despesa pública, não nos revela de forma cristalina a ideia de uma despesa pública justa. Pelo contrário, até parece afastar-nos dela.

Por um lado, porque a decisão de despesa tem uma relação muito estreita com a realidade orçamental, o que aponta para que o Orçamento seja não só a fonte criadora de despesa pública, mas também o instrumento que permite ao legislador ter a mão livre para decidir acerca das decisões que pode tomar. Nem sequer se pode dizer que a mão livre do legislador é de alguma forma tolhida por um controlo político por parte do legislador, pois que a Consti-

[4] *Vide* artigo 31.º, n.º 2 da Constituição Espanhola: "El gasto público realizará una asignación equitativa de los recursos públicos, y su programación y ejecución responderán a los criterios de eficiencia y economía". Sublinhando a falta deste conceito na Constituição italiana, alemã, francesa, grega e portuguesa v. Falla, Cazorla, Entrena, Entrena, Galvés, Recorder, Santamaria, Olalla & Serrano, 2001, p. 740. V. aussi Chulvi, 2001, pp. 96 e 97 e Prieto, 2006, p. 96.

tuição é perentória em colocar a decisão de despesa apenas no plano da decisão política, ao impedir a realização de referendos em material orçamental.

Por outro lado, porque a compreensão do direito orçamental da perspetiva dos critérios de convergência, ou seja, da limitação do défice e dívida impostos pela União Europeia, até favorece um entendimento adverso à consideração de uma despesa justa, pois o que ressalta é a linguagem das limitações contabilísticas, ao invés de um discurso de compromissos e deveres de despesa para o Estado. E a ideia puramente contabilística de despesa leva-nos a encarar o gasto público como liberto de qualquer compromisso social.

No que toca às referências implícitas à despesa pública, consegue compreender-se a adesão a uma conceção moderna, embora sem grande clareza quanto aos imperativos de despesa que resultam para o Estado.

Falamos de uma conceção moderna de despesa, por oposição a uma visão pré-moderna. A justiça pré-moderna está associada a uma conceção formal de Justiça, influenciada por uma perspetiva aristotélico-tomista, tomada como virtude e que em nada se confunde com a ideia de redistribuição de bens pelo Estado[5]. Nesta conceção, por exemplo, o cuidado com os mais pobres tende a não ser tratado como uma questão de Justiça a que o Estado deva atender. O cuidado para com os mais pobres deve ser, desta perspetiva, relegado para a esfera da caridade voluntária[6].

---

[5] Fleischacker, 2004, p. 22. Esta concepção tem em Aristóteles o seu primeiro advogado na sua obra « Ética a Nicómaco ». A justiça distributiva aristotélica é uma forma de justiça particular, que se manifesta nas distribuições de bens públicos (de funções públicas, direito de voto ou direito de acesso a funções públicas). Para Aristóteles a justiça distributiva é unicamente determinada pelo mérito. O único critério de igualdade concebido na vida social é resumido pelo princípio « a cada um aquilo que é seu ».

[6] Esta forma de pensar foi retomada pelos autores que defendem a libertação do Estado de funções sociais. Após a integração da benevolência no seio da justiça, há autores libertários que desde o século XIX preconizam a abstenção do Estado em matérias sociais (nomeadamente Nozick com o seu *principle of justice in holdings* – Nozick, 2006, p. 151; Hayek rejeitando a ideia de justiça social – Hayek, 2001, 2003 e 2013 – e James Buchanan com a sua revolução constitucional – Buchanan e Tullock, G., 1962; Buchanan, 1975; Buchanan, 1995; Buchanan, 1999; Buchanan, 2003). Neste modo de encarar a Justiça há um certo retorno a uma noção clássica da ordem espontânea que deve ser respeitada (com algumas concessões, porém, a certas intervenções do Estado) procurando a maior neutralidade pública possível quanto aos resultados na distribuição de bens – v. Nemo *in* Nemo & Petitot, Jean, 2006, p. 71 estabelecendo a relação entre o pensamento clássico e o pensamento liberal e Santos, 1993, p. 123).

Na conceção moderna, pelo contrário, não é possível compreender a justiça distributiva sem o Estado. É a este a quem incumbe o cuidado para com os mais pobres da sociedade. Esta visão moderna está fortemente inspirada nas ideias dos primeiros autores que começam a moldar este conceito ROUSSEAU[7], ADAM SMITH[8] e KANT[9], advogando medidas redistributivas para acabar com as maiores desigualdades e evitar a pobreza excessiva[10], embora receba contributos do pensamento contemporâneo que se tem feito neste sentido pelos autores utilitaristas; igualitaristas; e ainda personalistas.

Detetamos a adesão a uma conceção moderna de despesa desde logo a partir do estudo da génese do texto constitucional de 1976 que nos mostra a convivência do mesmo com universos ideológicos diversos, como os do marxismo[11], da social-democracia[12] ou da democracia-cristã ou até da doutrina social da Igreja[13]. Com efeito, desde a sua versão originária, a Constituição atribui com clareza ao Estado a incumbência de transformação (senão mesmo de reconstrução) da sociedade. Mas claro que não podemos reduzir

[7] É verdade que seja no *Discours sur l'origine et les fondements de l'inegalité parmi les hommes* ou na sua obra *Émile, ou de l'Éducation,* Rousseau faz alusão ao mérito como critério de distribuição de bens. No entanto, é claro que ele sustenta o fim das desigualdades pela adopção de medidas de redistribuição de riqueza. Como explica Fleischacker, Rousseau é um dos primeiros autores que crê mais na política do que nas atitudes religiosas ou filosóficas para a resolução de problemas sociais (FLEISCHACKER, 2004, p. 56).

[8] Adam Smith não sai do pensamento clássico sobre a justiça, mas ele defende que a benevolência deve ser cultivada pelos governantes. Para ele, a política tem uma função ética – FLEISCHACKER, 2004, p. 26 e ARAÚJO, 2001, pp. 1109 e 1110.

[9] Contrariamente ao que se passa com Rousseau e Smith, em Kant a ideia de ajuda aos pobres adquire uma dimensão sem precedentes. Para Kant, a justiça distributiva é o recurso aos tribunais nos casos individuais. Segundo o mesmo autor, é precisamente isto que distingue o estado de natureza do estado de direito ou aquilo que permite a passagem do direito privado ao direito publico.

O tratamento da justiça distributiva, feito desta forma, é a grande novidade kantiana. Com efeito, sendo a justiça na filosofia kantiana a aplicação da lei pelo tribunal, isso permite-lhe ir mais longe que Rousseau ou Smith. É, por isso, o primeiro a conceber o cuidado do Estado para com os pobres com um verdadeiro dever de justiça (KANT, 2008, p. 28 e 100-102).

[10] Esta mudança de mentalidade do fim do século XVIII e início do século XIX é clara, por exemplo, nas peças de ópera das "Bodas de Fígaro" e do "Barbeiro de Sevilha".

[11] VIEIRA & SILVA, 2010, p. 111-114.

[12] VIEIRA & SILVA, 2010, p. 111-114.

[13] Sobretudo com a encíclica *Rerum Novarum* (1891), a Igreja Católica deu lugar a uma importante reflexão política atual que contribuiu para abrir a via a uma transição de um Estado liberal para um Estado social.

a perceção da despesa pública a isto[14]. Caso contrário, ela teria ficado em causa com o apagamento progressivo da herança revolucionária ou até com a prática de mercado liberalizante, defendida desde cedo pela jurisprudência constitucional e depois assumida desde a revisão de 1997 pela Constituição formal.

O conceito de despesa pública tal como constitucionalmente definido torna-se um pouco mais claro através da conjugação de três ideias que resultam da interpretação do texto da Lei Fundamental.

Primeira ideia: o Estado goza de uma grande liberdade nas escolhas que faz e de que não há propriamente um limite constitucional estabelecido em relação à intervenção pública[15]. Ideia que ressalta da interpretação dos artigos 80.º e 81.º da Constituição.

Segunda ideia: a Constituição autoriza o fornecimento público de bens de mérito[16], ao estabelecer imperativos claros de intervenção pública que vão para além da intervenção sobre as falhas de mercado, intervindo sobre bens que até são fornecidos pela iniciativa privada, mas em que o Estado deseja intervir. Parece-nos até que é a própria Constituição a afastar o minimalismo da intervenção pública, quando incumbe o Estado do cumprimento de tarefas na definição de metas e na promoção das boas condições de vida para as pessoas. Esta ideia resulta do entendimento segundo o qual a existência do sector público depende hoje menos da existência de sectores vedados do que da cláusula de bem-estar e das várias normas da Constituição que atribuem tarefas ao Estado que em muito extravasam as típicas falhas de mercado [p.e., artigos 38.º, n.º 5, 63.º, n.º 5, 64.º, 74.º, n.º 2, alínea *b)*, e 75.º, n.º 1].

Terceira ideia: a distinção que a dogmática jurídico-constitucional faz entre normas determináveis e indetermináveis também parece sufragar o entendimento que da Constituição resultam verdadeiros deveres de despesa pública. Das primeiras – normas determináveis – extrair-se-iam diretamente

---

[14] Santos, Gonçalves & Marques, 2014, p. 43 e Otero *in* Tribunal Constitucional, 2012, p. 39.

[15] Santos, Gonçalves & Marques, 2014, p. 43 e Otero *in* Tribunal Constitucional, 2012, p. 39.

[16] Sobre este conceito v. Musgrave, 1959, p. 13: "They become public wants if considered so meritorious that their satisfaction is provided for through the public budget, over and above what is provided for through the market and paid by private buyers [...] Public services aimed at the satisfaction of merit wants include such items as publicly furnished school luncheons, subsidized low-cost housing, and free education".

deveres de despesa e das outras – das normas indetermináveis – apenas por intermediação legislativa[17].

No entanto, a abordagem constitucional tradicional é insuficiente para a construção de um conceito de despesa pública justa que de alguma forma espelhe a evolução que o gasto do Estado tem sofrido e a discussão de justiça distributiva que se faz em torno do mesmo.

A dogmática tradicional apresenta uma visão excessivamente formalista dos direitos e da sua proteção passando, sobretudo no tratamento jurídico da despesa pública, ao lado da riqueza daquilo que se discute filosoficamente.

Com efeito, a abordagem nos termos tradicionais tem conduzido nos últimos anos, seja a uma politização da decisão de despesa, seja a adoção de uma visão contabilística de despesa que deixa a mão do legislador praticamente livre para alocar os meios económicos ao seu dispor e que apenas permite o questionamento das decisões de despesa que violam clamorosamente os valores constitucionais do Estado de Direito.

Neste último ponto, notamos até que a recente evolução dos direitos sociais com a adesão à teoria do custo dos direitos[18] – que tanto tem contribuído para uma a unificação do tratamento dos direitos fundamentais – acaba por reforçar, através da generalização da aplicação da reserva do financeiramente possível, esta liberdade de conformação legislativa das normas dotadas de indeterminabilidade às demais normas de direitos fundamentais. Facto que parece fazer-nos retornar de novo à ideia de que a decisão de despesa é uma decisão política e, portanto, limitadamente sujeita a controlo.

Não me satisfazendo com as referências constitucionais explícitas ou implícitas à despesa pública para a construção de uma ideia de despesa pública justa, proponho a formulação de um conceito de despesa pública justa a partir dos limites da reserva do financeiramente possível.

Quais os limites à reserva do financeiramente possível que são identificáveis através da interpretação constitucional?

---

[17] Vaz, 1992, pp. 373 e ss.; Vaz, 1998, p. 437; Novais, 2003, p. 148; e Andrade, 2012, p. 176.

[18] A teoria do custo dos direitos tem a sua origem no texto de Stephen Holmes e Cass Sunstein, *The Costs of Rights* (1999). Em Portugal, esta teoria foi adoptada por Casalta NABAIS (2007 e 2008) e é frequente vê-la mencionada quando se fala das consequências financeiras dos direitos fundamentais. A perspectiva de Reis NOVAIS é atualmente influenciada por esta compreensão.

1) A reserva do financeiramente possível não pode ser imposta seja perante o direito ao mínimo vital, seja relativamente ao direito a um mínimo de existência condigna[19]. Este deve ser o núcleo da despesa pública justa e deve apenas incluir os gastos, destinados a assegurar um mínimo de vida condigna para aqueles que não têm outros meios para o fazer – ou seja a partir de uma situação de pobreza extrema a que seja necessário acorrer. Esta despesa deveria ser tida como correspondente a um consenso relativamente ao respeito do igual valor e dignidade de todos;
2) A reserva do financeiramente possível não pode ser invocada perante o conteúdo mínimo dos direitos, liberdades e garantias e direitos fundamentais de natureza análoga, no que respeita às normas determináveis. Isto porque quando conjugada com um direito diretamente exigível a partir da Constituição, a reserva do possível nunca poderá conceder liberdade legislativa plena para a definição da despesa necessária à concretização dos direitos fundamentais em si mesmos, sob pena de restrição inconstitucional do direito;
3) A reserva do financeiramente possível também não pode ser invocada para impedir a realização de um conteúdo mínimo dos direitos económicos sociais e culturais.

Nestes limites que identificamos à reserva do financeiramente possível, a liberdade do legislador orçamental não pode deixar de ficar limitada. Apenas fora destes constrangimentos substanciais à reserva do financeiramente possível é que a decisão orçamental deve ser assumida como uma decisão legislativa, com plena liberdade de conformação legislativa. Vale aqui plenamente o regime da reserva do financeiramente possível: os direitos só serão invocáveis na medida da previsão legal e da previsão orçamental e o poder

[19] Como defende o Tribunal Constitucional alemão (BVerfGE 125, 175) quando se refere a um direito a uma existência condigna ("Article 1.1 of the Basic Law declares human dignity to be inviolable and obliges all state authority to respect and protect it [...]. As a fundamental right, the provision is not only a defensive right against encroachments on the part of the state. The state must also protect human dignity in positive terms [...]. If a person does not have the material means to guarantee an existence that is in line with human dignity because he or she is unable to obtain it either out of his or her gainful employment, or from own property or by benefits from third parties, the state is obliged within its mandate to protect human dignity and to ensure, in the implementation of its social welfare state mandate, that the material prerequisites for this are at the disposal of the person in need of assistance").

judicial ficará limitado na sua ação por força do princípio da separação de poderes. Isto não significa, porém, que a decisão possa ser tida como arbitrária; pelo contrário, fora dos limites da despesa justa, a decisão sobre gasto público deve ser tida como correspondendo ao exercício de um poder discricionário com limites, estando, por isso, sujeita à fiscalização judicial sempre que se ultrapassarem as fronteiras de legalidade e de constitucionalidade.

O efeito transformador do conceito de despesa pública justa

A formulação do conceito de despesa pública justa a partir dos limites da reserva do financeiramente possível acaba por ter um efeito transformador em vários domínios:

1) Direitos fundamentais;
2) Compreensão do Orçamento; e
3) Controlo do Tribunal Constitucional.

O conceito de despesa pública justa altera a forma como encaramos os direitos fundamentais, na medida em que põe em evidência que entre os direitos, liberdades e garantias e os direitos sociais há prioridades a atender.

A despesa pública justa deve, então, ser entendida em três níveis distintos:

Com o primeiro nível de despesa justa desenha-se a prioridade das prioridades dentro dos direitos, liberdades e garantias. Neste nível encontra-se a despesa que deriva do reconhecimento da dignidade da pessoa humana, lendo-o à luz de uma conceção moderna de despesa, assente numa visão personalista do Homem. É neste nível que se encontra, portanto, o conteúdo mínimo da função de distribuição que o Estado assume – o mínimo dos mínimos. Neste círculo de gastos do Estado inclui-se a despesa pública relativa ao mínimo vital, já reconhecido, de resto, na nossa ordem jurídica, muito por força da intervenção do Tribunal Constitucional. Mas o mínimo vital que é reconhecido não deve ser daquela forma que aplicamos em Portugal[20]. À luz de uma ideia de despesa pública justa, o RSI não pode deixar de ser inconstitucional, por se tratar de "um rendimento mínimo tão baixo

[20] Em Portugal, o Rendimento Social de Inserção cobre somente, nas grandes cidades, as despesas de alojamento, deixando todas as outras necessidades à mercê da caridade individual voluntária.

que só pode ser satisfatório para um vagabundo de pé descalço, que seja feliz a acampar na praia" (ELISABETH ANDERSON). Neste nível de despesa, não pode, assim, deixar de se incluir o gasto público derivado da promoção pública de uma "vida minimamente condigna", da *minimally decent life* de que fala CÉCILE FABRE[21]. Este círculo que se desenha como nuclear de despesa pública justa deve partir de uma situação de pobreza extrema a que seja necessário acorrer, sem que o Estado possa fazer qualquer julgamento moral sobre a conduta do indivíduo, que pede ajuda e prova a sua situação de extrema pobreza.

A despesa deste núcleo deve ser de inscrição prioritária, até mesmo à frente das despesas decorrentes de leis e de contratos que nos termos da Constituição pareciam ser as únicas limitações ao legislador orçamental.

No segundo nível de despesa justa surgem os direitos, liberdades e garantias a que se deve atender depois de satisfeito o imperativo da dignidade humana. Neste nível encontram-se os gastos que resultam da identificação do conteúdo mínimo de despesa pública para a realização dos direitos, liberdades e garantias e direitos fundamentais de natureza análoga. No âmbito destes gastos identifico como despesa pública constitucionalmente prioritária a que se baseia no carácter determinável de algumas normas constitucionais. Isto porque quando conjugada com um direito diretamente exigível a partir da Constituição, a *reserva do possível* nunca poderá conceder liberdade legislativa plena para a definição da despesa necessária à concretização dos direitos fundamentais em si mesmos, sob pena de restrição inconstitucional do direito. Nesta medida, a atividade do legislador orçamental poderá e deverá ser controlada pelo poder jurisdicional, no sentido deste último aferir da constitucionalidade das escolhas feitas. Nestas normas, a *reserva do possível* tolher-se-á, surgindo, as mais das vezes, reduzida a uma reserva geral de ponderação. Esta reserva impedirá o poder judicial de controlar, por prin-

[21] *Vide* FABRE, 2000, *passim*, quando defende o direito a uma *minimally decent life*: "We should concentrate on making sure that people have the prerequisites demanded by minimal autonomy and well-being [...] I would deny that we should maximize people's autonomy by giving them whatever resources they need in order to pursue their conception of good life, to the extent that they have chosen this conception and should therefore take some responsibility for it. In other words, autonomy and well-being are important enough to impose on people duties to give others the resources necessary for them to be able to lead a minimally decent life" – *Ibidem*, secção 1.4.1. V. também na literatura brasileira TORRES, 2009, p. 8, SARLET, 2009, p. 322 e SARLET & FIGUEIREDO, 2008.

cípio, o *como* e o *quanto* decididos pelo legislador orçamental; mas e uma vez que estamos no âmbito das normas determináveis, o controlo judicial será sempre possível. Desde logo, no que toca ao *quando* do direito em causa[22]. Para além disso, no que toca à despesa que resulta destas normas, ela deverá sempre ser controlada quer de acordo com os parâmetros mínimos de respeito pelo conteúdo essencial do direito em causa, quer de acordo com os limites impostos pelo Estado de direito democrático (igualdade, proporcionalidade ou proteção da confiança).

No seio destas normas, a reserva do possível pode estreitar-se ainda mais quando é a Constituição que impõe especificamente ao legislador a adoção de despesas públicas específicas.

No terceiro nível de despesa obrigatória, encontramos o terceiro nível de prioridades do Estado no que toca ao cumprimento dos direitos fundamentais. Este nível corresponde à identificação de um conteúdo mínimo de realização dos direitos económicos, sociais e culturais[23], ainda que atendendo a preocupações com a sustentabilidade financeira, defendamos, neste domínio, uma visão que admite necessariamente a uma certa abertura à conformação do legislador orçamental, para que este em cada momento possa adequar as despesas às necessidades e aos recursos do momento.

No que toca à definição do universo de pessoas para quem o Estado deve prestar serviços gratuitamente, propomos a adoção do conceito de *necessidade recetiva* para melhor se compreender este conteúdo mínimo dos direitos económicos, sociais e culturais. Este conceito afasta o igualitarismo puro e adere a uma perspetiva de igualdade complexa (WALZER), obrigando o Estado a uma permanente e multiforme intervenção, impondo-lhe a prestação de serviços a todos aqueles que demonstrem, quer incapacidade para aceder a eles, quer que sem essas prestações poderiam ficar numa situação de vulnerabilidade ou numa situação que pudesse fazer perigar uma vida condigna.

Na determinação do conteúdo mínimo dos direitos sociais – na parte que corresponde ao terceiro nível da despesa obrigatória – partimos da supera-

[22] NOVAIS, 2010, p. 290.

[23] Supõe-se aqui que os direitos sociais tem a mesma fundamentalidade dos direitos, liberdades e garantias – NOVAIS, 2010, *passim*, sobretudo pp. 251 e ss., pp. 358 e ss.; SILVA, 2007, pp. 133 e ss.; MATOS, 1998, pp. 18 e ss.. *Vide* também RICARDO LOBO TORRES *in* SARLET & TIMM, 2008, pp. 72-75, referindo-se à adesão por parte dos autores brasileiros à ideia da indivisibilidade dos direitos humanos.

ção constitucional de uma visão rawlsiana de distribuição de bens, aderindo a uma ideia de Estado de "bem-estar reforçado" (*extrawelfarism*)[24], tributário do pensamento de AMARTYA SEN e MARTHA NUSSBAUM, tendo em vista as metas que a Constituição fixa para a intervenção pública. Encarando a realização dos direitos sociais dentro da lógica do Estado de "bem-estar reforçado", consideramos que a liberdade orçamental se tolhe à medida que estas metas ou objetivos constitucionalmente fixados se vão definindo e desenvolvendo. Deixa de se falar em liberdade orçamental máxima, para se ir amarrando o Estado às metas ou objetivos constitucionalmente já alcançados no sentido da concretização de uma visão de justiça social que vá retirando paulatinamente as pessoas de situações de submissão, exploração, dominação, violência ou extrema carência.

Aquilo que na minha tese "A despesa pública justa" proponho é, pois, que a concretização da Justiça Social seja cada vez mais entendida, não apenas como a realização de normas, mas como a concretização de uma visão substancialista de Justiça Social. A minha proposta é, então, a de que a despesa pública justa seja ancorada numa ideia geral de proteção do conteúdo mínimo dos direitos fundamentais, tal como ele se vá consolidando na ordem jurídica.

Não se trata aqui de despesismo ou de obrigar o Estado à criação ou a multiplicação contínua de prestações ou subsídios – incompatível com o reconhecimento de uma liberdade de conformação orçamental – mas o de o obrigar continuamente à promoção de esforços no que toca ao aumento das potencialidades e do aumento de poder por parte das pessoas.

Defendendo uma visão substancialista da despesa pública, derivada da promoção do desenvolvimento humano, e advogando a existência de um conteúdo mínimo mesmo nos direitos fundamentais *não determináveis*, sustento que o reconhecimento do conteúdo mínimo dos direitos sociais só faz sentido se esses mesmos direitos puderem ter uma leitura dinâmica, reeditando de novo uma certa ideia de proibição de retrocesso: não hesitamos, assim, em afirmar que sempre que o legislador dê passos na concretização da Justiça Social, no sentido de promover melhorias nas situações concretas das pessoas e de as tirar de situações de vulnerabilidade, deve ficar impedido de colocar as pessoas que estavam protegidas por essa medida numa situação pior do que aquela que já tinha sido encontrada ou até de desproteção. O

---

[24] COAST, SMITH & LORGELLY, 2008, p. 1192 e BROUWER, CULYER, EXEL & RUTTEN, 2008, pp. 330 e ss.

objetivo é pois o de impedir que o Estado volte atrás em medidas de proteção às pessoas, em casos que as coloquem em perigo de ficar em situações de submissão, exploração, dominação, violência ou extrema carência.

Esta consideração de um conteúdo mínimo dos direitos sociais, reeditando a proibição do retrocesso, leva-nos até a alargar o âmbito de despesa obrigatória que vislumbramos no seio dos direitos, liberdades e garantias. Aplicando também aí uma visão substancialista que permita ao poder judicial travar a mão do legislador, advogamos que, até mesmo nos casos de restrição desses direitos em que não seja atingido o seu conteúdo essencial, o poder judicial deve poder intervir mais ativamente no sentido de garantir a forma como os direitos, liberdades e garantias se vai consolidando no tempo; isto faz com que admitamos que o poder judicial possa ter uma palavra a dizer quanto à reorganização e ao desmantelamento de alguns serviços que o Estado leva a cabo, puramente por razões de poupança.

A forma como o Orçamento é feito fica também em causa com a perspetiva da despesa pública justa.

Antes de mais, porque à luz deste conceito, o Orçamento passa a ficar sujeito a prioridades que devem ser atendidas. Deixa de se aplicar a lógica que é aplicada até aqui de que só há aumentos de pensões quando se criam folgas orçamentais.

Para além disso, a ideia da despesa pública justa obriga-nos também a rever o entendimento sobre a única fonte de despesa indicada pela Constituição, que é o Orçamento do Estado. Admitimos, desta forma, que os tribunais possam, nalguns casos proferir *sentenças aditivas*, colmatando as falhas do legislador quanto à previsão das despesas que ele deveria ter incluído no Orçamento do Estado, nos termos da despesa imposta pela Constituição ou pela lei. Não obstante a defesa desta ideia, repudiamos todos os excessos que têm sido apontados às *sentenças aditivas* enquanto fontes de despesa: apenas defendemos as *sentenças aditivas "a rime obbligate"* à italiana[25], em casos em que a despesa surge como claramente imposta pela visão que a Constituição sufragou.

Em último lugar, destacamos ainda que nem mesmo a forma como encaramos o controlo do Tribunal Constitucional pode ser a mesma depois de considerarmos o conceito de despesa pública justa. De facto, contrariando a tendência de deixar o legislador com a mão livre para decidir sobre o gasto

---

[25] Grosso, 1991, p. 37.

público, a despesa pública justa coloca as decisões orçamentais sob escrutínio jurídico-constitucional. Escrutínio este que deve assentar numa análise das prioridades a que o Estado deve atender e aos recursos disponíveis, de forma a perceber se eles não estão a ser desviados para outras necessidades com menos importância.

Bibliografia citada

ANDRADE, José Carlos Vieira de – *Os Direitos Fundamentais na Constituição Portuguesa de 1976*.Almedina, 2012.

ARAÚJO, Fernando – *Adam Smith – O Conceito Mecanicista de Liberdade*. Almedina, 2001.

BROUWER, Werner B. F., CULYER, Anthony J., EXEL, N. Job A. van, e RUTTEN, Frans F. H. – "Welfarism vs. Extra-welfarism". *In* Journal of Health Económica 27 (2008), pp. 325-338.

BUCHANAN, James – "The Limits of Liberty. Between anarchy and leviathan", 1975 (disponível em www.econlib.org).

BUCHANAN, James – "Clarifying Confusion about the balanced budget amendment". *In* National Tax Journal, 48, n.º 3 (September 1995), pp. 347-355.

BUCHANAN, James – "Public Choice: Politics without Romance". *In* Policy, vol 19, n.º 3, Spring 2003, pp. 13-18.

BUCHANAN, James e MUSGRAVE, Richard A. – *Public Finance and Public Choice: Two Contrasting Visions of the State*. The MIT Press, 1999 (Kindle edition).

BUCHANAN, James M. e TULLOCK, Gordon – *The Calculus of Consent – Logical Foundations of Constitucional Democracy*. The University of Michigan Press, 1962.

CHULVI, Cristina Pauner – *El deber constitucional de contribuir al sostenimiento de los gastos públicos*. Centro de Estudios Políticos y Constitucionales, 2001.

COAST, Joanna, SMITH, Richard D. e LORGELLY – "Welfarism, extra-welfarism and capability: The spread of ideas in health economics". *In* Social Science & Medicine, n.º 67 (2008), pp. 1190-1198.

FABRE, Cécile – *Social Rights under the Constitution*. Clarendon Press, 2000.

FALLA, Fernando Garrido, CAZORLA, Luís Maria, ENTRENA, Rafael, ENTRENA, Ramon, GALVÉS, F. Javier, RECORDER, Emílio, SANTAMARIA, Juan A., OLALLA, F. Santa, SERRANO, José Maria – *Comentários a la Constitución*. Editorial Civitas, 2001.

FLEISCHACKER, Samuel – *A Short History of Distributive Justice*. Harvard University Press, 2004.

Franco António L. de Sousa e Martins, Guilherme d'Oliveira – *A Constituição económica portuguesa – Ensaio Interpretativo*. Coimbra Editora, 1993.

Grosso, Enrico – *Sentenze Costituzionali di spesa "che non costino"*. G. Giappichelli Editore, 1991.

Hayek, F.A. – *The Road to Serfdom*. Routledge, 2001.

Hayek, F. A. – *The Constitution of Liberty*. Routledge, 2003.

Hayek, F.A. – *Law, Legislation and Liberty*. Routledge, 2013 (kindle edition).

Holmes, Stephen e Sunstein, Cass R. – *The Cost of Rights*. W.W. Norton & Company, 1999.

Kant, Immanuel – *The Moral Law – Groundwork of the Metaphysics of Morals*. Routledge, 2008.

Leão XIII – *Rerum Novarum* (1891) (disponível em www.vatican.va).

Matos, André Salgado de – *O direito ao ensino na Constituição. Contributo para uma dogmática unitária dos Direitos fundamentais*. Lisboa (inédito), 1998.

Musgrave, Richard A. – *The Theory of Public Finance*. Mcgraw-Hill Book Company, 1959.

Nabais, Casalta – "A face oculta dos direitos fundamentais; os deveres e os custos dos direitos fundamentais: os deveres e os custos dos direitos". *In* Por uma liberdade com responsabilidade. Coimbra Editora, 2007.

Nabais, Casalta – *Reflexões sobre quem paga a conta do Estado Social*. In Ciência e Técnica Fiscal, Janeiro – Junho, 2008, n.º 421, pp. 7-46.

Nemo, Philippe e Petitot, Jean – *Histoire du libéralisme en Europe*. PUF, 2006.

Novais, Jorge Reis – *Restrições aos direitos fundamentais não expressamente autorizadas pela Constituição*. Coimbra Editora, 2003.

Novais, Jorge Reis – *Direitos Sociais*. Coimbra Editora, 2010.

Nozick, Robert – *Anarchy, State and Utopia*. Blackwell Publishing, 2006.

Prieto, Luis María Cazorla – *Derecho Financiero y Tributario (Parte General)*. Aranzadi, 2006.

Rousseau, Jean-Jacques – *Discours sur l'origine et les fondements de l'inegalité parmi les hommes*. Marc Michel Rey, 1755.

Rousseau, Jean-Jacques – *Émile, ou de l'Éducation*. *In* Jean-Jacques Rousseau – *Collection Complete des Oeuvres de Rousseau*, VII. Genève, 1782.

Santos, António Carlos dos, Gonçalves, Maria Eduarda e Marques, Maria Manuel – *Direito Económico*. Almedina, 2014.

Santos, Jorge Costa – *Bem-estar social e decisão financeira*. Almedina, 1993.

Sarlet, Ingo – *A eficácia dos direitos fundamentais*. Porto Alegre, 2009.

Sarlet, Ingo e Figueiredo, Mariana Filchtiner – Reserva do possível, mínimo existencial e direito à saúde: algumas aproximações. *In* Revista de Doutrina da

4.ª Região, n.º 24, 2008 (disponível em http://www.revistadoutrina.trf4.jus.br/index.htm?http://www.revistadoutrina.trf4.jus.br/artigos/edicao024/ingo_mariana.html último acesso 23.07.2014)

TORRES, Ricardo Lobo – *O direito ao mínimo existencial*. Renovar, 2009.

SARLET, Ingo Wolfgang e TIMM, Luciano Benetti – *Direitos Fundamentais: orçamento e reserva do possível*. Livraria do Advogado, 2008.

SILVA, Vasco Pereira da – *A Cultura a que Tenho Direito – Direitos Fundamentais e Cultura*. Almedina, 2007.

TRIBUNAL CONSTITUCIONAL – *35.º Aniversário da Constituição de 1976* (1.º volume). Coimbra Editora, 2012.

VAZ, Manuel Afonso – *Lei e Reserva de Lei*. Universidade Católica Portuguesa, 1992.

VAZ, Manuel Afonso – "O Enquadramento jurídico-constitucional dos "Direitos Económicos, Sociais e Culturais„". *In* Juris et de Jure. UCP Editora, 1998.

VIEIRA, Mónica Brito e SILVA, Filipe Carreira da – *O Momento Constituinte – Os Direitos Sociais na Constituição*. Almedina, 2010.

O GPRD, OU RGPD COMO EXEMPLO DA TENDÊNCIA DE UM ESTADO FISCALIZADOR DO CUMPRIMENTO DE DIREITOS FUNDAMENTAIS[1]

PEDRO TROVÃO DO ROSÁRIO[2]
Diretor do Departemnto de Direito da Universidade Autónoma de Lisboa Luís de Camões

RESUMO: Sob o tema geral "A Constituição como fim e limite do poder político em democracia" analisa-se o Regulamento Geral de Proteção de Dados (RGPD), percebendo que o mesmo mais do que "novos direitos" impõe uma nova abordagem com mais instrumentos para defesa dos dados pessoais face a novas e mais complexas ameaças: maior independência e maior liberdade dos detentores dos dados pessoais de outrem. Ou seja, o sector público nesta área como noutras que se referem assume uma nova postura face à proteção dos direitos fundamentais cuja salvaguarda justificam a existência daquela entidade pública, integrada numa tendência para o século XXI: mesmo em áreas sensíveis e onde este fundou (como é o caso português) a possibilidade de restrição de direitos fundamentais para salvaguarda de outros direitos ou interesses constitucionalmente protegidos, tende a diminuir a sua ação preventiva e de fiscalizador prévio, aumentando a liberdade dos cidadãos mediante uma punição mais severa do incumprimento das regras estabelecidas. Ou seja, o "Estado" abandona a posição de quem analisa, regista, mantem e autoriza ou proíbe a prática dos atos, atendo-se a uma posição de fiscal punidor. Tal leva-nos a ponderar o necessário respeito pelos princípios da proporcionalidade e da igualdade na sua ação, como legislador e como julgador.

Palavras-Chave: Direito Constitucional; Democracia; Função Constitucional; Limite poder político; Regulamento Geral de Proteção de Dados (RGPD)

ABSTRACT: Under the general theme "The Constitution as the end and limit of political power in democracy" the General Data Protection Regulation (GDPR) is analyzed, realizing that more than "new rights" imposes a new approach with more instruments

---

[1] Como citar este artigo:
ROSÁRIO, PEDRO TROVÃO DO. O GPRD, ou RGPD como Exemplo da Tendência de um Estado Fiscalizador do Cumprimento de Direitos Fundamentais. In: MANUEL MONTEIRO GUEDES VALENTE. *Os Desafios do Direito do Século XXI*. Coimbra: Almedina, 2018, pp. 165-183.

[2] Doutor em Direito. Investigador do Centro de Investigação *Ratio Legis – UAL*. Professor da Universidade Autónoma de Lisboa. Advogado.

for protection of personal data in the face of new and more complex threats: greater independence and greater freedom for holders of others personal data.
In other words, the public sector in this area, as in other areas, assumes a new posture in the face of the protection of fundamental rights whose protection justifies the existence of that public entity, integrated in a trend for the 21st century: even in sensitive areas and where it founded (for example the Portuguese case), the possibility of restricting fundamental rights to safeguard other constitutionally protected rights or interests, tends to diminish its preventive and prior enforcement action, increasing citizens' freedom through a more severe punishment of non-compliance with established rules. That is to say, the "State" abandons the position of those who analyze, register, maintain and authorize or prohibit the practice of acts, being attached to a position of punitive prosecutor. This leads us to consider the necessary respect for the principles of proportionality and equality in its action, as legislative power and as judicial power.

Keywords: Constitutional right; Democracy; Constitutional Function; Limit political power; *General Data Protection Regulation* (GDPR).

É-me proposto, enquadrado sobre o tema geral "A Constituição como fim e limite do poder político em democracia", que fale sobre o *Regulamento Geral de Proteção de Dado*s (RGPD).

Agradecendo o desafio de tratar academicamente, problematizando, tema que tem estado na ordem do dia em vinte e oito estados soberanos, Estados de Direito e com óbvios reflexos em todos os demais países terceiros atento o regime consagrado no RGPD (*vide* considerandos 23.º, 48.º, 101.º a 108.º, 112.º a 116.º, 139.º, 153.º, 168.º e 169.º e, entre outros, os artigos 13.º/1/*f*), 15.º/1/*c*) e 2), eis- me na eminência de convosco enquadrar e discutir, não um mas dois temas: A proteção dos direitos fundamentais no plano constitucional e no plano supra constitucional.

O uso massivo de informação, a crescente facilidade de conexão entre ficheiros informatizados potenciadora do controlo do cidadão e do prejuízo da sua liberdade, o perigo policial e o perigo de multiplicação descontrolada de ficheiros com informações sobre cada individuo e sua associação com outros, para mais de modo incontrolável são um perigo a direitos fundamentais já afirmados mesmo na Declaração Universal dos Direitos Humanos de 1948. Ou seja, os direitos humanos reconhecidos e *fundamentalizados* constitucionalmente, como o direito à integridade física e moral, o direito à liberdade e à reserva de intimidade da vida privada, a proteção de dados pessoais, à honra, à imagem, entre outros, impõem um crescente cuidado e um específico dever de ação para o Estado como adiante se verá. A *world wide web*, rede mundial de computadores, o desenvolvimento constante e acelerado da tecnologia da informação, novas formas de relacionamento entre os indivíduos no plano internacional, com aproveitamento por novas e antigas formas de atuação e comércio impõem cuidados acrescidos. "Esta nova era da hiperinformação, onde os cidadãos em qualquer lado através de um computador ou de um *smartphone* acedem, guardam e difundem dados pessoais atentará facilmente contra os direitos fundamentais à intimidade, imagem, honra e vida privada"[3]

A Constituição da República Portuguesa (doravante CRP) foi a primeira em todo o mundo, não o podemos esquecer, a consagrar a proteção do individuo relativamente à informática no seu artigo 35.º. Recorda-se a propósito a expressão do então deputado à Assembleia Constituinte e hoje, volvidos quarenta e dois anos Presidente do Tribunal Constitucional, Professor Doutor Manuel Costa Andrade que "É só para dizer, Sr. Presidente e Srs. Deputados, mais uma vez, que o Sr. Deputado que acaba de falar não percebeu o cerne do problema. Não se trata de proibir na Constituição ou na lei os ataques à reserva da intimidade da vida privada. A proibição desses ataques vai ser prevista e está prevista no nosso texto. Do que se trata aqui é de ter o realismo e a consciência serena da nossa capacidade limitada de previsão, e prever e tutelar, amplamente e a partir de já, a personalidade. Portanto, não vemos como, falando-se tanto em amplas liberdades, se queira fugir à tutela da mais ampla e do direito fundamental desta matéria. (...) O que está em causa é a possibilidade da evolução e o progresso técnico, e até a pressão do poder político inventar – e não estamos livres disso – novas formas de pressão. Nós, os que trabalhámos na Comissão, tivemos a consciência disso, procurámos ser o mais actualizados possível contra esse perigo (...) a tutela contra a *informática*. É um aspecto novo. Podíamos não o ter previsto, felizmente que a nossa capacidade de previsão já aí chega, mas não estamos livres de amanhã surgir outro perigo qualquer. É em nome da tutela da inviolabilidade dessa pessoa humana, em nome, ao fim e ao cabo, da tutela da dignidade da pessoa humana, que provamos no n.º 1, que aprovamos esta proposta"[4]. Fê-lo afirmando um direito que se evidencia pela necessidade de

---

[3] Rosário, Pedro Trovão do, "O direito a ser esquecido". Revista do Direito, Santa Cruz do Sul – Brasil, v. 3, n. 53, 2017. ISSN 1982-9957.

[4] http://debates.parlamento.pt/catalogo/r3/dac/01/01/01/035/1975-08-21/944?q=inform%25C3%25A1tica&pPeriodo=r3&pPublicacao=dac&pSerie=01&pLegis=01&pSessao=01 disponível em linha em 2018-06-30.

afirmação de novos desafios atinentes à dignidade da pessoa humana. Outras constituições se lhe seguiram, como entre outras na Constituição Federativa do Brasil de 1988 (artigo 5.º[5]), na Constituição de Cabo Verde de 1992 (artigo 35.º[6]) e na Constituição da República de Angola de 2010, (artigo 69.º[7]). Nos Estados Unidos da América foi aprovado em 1974 o "Freedom of Information Act" (parcialmente alterado pelo "Freedom Act" de 1978), o qual permite o acesso pelos particulares aos seus dados constantes de registos de base de dados públicos. A Constituição de Espanha, de 1978 prevê no seu artigo 18.º, n.º 4 que "A lei limitará o uso da informática para garantir a honra e a integridade pessoal e familiar dos cidadãos e o pleno exercício dos seus direitos", como a Constituição grega igualmente o faz no seu artigo 9.º-A. Noutros sistemas europeus as Constituições são omissas quanto aos direitos dos cidadãos face ao uso da informática, embora alguma jurisprudência (como a do Tribunal Constitucional alemão) permita a construção de um direito à autodeterminação informativa por referencia ao artigo 2.1 da Lei fundamental alemã e ao direito geral de personalidade deste constante.

Mas, aquela primeira Constituição, em 1976 nunca conseguiria antecipar o que ocorreria na década de 80, com uma rede informática complexa, veloz e mundial, destacando-se Sir Tim Berners-Lee do CERN (Centro Europeu de Pesquisas Nucleares) responsável pela criação da *World Wide Web*, um sis-

[5] *LXXII – conceder-se-á habeas data : a) para assegurar o conhecimento de informações relativas à pessoa do impetrante, constantes de registros ou bancos de dados de entidades governamentais ou de caráter público; b) para a retificação de dados, quando não se prefira fazê-lo por processo sigiloso, judicial ou administrativo;*

[6] ARTIGO 43.º *(Habeas data) 1. A todo o cidadão é concedido habeas data para assegurar o conhecimento de informações constantes de ficheiros, arquivos ou registo informático que lhe digam respeito, bem como para ser informado do fim a que se destinam e para exigir a rectificação ou actualização dos dados. 2. A lei regula o processo de habeas data.*

[7] Artigo 69.º (Habeas data) *1. Todos têm o direito de recorrer à providência de habeas data para assegurar o conhecimento das informações sobre si constantes de ficheiros, arquivos ou registos informáticos, de ser informados sobre o fim a que se destinam, bem como de exigir a rectificação ou actualização dos mesmos, nos termos da lei e salvaguardados o segredo de Estado e o segredo de justiça. 2. É proibido o registo e tratamento de dados relativos às convicções políticas, filosóficas ou ideológicas, à fé religiosa, à filiação partidária ou sindical, à origem étnica e à vida privada dos cidadãos com fins discriminatórios. 3. É igualmente proibido o acesso a dados pessoais de terceiros, bem como à transferência de dados pessoais de um ficheiro para outro pertencente a serviço ou instituição diversa, salvo nos casos estabelecidos por lei ou por decisão judicial. 4. Aplicam-se ao habeas data, com as necessárias adaptações, as disposições do artigo anterior.*

tema que inicialmente interligava sistemas de pesquisas científicas e académicas, interligando universidades.

Mas, já no inicio da década de setenta surgiram as primeiras peças normativas de defesa do cidadão, na então República Federal da Alemanha e na Suécia (1973), assistindo-se no âmbito do Conselho da Europa e da O.C.D.E. – Organização de Cooperação e Desenvolvimentos Económicos ao aparecimento das primeiras normas apenas na década de oitenta.

Destaca-se o Preâmbulo da *Convenção do Conselho da Europa para a Protecção das pessoas relativamente ao Tratamento Automatizado de Dados Pessoais* de 28 de Janeiro de 1981 que "*Os Estados-membros do Conselho da Europa, signatários da presente Convenção, Considerando que o objectivo do Conselho da Europa é a realização de uma mais estreita união entre os seus membros, baseada designadamente no respeito pela preeminência do direito bem como pelos direitos do homem e pelas liberdades fundamentais; Considerando que é desejável alargar a protecção dos direitos e liberdades de cada um, designadamente o direito ao respeito pela vida privada, tendo em conta a intensificação da circulação através das fronteiras de dados pessoais que são objecto de tratamentos automatizados; Reafirmando simultaneamente o seu compromisso em favor da liberdade de informação sem consideração de fronteiras; Reconhecendo a necessidade de conciliar os valores fundamentais do respeito pela vida privada e da livre circulação da informação entre os povos, Acordam...*", seguindo-se vinte e sete artigos onde se consubstanciam as intenções deste preâmbulo e assim os princípios fundamentais para proteção de dados, como o principio da limitação da recolha (artigo 5.º, al. *a)*)[8], o principio da especificação das finalidades (na alínea *b)* do mesmo artigo)[9] o principio da qualidade dos dados (artigo 5.º, *alíneas c)* e *d)*)[10], o principio da limitação das finalidades (artigo 5.º, alínea *b) in fine* e artigo 7.º)[11], o principio das garantias de segurança

[8] O principio da limitação da recolha dos dados pessoais traduz-se em que a obtenção dos elementos deve ser realizada de forma licita e leal, com o conhecimento e ou consentimento da pessoa visada, sendo esta informada das consequências do seu acordo ou desacordo.

[9] O principio da especificação das finalidades impõe que até ao momento de recolha dos dados a sua aplicação futura deve ser já conhecida.

[10] O principio da qualidade dos dados traduz-se em que estes devem ser, de um modo objectivo, pertinentes e não excessivos, exactos, completos e que a sua actualização seja assegurada.

[11] O principio da limitação das finalidades consiste, por seu lado na proibição de divulgação, transmissão e uso para finalidades diferentes dos dados pessoais, exceptuando-se para tal a hipótese do cidadão ou a Lei o consentirem.

(artigo 7.º)[12], o principio da transparência (artigo 8.º, al. *a)*)[13], o principio da participação individual (artigo 8.º, al. *b)*)[14] e o principio da responsabilidade (artigo 8.º, al. *a)*)[15]. Referem-se estes princípios, como expressos em 1981, 35 anos antes do RGPD, por questão que, embora óbvia, adiante se comentará.

Igualmente em 1981, nas suas *Linhas Directrizes Regulamentadoras da Protecção da Vida Privada e dos Fluxos Transfronteiras de dados de carácter pessoal*, a O.C.D.E.[16]pretendeu apresentar uma norma que permitisse harmonizar as legislações nacionais relativamente à protecção da vida privada, mantendo-se os fluxos internacionais de dados. Ainda em 1981, nove dos vinte e quatro Estados-membros já haviam aprovado legislação neste domínio e quatro estavam em fase de elaboração. Os princípios eram em muito coincidentes com os enunciados na *Convenção do Conselho da Europa para a Protecção das pessoas relativamente ao Tratamento Automatizado de Dados Pessoais* de 28 de Janeiro de 1981.

Em 22 de Fevereiro de 1983 foi aprovada uma Recomendação pelo Comité de Ministros do Conselho da Europa, visando a Proteção dos Utilizadores dos Serviços de Informática Jurídica. Estabeleceram-se neste documento princípios gerais no âmbito dos serviços de Informática Jurídica, que simultaneamente facilitassem a difusão das fontes de direito nacionais, europeias e internacionais, cada vez mais e mais complexas, assegurando a igualdade e proteção dos seus utilizadores. Esta Recomendação, dirigida aos governos dos Estados-membros, consagrou em anexo a aplicação dos princípios constantes da *Convenção para a Protecção das Pessoas Relativamente ao Tratamento Automatizado de Dados Pessoais a uma realidade com crescente importância*

[12] O principio da garantia de segurança dos dados estabelece a necessidade de criação de medidas que evitem os riscos de destruição ou perda, acesso, modificação, utilização ou divulgação não autorizados dos dados pessoais.

[13] O principio da transparência, também um meio de defesa do cidadão, traduz-se na hipótese de qualquer interessado, pessoa ou instituição, poder saber da existência, natureza e finalidade de ficheiros de dados pessoais, bem como a saber os procedimentos a que esses dados estão sujeitos e o nome do seu responsável.

[14] O principio da participação individual permite a qualquer pessoa saber da existência de dados pessoais que lhe respeitem, bem como ter conhecimento do seu conteúdo de forma clara (e não codificada), em prazo razoável e a custo moderado.

[15] o principio da responsabilidade estabelece a necessidade de criação de um responsável de cada ficheiro, que cumpra e faça cumprir os princípios atrás sucintamente expostos.

[16] ao contrário da Convenção do Conselho da Europa referida, estas linhas directivas não são susceptíveis de ratificação e entrada no ordenamento jurídico de cada Estado membro.

que é a Informática Jurídica. Na mesma define-se "serviço de informática jurídica" como aquele serviço, seja este uma instituição ou conjunto de instituições distintas, que fornece por um sistema automatizado, informações sobre Legislação, Jurisprudência ou Doutrina.

A já referida *Convenção do Conselho da Europa para a Protecção das pessoas relativamente ao tratamento automatizado,* de 1981 foi objecto de apreciação pela Comissão das Comunidades Europeias, que pela sua Recomendação 81/679/CEE apelou aos Estados-membros que a adoptassem e ratificassem, o que de facto aconteceu em muitos.

O artigo 18.º do *Acto Único Europeu,* aditando o artigo 100.º-A ao Tratado Institutivo da Comunidade Económica Europeia, impôs ao Conselho a adopção de medidas de aproximação das *disposições legislativas, regulamentares e administrativas dos Estados-membros, que têm por objecto o estabelecimento e o funcionamento do mercado interno.* Tal actuação deveria seguir-se a uma proposta da Comissão, em cooperação com o Parlamento Europeu e após consulta do Comité Económico e Social. Assim, surgem duas Propostas de Directiva do Conselho, publicadas em 5 de Novembro de 1990 no Jornal Oficial das Comunidades Europeias:

- *Proposta de Directiva do Conselho relativa à protecção das pessoas no que diz respeito ao tratamento dos dados pessoais*
- *Proposta de Directiva do Conselho relativa à protecção de dados pessoais e da vida privada no contexto das redes públicas digitais de telecomunicações, nomeadamente a rede digital de serviços integrados (RDSI) e as redes públicas móveis digitais*

Estas propostas surgiram no momento em que se verificava uma grande divergência entre a legislação que os Estados-membros desenvolviam.

Ambas as propostas impunham aos Estados-membros que pusessem em vigor as *disposições legislativas, regulamentares e administrativas necessárias para darem cumprimento* às disposições daqueles diplomas, até 1 de Janeiro de 1993, devendo o seu conteúdo ser comunicado à Comissão das Comunidades Europeias.

Em Portugal, a Constituição da República Portuguesa que na sua versão original consagrava no seu Título II dedicado aos direitos, liberdades e garantias um artigo 35.º numa ainda breve referência à utilização da informática, conheceu em 1982 (com a primeira revisão da fundamental) uma necessária atualização de conceitos e um aumento da proteção dada aos cidadãos face ao uso da informática. A revisão constitucional de 1997, aprofundou o interesse vital na proteção dos cidadãos face à informática.

Em 29 de Abril de 1991 deu-se a publicação da Lei sobre *Protecção de Dados pessoais face à Informática* – Lei n.º 10/91[17], resultante dos Projectos de Lei números 381/V e 519/V e Proposta de Lei n.º 135/V, analisados pela Comissão de Assuntos Constitucionais, Direitos, Liberdades e Garantias. O artigo 1.º desse diploma enuncia o princípio geral que o norteia, estabelecendo que *o uso da informática deve processar-se de forma transparente e no estrito respeito pela reserva da vida privada e familiar e pelos direitos, liberdades e garantias fundamentais do cidadão.*

De salientar também a inclusão no artigo 2.º da Lei 10/91 de um conjunto de definições, ideia esta já aplicada na Convenção do Conselho da Europa atrás mencionada, muito embora a Lei portuguesa as desenvolva e acrescente novas definições. Preocupava-se o legislador em explicitar um conjunto de definições, antecipando deste modo eventuais problemas de interpretação e aplicação da Lei, pois a novidade desta área assim naturalmente o aconselharia. Verificamos que os Princípios já citados e constantes da *Convenção para a Protecção das Pessoas Relativamente ao Tratamento Automatizado de Dados Pessoais*, do Conselho da Europa, encontraram eco na legislação portuguesa. Assim, encontramos o principio da limitação da recolha dos dados pessoais, nos artigos 12.º, 22.º e 30.º; o principio da qualidade dos dados no n.º1 do artigo 11.º[18] e no artigo 14.º; o principio da especificação das finalidades no n.º3 do artigo 12.º; o principio da limitação das finalidades no n.º 1 do artigo 24.º[19]; o principio da garantia de segurança dos dados no artigo 21.º; o principio da transparência nos artigos 22.º, 27.º e 30.º; o principio da participação individual no artigo 13.º; o principio da responsabilidade nos artigos 20.º, 30.º e 31.º; entre outras disposições que denotam direta ou indiretamente a intenção de fazer cumprir estes princípios. Aqui, o princípio da responsabilidade traduz-se na criação da figura do responsável do ficheiro, cujo nome e endereço deve ser indicado no momento da constituição da base ou banco de dados pessoais (al. *a)* do artigo 18.º).

[17] Nesse momento, o Código Penal Português, aprovado pelo Decreto-Lei n.º 400/82 de 23 de Setembro punia já no seu artigo 181.º a devassa por meio de informática.

[18] Alterado pela Lei n.º 28/94 de 29 de Agosto

[19] *idem*

Finalmente, de referir que a Lei n.º 10/91 criou a Comissão Nacional de Proteção de Dados Pessoais Informatizados – CNPDPI (artigo 4.º e segs.), *entidade pública independente com poderes de autoridade, que funciona junto da Assembleia da República,* dispondo *de serviços próprios de apoio técnico e administrativo.* Tinha por atribuição genérica *controlar o processamento automatizado de dados pessoais, em rigoroso respeito pelos direitos do homem e pelas liberdades e garantias consagradas na Constituição e na lei.* Composta por sete elementos (artigo 5.º), competia-lhe em especial (artigo 8.º):

a) Dar parecer sobre a constituição, alteração ou manutenção, por serviços públicos, de ficheiros automatizados, de bases e bancos de dados pessoais, nos casos previstos na presente lei;

b) Autorizar ou registar, consoante os casos, a constituição, alteração ou manutenção, por outras entidades, de ficheiros automatizados, de bases e bancos de dados pessoais, nos termos da presente lei;

c) Autorizar, nos casos excepcionais previstos na presente lei e sob rigoroso controlo, a utilização de dados pessoais para finalidades não determinantes da recolha;

d) Autorizar, nos casos excepcionais previstos na presente lei e sob rigoroso controlo, a interconexão de ficheiros automatizados, de bases e bancos de dados contendo dados pessoais;

e) Emitir directivas para garantir a segurança dos dados, quer em arquivo, quer em circulação nas redes de telecomunicações;

f) Fixar genericamente as condições de acesso à informação, bem como de exercício do direito de rectificação e actualização;

g) Promover, junto da autoridade judiciária competente, os procedimentos necessários para interromper o processamento de dados, impedir o funcionamento de ficheiros e, se necessário, proceder à sua destruição, nos casos previstos na presente lei;

h) Apreciar as reclamações, queixas ou petições dos particulares, nos termos da presente lei;

i) Dar publicidade periódica à sua actividade, nomeadamente através da publicação de um relatório anual;

j) Denunciar ao Ministério Público as infracções à presente lei justificativas de procedimento judicial.

A CNPDPI, para realização efetiva das suas atribuições e competências podia ainda enviar sugestões à Assembleia da República, nos termos do n.º 3 do mesmo artigo. O artigo 9.º obrigava todas as entidades, publicas ou privadas, a colaborar com a Comissão, sendo que o n.º 2 do artigo 8.º previa a possibilidade de reclamação e de recurso das suas decisões que tivessem força obrigatória. Neste sentido também os artigos 1.º e 2.º da lei n.º 28/94 de 29 de Agosto.

A Lei n.º 10/91 consagrou ainda o regime dos "fluxos de dados transfronteiras", no seu artigo 33.º, estipulando que as normas do diploma se-lhes aplicam, sendo *proibido, em qualquer caso, o fluxo transfronteiras de dados pessoais se houver fundadas razões para crer que a sua transferência para um outro Estado tem por objectivo iludir as proibições ou os condicionalismos previstos na Lei ou possibilitar a sua utilização ilícita.* Ao abrigo do regime da Lei n.º 10/91 (artigo 44.º) foram publicadas outras normas cujo conteúdo, ou mesmo a mera existência denotam a preocupação crescente do legislador nacional[20], embora nem sempre com sucesso[359].

---

[20] A titulo de exemplo, o Decreto-lei n.º 47/98 de 07 de Março, alterado pelo decreto-lei n.º 450/99 de 5 de Novembro, no qual se estabelece a existência de uma base de dados dos recursos humanos da Administração pública (BDAP). Esta é constituída por "dados pessoais de todos os funcionários e agentes da administração publica central, regional e local, incluindo os magistrados, militares e forças militarizadas, bem como do pessoal vinculado por contrato individual de trabalho, avença ou qualquer outro tipo de prestação de serviços". A utilização desta base de dados permitirá manter naqueles níveis da administração uma melhor gestão dos recursos humanos. O decreto-lei n.º 309/98, de 14 de Outubro, estabeleceu a existência de uma base de dados destinada a conter a informação necessária para a instrução de processos de autorização de actividades de segurança privada e de cadastro das entidades a quem forem aplicadas sanções no âmbito dessa actividade, nas quais se incluem dados pessoais, como nome, dados de identificação, habilitações de responsáveis e pessoal envolvido nas actividades de segurança privada. O Decreto Regulamentar n.º 2/95 de 25 de Janeiro, que regulamenta a manutenção de uma base de dados pessoais pela Guarda Nacional Republicana, do Sistema Integrado de Informações Operacionais de Polícia (*SIIOP/GNR*); o Decreto Regulamentar n.º 4/95 de 31 de Janeiro, que regulamenta a manutenção de uma base de dados pelo Serviço de Estrangeiros e Fronteiras (SEF), do Sistema Integrado de Informação (SII/SEF); o Decreto Regulamentar n.º 5/95 de 31 de Janeiro, que regulamenta a manutenção de uma base de dados pela Policia de Segurança Pública (PSP), do Sistema de Informações Operacionais de Polícia (SIOP/PSP) ou o Decreto Regulamentar n.º 27/95 de 31 de Outubro, que regulamenta a manutenção dos ficheiros autorizados existentes na Policia Judiciária, entretanto revogado pelo decreto-lei n.º 352/99 de 3 de Setembro. Encontramos em todos os decretos regulamentares os princípios enunciados na lei n.º 10/91. Destacaria o principio da limitação da recolha (artigo 4.º do Decreto Regulamentar n.º 2/95; artigo 4.º do Decreto Regulamentar n.º 4/95; artigo 4.º do Decreto Regulamentar n.º 5/95 e artigo 2.º do Decreto Regulamentar n.º 27/95), o principio da responsabilidade (artigo 13.º do Decreto Regulamentar n.º 2/95; artigo 13.º do Decreto Regulamentar n.º 4/95; artigo 13.º do Decreto Regulamentar n.º 5/95 e artigo 14.º do Decreto Regulamentar n.º 27/95)

A Lei n.º 10/91 foi revogada pela Lei n.º 67/98, de 26 de Outubro, a qual transpôs para a ordem jurídica interna a Diretiva n.º 95/46/CE, do Parlamento Europeu e do Conselho, de 24 de Outubro de 1995, relativa à proteção das pessoas singulares no que diz respeito ao tratamento de dados pessoais e à livre circulação de dados pessoais. Manteve no essencial as preocupações já constantes da Lei n.º 10/91, sendo, no entanto, e desde já de sublinhar a consagração de novas definições no seu artigo 3.º.

A Lei n.º 67/98, de 26 de Outubro aplica-se à videovigilância e a outras formas de captação, tratamento e difusão de sons e imagens que permitam identificar pessoas, nos termos do número 4 do seu artigo 4.º. Este diploma legal manteve os princípios constantes da *Convenção para a Protecção das Pessoas Relativamente ao Tratamento Automatizado de Dados Pessoais*, do Conselho da Europa e da Lei 10/91.[22] A mesma lei substituiu a Comissão Nacional de Proteção de Dados Pessoais Informatizados – CNPDPI (instituída pela

[21] No âmbito da Lei n.º 10/91 o Governo da República aprovou (sempre após audição da CNPDPI), o decreto registado na Presidência do Conselho de Ministros com o número 110/97, o qual pretendia constituir ficheiros automatizados em cada um dos Centros Regionais de Oncologia de Lisboa, Porto e Coimbra do Instituto Português de Oncologia de Francisco Gentil. Pelo Acórdão número 355/97 publicado na 1.ª Série do Diário da República de 7 de Julho de 1997, foram declaradas inconstitucionais as normas constantes daquele Decreto por violação do disposto na alínea *b)* do número 1 do artigo 168.º com referência ao artigo 35.º ambos da Constituição da República Portuguesa (antes da revisão constitucional de 1997), pois é matéria de competência relativa da Assembleia da República legislar sobre direitos, liberdades e garantias. De sublinhar, no âmbito do presente estudo o reconhecimento de que o tratamento automatizado de dados relativos a doenças oncológicas, pode ler-se no Acórdão, integra-se na esfera de privacidade dos doentes, interferindo, nessa medida, na definição do conteúdo de *vida privada*, matéria respeitante a direitos, liberdades e garantias. Reconhece assim que os dados de saúde integram-se na categoria de dados relativos à vida privada, "tais como as informações referentes à origem étnica, à vida familiar, à vida sexual, condenações em processo criminal, situação patrimonial e financeira fazem parte da vida privada de cada um"

[22] Assim, como exemplo podemos encontrar o principio da limitação da recolha dos dados pessoais, nos artigos 6.º e 10.º; o principio da qualidade dos dados no artigo 5.º; o principio da especificação das finalidades no n.º2 do artigo 10.º; o principio da limitação das finalidades no artigo 9.º; o principio da garantia de segurança dos dados nos artigos 14.º e 15.º; o principio da transparência no artigo 11.º; o principio da participação individual nos artigos 11.º e 12.º; o principio da responsabilidade nos artigos 14.º e seguintes.

Lei n.º 10/91) pela Comissão Nacional de Proteção de Dados (CNPD) (artigos 21.º e segs.), *entidade administrativa independente, com poderes de autoridade, que funciona junto da Assembleia da República,* tendo por atribuição *controlar e fiscalizar o cumprimento das disposições legais e regulamentares em matéria de protecção de dados pessoais, em rigoroso respeito pelos direitos do homem e pelas liberdades garantias consagradas na Constituição e na lei.* Composta por sete elementos (artigo 25.º), compete-lhe em especial (artigo 23.º) emitir pareceres sobre disposições legais ou outros instrumentos jurídicos relativos ao tratamento de dados pessoais, bem como autorizar ou registar, os tratamentos de dados pessoais, a sua transferência, ou quaisquer atos essenciais que se relacionem com a detenção ou uso desses dados. Cabe ainda à CNPD apreciar as reclamações, queixas ou petições dos particulares, podendo simultaneamente deliberar sobre a aplicação de coimas. A CNPD, para realização efetiva das suas atribuições e competências pode solicitar a todas as entidades, publicas ou privadas, a sua colaboração – artigo 24.º. Na Lei n.º 67/98, de 26 de Outubro consagra-se a possibilidade de apresentação de queixas à CNPD [alínea *k)* do número 1 do artigo 23.º], o que em nada limita a possibilidade de, qualquer pessoa, poder recorrer aos meios administrativos ou jurisdicionais existentes para cumprimento das disposições relativas à proteção de dados pessoais (artigo 33.º).

A norma de 1998, contrariamente à de 1991 consagrou no âmbito do regime dos "fluxos de dados transfronteiras", a diferença entre circulação entre Estados membros da União Europeia, a qual é livre, e transferência de dados pessoais para fora da União Europeia, que é limitada ao previsto nos artigos 19.º e seguintes. Assim, neste segundo caso, os dados pessoais só deverão ser transmitidos se o outro Estado estiver em condições de assegurar um nível de proteção adequado, de modo a garantir o respeito dos princípios essenciais supra enunciados.

Em 28 de Outubro de 1998 foi publicada a Lei n.º 69/98, a qual "regula o tratamento dos dados pessoais e a proteção da privacidade no sector das telecomunicações" (transpôs a Diretiva n.º 97/66/CE, do Parlamento Europeu e do Conselho, de 15 de Dezembro de 1997). Este novo diploma legal mais não veio do que especificar e complementar as disposições constantes da Lei n.º 67/98, de 26 de Outubro aplicando-as ao sector das telecomunicações. Contempla o tratamento de dados pessoais quando em ligação com telecomunicações "acessíveis ao público nas redes públicas de telecomunicações, nomeadamente através da Rede Digital com Integração de Serviços (RDIS) e das redes públicas móveis digitais – artigo 3.º.

Tal ocorre num momento em que outras normas[23] foram aprovadas, que ora se referem para demonstrar a preocupação e dinâmicas existentes nesse período em Portugal como na generalidade dos Estados europeus, como a Lei n.º 57/98 de 18 de Agosto, a qual estabeleceu os princípios gerais que regem a organização e o funcionamento da identificação criminal, prevendo--se a existência de uma base de dados, da responsabilidade do diretor-geral dos Serviços Judiciários; a utilização de meios informáticos em sede de identificação criminal e de contumazes foi regulamentada pelo Decreto-lei n.º 62/99, de 2 de Março, tentando simultaneamente proteger os dados pessoais constantes dos ficheiros informáticos da Direção-geral dos Serviços Judiciários e permitir uma maior simplicidade, rapidez e segurança na atuação dos serviços; ou a Lei n.º 33/99, de 18 de Maio, a qual regulou a identificação civil e a emissão do bilhete de identidade de cidadão nacional (prevendo expressamente a aplicação da Lei n.º 67/98 de 26 de Outubro no seu artigo 23.º; ou ainda o Decreto-lei n.º 395/99 de 13 de Outubro perante a circunstância dos Institutos de Medicina Legal de Lisboa, Porto e Coimbra disporem de ficheiros de dados informatizados nas áreas de tanatologia forense, clinica médico-legal, biologia forense, toxicologia forense, psiquiatria forense, anatomia patológica e histopatologia forense, criminalística e investigação e formação profissional.

A CNPD procedia ao registo e à divulgação "das entidades legalizadas" junto de si e "sobre os tratamentos de dados pessoais notificados", permitindo "conhecer o responsável pelo tratamento, as finalidades do tratamento, as categorias de dados tratados, os destinatários a quem os dados podem ser comunicados e se há transferência internacional de dados.". Ou seja, a CNPD continha o registo levado junto de si das diversas entidades que procediam a tratamento de dados pessoais, ou seja, nos termos do artigo 31.º da Lei n.º 67/98 (n.º 1) – *O tratamento dos dados pessoais, quando não for objecto de*

[23] Não só atos normativos, como a Resolução do Conselho de Ministros n.º 133/98 publicada na 1.ª Série do Diário da República de 16 de Novembro de 1998, que resolve esse órgão "instalar nos postos e esquadras das forças de segurança um sistema de comunicação *on line*, permitindo uma imediata difusão horizontal da informação disponível, designadamente de relevante interesse no combate a certas práticas criminais, mas também de apoio às populações, no respeito pela lei de protecção de dados pessoais..."; Resolução do Conselho de Ministros n.º 95/99 que determinou a "disponibilização na Internet de informação detida pela Administração Pública" publicada na 1.ª Série do Diário da República de 25 de Agosto de 1999, sendo que contrariamente a outros casos a informação aqui contida se limita às publicações, aos formulários, genericamente a informação que seja objecto de publicação.

diploma legal e dever ser autorizado ou notificado, consta de registo na CNPD, aberto à consulta por qualquer pessoa, devendo a CNPD (...) *publicar no seu relatório anual todos os pareceres e autorizações elaborados ou concedidas ao abrigo da presente lei...*

Desta forma a CNPD tinha a hercúlea tarefa de dar pareceres, registar, publicitar um volume imenso de informação, de crescente complexidade e volume o que seguramente tolhia a possibilidade de "sair" e praticar o número de atos de acompanhamento e de inspeção necessários. *No ano de 2016, a CNPD emitiu 16.109 decisões, entre elas, 13.542 autorizações, 2090 deliberações e 363 projetos de deliberação. Sendo a CNPD um órgão colegial, estas decisões foram aprovadas ao longo de 36 sessões plenárias realizadas durante* esse ano[24].

O Regulamento UE 2016/679 do Parlamento Europeu e do Conselho, de 27 de Abril de 27 de Abril de 2016, ou RGPD, revogou a Diretiva 95/46/CE e consequentemente afectará a Lei n.º 67/98, Lei Portuguesa sobre a Proteção de Dados Pessoais. Apresenta-nos um texto de estrutura diversa daquela a que os juristas romano germânicos estão habituados, com cento e setenta e três considerandos descritivos e noventa e nove artigos de conteúdo sucinto.

O RGPD pretendeu impor em simultâneo a 28 Estados novas regras e obrigações e às organizações privadas e públicas (*law enforcement*), que farão com que as matérias de Proteção de Dados Pessoais passem a ser levadas obrigatoriamente em conta na sua ação. Assim, no plano jurídico da UE pretendeu impor-se a entidades públicas e privadas um novo regime de conformidade com obrigações resultantes do Regulamento, sob ameaça de pesadas coimas: Assim, um "triplo objetivo": harmonização da legislação, coerência no tratamento dos dados pessoais em todo o espaço europeu e segurança jurídica.

Ideia que se crê essencial: Maior liberdade e maior responsabilidade.

O Regulamento apresenta dois novos princípios no artigo.º 25.º que devem estar sempre presentes na ação de tratamento de dados pessoais, antes da sua definição ou concepção, de forma a diminuir os riscos para os titulares dos dados: (1) Proteção de dados desde a concepção; (2) Proteção de dados por defeito. Destes princípios resulta que devem ser encontradas e asseguradas medidas de proteção dos titulares dos dados pessoais tais como: (a) adoção de medidas técnicas e organizativas adequadas, tais como a pseudonimização e cifragem dos dados e minimização dos dados recolhidos; (b)

[24] conforme constante do Relatório Anual disponível em 2018-06-30 https://www.cnpd.pt/bin/relatorios/anos/Relatorio_2016.pdf

mecanismos de controlo e segurança e (c) período de retenção dos dados adequado à finalidade do tratamento dos dados.

No tocante a direitos dos titulares dos dados, ora prevê-se o direito de acesso (artigo 15.º), o Direito de retificação (artigo 16.º), o direito de oposição e decisões individuais automatizadas (artigos 21.º e 22.º), o direito de oposição a marketing direto (números 2 e 3 do art.º 21.º), o direito de apresentar reclamações junto das Autoridades de Controlo (artigo 77.º) e os efetivamente "novos" direito de apagamento (direito ao esquecimento RTBF, artigo 17.º), o direito à limitação do tratamento (artigo 18.º) e o direito de portabilidade dos dados (artigo 20.º).

Tais novos direitos são essencialmente instrumentos destinados a proteger os direitos fundamentais que fundamentam a possibilidade de restrição dos direitos dos detentores de dados pessoais de terceiros (números 2 e 3 do artigo 18.º da Constituição da República Portuguesa).

Toda a construção ora estabelecida é diferente da constante do artigo 31.º da Lei n.º 67/98 acima analisado. Ora é-se mais livre, mas mais responsável. Não se impõe a obrigação de registo como anteriormente junto da CNPD, devendo-se a entidade que procede ao tratamento de dados pessoais assegurar-se que cumpre os requisitos estabelecidos para proteção dos dados pessoais. É-se assim mais livre e mais responsável.

O RGPD prevê assim a existência de um responsável, o que já ocorria, mas impõe ainda a presença em diversos casos de um DPO (*Data Protection Officer*) ou EPD (Encarregado de Proteção de Dados) – artigo 37.º e seguintes – Considerandos n.º 24, 91 e 97.

Nos termos dos artigos 37.º, 38.º e 39.º o DPO informa e aconselha sobre as obrigações e as disposições em matérias de proteção de dados, tendo funções de controle, formação, auditoria e aconselhamento e cooperação com a autoridade de controlo

Só é obrigatória a designação de um DPO quando a entidade que detém os dados é um organismo público, ou trate dados pessoais em grande escala e de forma sistemática, ou ainda quando trate categorias especiais de dados pessoais em grande escala, como os relativos à origem racial ou étnica, às opiniões políticas, às convicções religiosas ou filosóficas, à filiação sindical, ou o tratamento de dados genéticos ou dados biométricos que permitam identificar uma pessoa de forma inequívoca, ou ainda dados relativos à saúde ou dados relativos à vida sexual ou orientação sexual de uma pessoa e os dados pessoais relacionados com condenações penais e infrações. Ao DPO deve ser assegurado pela entidade que o contrate a sua independência, a participação em todas as questões relacionadas com dados pessoais, os recursos necessários para o desempenho das suas funções e para a manutenção e atualização dos seus conhecimentos.

A ação do DPO será particularmente relevante na realização das DPIA (*Data Privacy Impact Assessment* – artigo 35.º – considerando 89.º e seguintes), as quais são obrigatórias quando do tratamento de dados possa resultar risco para os direitos e liberdades das pessoas singulares titulares daqueles, ou estes se refiram a dados sensíveis. Assim, realizam-se testes tendentes a avaliar eventuais riscos para a privacidade ou de utilização abusiva das informações pessoais.

Só na circunstância de haver uma situação de violação de dados ("*data breaches*" artigo 33.º e 34.º – considerando n.º 85 e seguintes) com risco para os direitos e liberdades dos titulares dos dados devem os responsáveis pelo tratamento de dados (ou o DPO se existir) notificar a CNPD (enquanto autoridade nacional de controlo).

Do acima exposto resulta que do RGPD não resultam tanto "novos direitos", mas essencialmente uma nova abordagem (maior independência e maior liberdade) e mais instrumentos para defesa face a novas e mais complexas ameaças.

Tal afigura-se uma tendência para o século XXI. Noutras áreas, onde a atividade dos indivíduos e das sociedades são aptas a pôr em causa os direitos fundamentais dos cidadãos, como a da urbanização e da edificação ocorreu o mesmo. Tal atividade é apta a colocar em risco o direito à integridade física (artigo 25.º da CRP), ou mesmo o direito à vida (artigo 24.º) da mesma Lei fundamental. "O mesmo se verifica com a reserva da intimidade da vida privada e outros direitos pessoais constantes da nossa Lei fundamental (artigo 26.º, número 1), ou ainda direitos dos consumidores (artigo 60.º, número 1), o direito à saúde (artigo 64.º, número 1), o direito à habitação e ao urbanismo (artigo 65.º) e ao Ambiente e qualidade de vida (artigo 66.º). Pondere-se ainda a existência de disposições constitucionais, no âmbito dos direitos fundamentais que atendem à especificidade da condição de cidadão portador de deficiência (artigo 71.º) ou de cidadão idoso (artigo 72.º)"[25].

Ora, no novo regime jurídico da urbanização e edificação constante do Decreto-Lei n.º 555/99, de 16 de Dezembro, hoje na sua 18.ª versão, é notória

---

[25] Rosário, Pedro Trovão do, "O direito fundamental à Arquitetura" *in* Estudo Prévio, Lisboa, 2016, disponível em http://www.estudoprevio.net/artigos/51/pedro-trovao-do-rosario-.-o-direito-fundamental-a-arquitetura

a crescente liberdade concedida ao proprietário, o qual constrói e atua sem a prévia análise em licenciamento ou autorização pelos órgãos competentes como no regime legal anterior, assumindo com acompanhamento técnico a realização da obra, com o correspondente aumento de responsabilidade (*vide* artigo 63.º, 80.º-A, 93.º), com coimas que podem ascender a €450.000,00 (quatrocentos cinquenta mil euros) – artigo 98.º.

Ou seja, o Estado em áreas sensíveis, em que o próprio funda a restrição de direitos fundamentais para salvaguarda de outros direitos ou interesses constitucionalmente protegidos (artigo 18.º, números 2 e 3 da CRP) tende a aumentar a liberdade dos cidadãos mediante uma punição mais severa do incumprimento das normas estabelecidas. O Estado e a própria União Europeia tendem a abandonar a posição de quem analisa, regista, mantem, autoriza a prática dos atos, avançando para a posição de fiscal punidor.

Sendo-se assim claramente mais independente e mais responsável, o incumprimento das obrigações do RGPD conduzirão à aplicação de coimas que, consoante a sua natureza poderão atingir 20.000.000,00 (vinte milhões de euros) ou 4% dos resultados globais anuais da organização, correspondentes ao exercício financeiro anterior. Para referência, ora colocam-se em ponderação os dados disponibilizados pela *Pordata*[26] relativos ao rendimento médio equivalente por tipo de agregado doméstico (em Euros) encontrava-se em 2016 entre os €32.139,00 da Dinamarca e os €27.364,00 da Suécia e os €3.891,00 da Bulgária e €2.747,00 da Roménia, encontrando-se entre estes Portugal com €10.562,00. Ou seja, o rendimento na Dinamarca é doze vezes superior ao Romeno, com todas as implicações que daí resultam. Mas o Regulamento e as suas previsões são as mesmas em qualquer dos Estados. A par, verificámos no inicio do presente texto que uma das primeiras preocupações, na década de 80 do século passado foi a adequação da proteção dos dados pessoais à importância do fluxo de dados transfronteiras, sendo a livre circulação uma questão de vital importância para a União Europeia e a sua própria existência. Verifica-se assim uma enorme mobilidade de empresas, de pessoas, de capitais que (sem prejuízo do RGPD se aplicar em países terceiros, conforme se viu acima) dentro da mesma UE conhecem a aplicação do mesmo Regulamento (diretamente aplicável, estando os Estados obrigados a cumprir) e suas sanções. Ou seja: o legislador nacional não pode desrespeitar o Regulamento e o julgador nacional tem que aplicar o Regu-

[26] em https://www.pordata.pt/Europa/Rendimento+m%C3%A9dio+equivalente+por+tipo+de+agregado+dom%C3%A9stico+(Euro)-1938

lamento. Tal, sempre em cumprimento do respeito por princípios comuns à UE e aos Estados (constitucionais): O Princípio da Igualdade e o Principio da Proporcionalidade.

Em Conclusão

Face ao texto precedente e à evolução analisada é forçoso concluir que do RGPD não resultam tanto "novos direitos", mas essencialmente uma nova abordagem (maior independência e maior liberdade) com mais instrumentos para defesa dos dados pessoais face a novas e mais complexas ameaças.

A par, o Estado e no caso português a CNPD passa a assumir uma outra postura face à proteção dos direitos fundamentais cuja salvaguarda justificam a existência daquela entidade pública. Crê-se que integrada numa tendência para o século XXI. Tal porque o encontramos também noutras áreas, onde a ação dos indivíduos é apta a pôr em causa os direitos fundamentais dos demais cidadãos, como o caso acima utilizado como exemplo do regime jurídico da urbanização e da edificação (constante do Decreto-Lei n.º 555/99, de 16 de Dezembro) onde é clara a crescente liberdade concedida ao proprietário, com o correspondente aumento de responsabilidade.

Conclui-se assim que o Estado, mesmo em áreas sensíveis e onde este fundou (como é o caso português) a possibilidade de restrição de direitos fundamentais para salvaguarda de outros direitos ou interesses constitucionalmente protegidos (artigo 18.º, números 2 e 3 da CRP), tende diminuir a sua ação preventiva e de fiscalizador prévio, aumentando a liberdade dos cidadãos mediante uma punição mais severa do incumprimento das regras estabelecidas. Assim, o Estado e a União Europeia abandonam a posição de quem analisa, regista, mantem, autoriza a prática dos atos, avançando para a posição de fiscal punidor... possivelmente depois de verificado o dano nos direitos cuja salvaguarda se lhe impõe constitucionalmente.

Acresce a necessidade de serem respeitados os princípios da igualdade e da proporcionalidade na aplicação deste novo regime e das sanções dele constante. Ora o RGPD prevê a aplicação de coimas que, consoante a natureza do ilícito, podem atingir 20.000.000,00 (vinte milhões de euros). Assegurar-se-á o respeito pelo princípio da proporcionalidade? E pelo princípio da igualdade? Sendo aplicada uma coima num dos vinte e oito Estados, pois o Regulamento é um ato legislativo vinculativo, aplicável em todos os seus elementos em todos os Estados da União Europeia, como assegurar o cumprimento daqueles princípios? Esta nova abordagem, para mais partindo da União Europeia, será seguramente um novo desafio para os legisladores e julgadores nacionais no inicio do século XXI os quais, recorde-se, estão obrigados a respeitar e fazer cumprir as respectivas Constituições.

Bibliografia

Canotilho, J.J. Gomes/Moreira, Vital, "Constituição da República Portuguesa Anotada", Coimbra Editora, Coimbra, 2007.

Castells, Manuel (1996), *The Information Age: The Power of Identity*, London, Blackwell.

Lopes, J. Seabra A Proteção de Dados Pessoais no Contexto Internacional e Comunitário, Legislação – Cadernos de Ciência de Legislação, INA, n.º 8, Outubro-Dezembro 1993, pp. 9 e ss

Magalhães, José – Dicionário da Revisão Constitucional, Publicações Europa-América, Lisboa, 1989

Marques, José Augusto Sacadura Garcia marques – "Informática e Vida Privada, Boletim do Ministério da Justiça, n.º 373.

Pinheiro, Alexandre Sousa, "Privacy e Protecção de Dados Pessoais: a Construção Dogmática do Direito à Identidade Informacional", Associação Académica da Faculdade de Direito de Lisboa, Lisboa, 2015

Pinto, Paulo Mota, A proteção da vida privada e a jurisprudência do Tribunal Constitucional, Relatório apresentado na Conferência Trilateral dos Tribunais Constitucionais de Portugal, Espanha e Itália, 2006, disponível em 2018.VI.30 http://www.tribunalconstitucional.pt/tc/conteudo/files/textos/textos0202035.pdf

Rosário, Pedro Trovão do, "O direito a ser esquecido" *in* Revista do Direito, Santa Cruz do Sul – Brasil, v. 3, n. 53, 2017. ISSN 1982-9957

Rosário, Pedro Trovão do, "O direito fundamental à Arquitetura" *in* Estudo Prévio, Lisboa, 2016, disponível em http://www.estudoprevio.net/artigos/51/pedro-trovao-do-rosario-.-o-direito-fundamental-a-arquitetura

A Constituição e a Realidade

FENOMENOLOGIA QUÂNTICA DA CONSTITUIÇÃO: PROATIVIDADE NORMATIVA, PULSAR DA REALIDADE E MUTAÇÃO[1]

RODRIGO LOBATO OLIVEIRA DE SOUZA
Mestrando em Direito na Universidade Autónoma de Lisboa

RESUMO: As interações entre Direito Constitucional e realidade subjacente encontram-se muito além das fronteiras da hermeticidade científica, principalmente de um positivismo e dogmatismo exacerbados. Assim, cediço que tanto o Direito Constitucional como a realidade constituem estruturas fluidas, um olhar interdisciplinar ao nível quântico torna a observação das dinâmicas existentes capaz de nos guiar pelas possibilidades e pelos limites de tal relação. Ao inserir uma metodologia de ordem quântica, passamos a analisar os fatos e os elementos constitucionais como partículas sujeitas a recíprocas trocas de informação, a colisões e a simbioses, permitindo assim uma ampla visão sobre questões político-sociais e jurídicas de ordem nuclear.

Palavras-Chave: Direito Constitucional. Realidade. Física quântica.

ABSTRACT: The interactions between Constitutional Law and underlying reality are far beyond the borders of the scientific tightness, mainly from a positivism and dogmatism exacerbated. Thus, known that both the Constitutional Law as the reality constitute fluid structures, an interdisciplinary look at the quantum level makes the observation of the existing dynamics capable of guiding us through the possibilities and limits of this relationship. When inserting a methodology of quantum order, we analyze the facts and the constitutional elements as particles subject to reciprocal exchanges of information, to collisions and to symbioses, thus allowing a broad overview on political-social and legal issues of nuclear order.

Keywords: Constitutional Law. Reality. Quantum Physics.

---

[1] Como citar este artigo:
OLIVEIRA DE SOUZA, RODRIGO LOBATO. Fenomenologia Quântica da Constituição: Proatividade Normativa, Pulsar da Realidade e Mutação. In: MANUEL MONTEIRO GUEDES VALENTE. *Os Desafios do Direito do Século XXI*. Coimbra: Almedina, 2018, pp. 185-222.

I. Introdução

A Ciência Jurídica, como ciência normativa, tende à observação e descrição de seu *objeto* – norma jurídica – a partir de uma perspectiva que se tem por neutra em termos *metodológicos*, polarizando sujeito e objeto, e evitando, no que lhe for possível, uma abordagem multidimensional, utilizando-se de uma linha *lógico-racional*[2] a fim de que se apreenda uma imagem mais pura do mesmo[3].

Por outro lado, cediço é o perigo de uma neutralidade excessiva com relação ao objeto estudado, posto que, além de um viéis formalista exacerbado, sob pena mesmo de um positivismo jurídico metodologicamente isolado[4], inviabiliza-se a captação do objeto em suas variadas expressões, dimensões, acepções e possibilidades, e assim acontece quando observamos os diversos ramos do Direito numa compreensão endógena e autopoiética.

A essência ou o espírito de um objeto observado não resta alterado quando o mesmo é alocado em esferas outras de cognoscibilidade, mas, pelo contrário, seus espectros se tornam perceptíveis e suas interações demarcáveis, algo que por certo nos permite uma captação ampliada, tanto das constantes como das variáveis.

Nesse sentido, ainda que, *in casu*, o objeto cognoscível seja de cunho normativo, sua essência não o pode afastar de espectros igualmente relevantes à apreciação, tal como as questões relativas à validade, à eficácia, à aplicabilidade e à efetividade, searas estas que, com exceção da primeira (validade), estão diretamente conectadas – ou ao menos são tangenciadas – por eflúvios advindos do espaço destinado à sua aplicação, a Sociedade.

Desta forma, não há que se tratar o Direito e a Sociedade como duas esferas estanques, como se estivessem imersas em uma estática relacional e numa dinâmica interna autosuficiente, mas pelo contrário, há que se observar ambas as esferas a partir de uma ideia de círculos que possuem pontos mínimos de intersecção.

---

[2] KAUFMANN, Arthur – *Filosofia do Direito*. Tradução do original em alemão *Rechtsphilosophie* de António Ulisses Cortês. 5.ª ed. Lisboa: Fundação Calouste Gulbenkian, 2014, pp. 98-100.

[3] LARENZ, Karl – *Metodologia da Ciência do Direito*. Tradução do original em alemão *Methodenlehre der Rechtswissenschaft* de José Lamego. 4.ª ed. Lisboa: Fundação Calouste Gulbenkian, 2005, p. 270.

[4] *Idem*, pp. 45 e 46.

Fixando-nos ao nível da Ciência jurídico-constitucional, tal fica ainda mais evidente, uma vez que as normas constitucionais possuem uma estrutura e uma densidade diferenciada, um tanto mais fluida e dúctil[5] que outras, e tal se dá por dois fatores: *primeiro*, a funcionalidade sob a qual se deu sua gênese, como normas configuradoras da estrutura do Estado, como bases e programas fundamentais ao arquétipo estatal; e *segundo*, dado o lento processo de inserção material e formal das normas de direitos fundamentais em seu bojo. Desta forma, muito se discutia acerca da normatividade das normas de direito constitucional[6].

As questões relativas a princípios, valores, direitos fundamentais, as referências a decisões político-fundamentais do Estado[7], dentre outras, tornam as normas constitucionais um tanto mais observáveis ao olhar metafísico e transcendental. Ou seja, a especificidade do objeto em causa exige um processo analítico mais amplo e condizente à sua complexidade, algo para o qual uma epistemologia multifocal possa aqui se ter como de grande valia.

O Direito Constitucional suscita em seu objeto, como direito que se tem por fundante, questões relacionadas à quantidade mínima de normatividade, aos limites de sua aplicabilidade e eficácia, bem como sua relação de pretensa estabilidade com a realidade que lhe é subjacente. É justamente neste âmbito que travaremos a presente discussão: as relações, em âmbito constitucional, entre "ser" (*sein*) e "dever-ser" (*sollen*).

Neste desiderato, e aqui inserindo a via metodológica aberta anteriormente referida, resolvemos por trazer à baila alguns substratos conceituais da Física Quântica a fim de descrevermos os termos relacionais entre Direito Constitucional – Ciência jurídico-constitucional e Constituição – e a dimensão da facticidade, análoga às relações fisicamente expressas entre tempo e espaço[8]. Com base nos três princípios fundamentais à Teoria Quântica

---

[5] Neste sentido, ZAGREBELSKY, Gustavo – *El derecho dúctil: ley, derechos, justicia*. 11.ª ed. Madrid: Editorial Trotta, 2016.

[6] Hoje, tem-se por pacífico o entendimento de que as normas jurídico-constitucionais possuem "força normativa" (*Konrad Hesse – normative Kraft der Verfassung*). Entretanto, sobre tal muito ainda se discute, ao menos dentro das fronteiras acadêmicas. Como exposição imprescindível sobre a matéria, conferir SILVA, José Afonso da – *Aplicabilidade das Normas Constitucionais*. 8.ª ed., 2.ª tiragem. São Paulo: Malheiros, 2015.

[7] SCHMITT, Carl – *Teoría de la Constitución*. Tradução do original em alemão *Verfassungslehre* de Francisco Ayala. Madrid: Alianza Editorial, 2011, pp. 57 e ss.

[8] Por limites de ordem gnosiológica e face ao propósito do presente artigo, não intentaremos adentrar em questões de natureza eminentemente física, mas apenas utilizaremos conceitos

– **granularidade, indeterminismo e relacionalidade**[9] –, analisaremos os movimentos ocorridos ao nível atômico da Constituição.

Nessa linha, desde já suscitamos alguns questionamentos relavantes à investigação, quais sejam: existe um "*quantum* constitucional"? Há um fenômeno quântico intrínseco ao Direito Constitucional? Pode a epistemologia quântica oferecer alguma esfera adicional de compreensão à Ciência jurídico-constitucional na perspectiva analítica da interação "ser" e "dever-ser"?

II. A bidimensionalidade *ser* e *dever-ser* em âmbito constitucional

Uma ciência que se pretende normativa é composta, em essência, por representações semióticas e semânticas de cunho imperativo[10], tanto no sentido de se ter algo por proibido ou algo por permitido. Ou seja, a característica da "normatividade" demonstra não aquilo que "é", mas sim algo que "deve ser"[11]. Neste sentido, Karl Engish já asseverava que as normas jurídicas não podem ser observadas como produto de um processo lógico-racional, pois, em verdade, representam apenas os "pressupostos" acerca de regulações diversas[12 13].

fundamentais a tal Ciência como perspectiva epistemológica a uma ampla e distinta análise a que se pretende. Ao presente intuito, seguimos os termos metodológicos utilizados por Tribe, Laurence H. – *The curvature of constitutional space: what lawyers can learn from modern physics.* Harvard Law Review. The Harvard Law Review Association. ISSN 0017-811X. Vol. 103, n.º. 1 (Novembro 1989), pp. 1-36.

[9] Rovelli, Carlo – *A realidade não é o que parece: a estrutura elementar das coisas.* Tradução do original em italiano *La realtà non è come ci appare: la struttura elementare delle* cose de Silvana Cobucci Leite. Rio de Janeiro: Objetiva, 2017, p. 109.

[10] Para uma compreensão das regras jurídicas como imperativos formados tanto por juízos hipotéticos como categóricos, cfr. Engisch, Karl – *Introdução ao Pensamento Jurídico.* Tradução do original em alemão *Einführung in das Juristische Denken* de João Baptista Machado. 11.ª ed. Lisboa: Fundação Calouste Gulbenkian, 2014, pp. 37 e ss.

[11] Kelsen, Hans – *Teoria Pura do Direito.* Tradução do original em alemão *Reine Rechtslehre* de João Baptista Machado. 6.ª ed. São Paulo: Martins Fontes, 1998, p. 5.

[12] Engisch, Karl – *Introdução ao Pensamento Jurídico,* p. 29.

[13] Aqui, interessante averbarmos o entendimento de que, em termos de "produto científico", cabe à Ciência do Direito a emanação de "proposições jurídicas", estas represantando juízos científicos acerca das normas jurídicas, enquanto estas últimas constituem, de fato, a própria estatuição de que algo "deve" se conformar de determinada maneira. Em pormenores, conferir Kelsen, Hans – *Op. Cit.*, p. 80-91.

Assim, a norma **pretende** (elemento de vinculação e conformação) que "algo" se adeque à sua estatuição. E aí questionamos: mas o que este "algo" representa? O "algo" que se tem por objeto da norma é uma porção da realidade, aquilo a que ela se destina e quer conformar de acordo com seu conteúdo. Ou seja, a norma quer influenciar e alterar uma esfera da realidade que "é", de acordo com o seu conteúdo que "quer e deve ser".

Até aqui, descrevemos algo inerente a toda e qualquer ciência que se entenda por normativa, cujos imperativos (*lato sensu* considerados) pretendem moldar a realidade que lhe subjaz, aí incluídos os sistemas morais[14], éticos e religiosos.

Em âmbito jurídico – aquele qualificado pelo trinômio Direito-sistema-norma –, o "dever-ser" é predicado por uma relevância específica, pois representa não apenas um impulso à alteração, modificação e conformação de uma porção da realidade, mas que tal processo simbiótico (dever + ser) tem "valor" apriorístico e finalístico para o Direito[15]. É neste sentido que Karl ENGISH entende a norma jurídica como algo juridicamente valorado, asseverando que os imperativos daí advindos representam a "*relação da vida*" e a "*factualidade juridicamente relevante*"[16].

Na esteira de KAUFMANN, o Direito (*lato sensu* compreendido – ciência e dogmática) deve ser entendido como "algo de relacional", ou seja, como aquilo que expressa a "*correspondência entre 'dever' e 'ser'*"[17]. Assim, assume a Teoria do Direito (aqui compreendida na perspectiva da dinâmica jurídica, ou seja, como o aspecto relacional do Direito)[18] uma função fundamental, posto que à mesma compete a análise das diversas formas comportamentais entre "dever-ser" e "ser", entre Direito e realidade. E é justamente nesta relacionalidade/correspondência que devemos compreender que não apenas o Direito quer moldar a realidade, mas igualmente a realidade quer influenciar e moldar o Direito. Portanto, os eflúvios de normatividade são bidirecio-

---

[14] Reconhecendo a moral e o costume como sistemas normativos, cfr. RADBRUCH, Gustav – *Filosofia do Direito*. Tradução do original em alemão *Rechtsphilosophie* de Marlene Holzhausen. São Paulo: Martins Fontes, 2004, p. 56.

[15] Aqui não está em causa um conceito de Direito. Para tanto, conferir, dentre tantos, RADBRUCH, Gustav – *Filosofia do Direito*, p. 46 e ss.; e KAUFMANN, Arthur – *Filosofia do Direito*, pp. 202 e 203.

[16] ENGISCH, Karl – *Introdução ao Pensamento Jurídico*, pp. 23 e 33, respectivamente.

[17] KAUFMANN, Arthur – *Op. Cit.*, p. 203.

[18] Para um conceito de dinâmica substancialmente distinto do aqui assumido, conferir KELSEN, Hans – *Teoria Pura do Direito*, pp. 79 e 80.

nais ("dever-ser → "ser"; "ser" → "dever-ser"), algo que aqui nomearemos **força bidirecional de relacionalidade**.

Alocando-nos agora ao degrau da Ciência e da Dogmática jurídico-constitucionais, ambas se coadunam com o anteriormente descrito, eis que representam, respectivamente, a ciência normativa que se destina à produção de proposições jurídicas, e a sistemática jurídica que se faz vinculante e pretende "curvar"[19] a realidade aos seus desígnios, sendo aqui igualmente válida a atuação da **força bidirecional de relacionalidade**.

No que tange à estrutura das normas constitucionais, há que se ter a mesma por idiossincrática, uma vez que, dentre várias características específicas[20], possuem em seu conteúdo diversas referências axiológicas (*lato sensu*), tais como políticas e até mesmo morais, algo que *de per si* confere um alto nível de abstração à sua ordem estrutural, tornando-as dúcteis [21] [22]. Desta feita, há que se ter por irreprochável que a dinâmica de comunicabilidade existente entre Direito Constitucional (Teorética e Dogmática) e realidade subjacente se perfaz diferenciada, não constituindo a subsunção processo aplicativo apto à extração otimizada da eficácia constitucional, nem

---

[19] Utilizamos o vocábulo "curvar" com um propósito específico sobre o qual trataremos mais à frente. Até aqui, conste-se apenas a analogia traçada com a teoria de Einstein, através da qual tem-se o entendimento de que o espaço se curva e se molda de acordo com a massa das matérias que nele se encontram. Para tanto, cfr. ROVELLI, Carlo – *A realidade não é o que parece...*, pp. 69 e ss.; e TRIBE, Laurence H. – *The curvature of constitutional space: what lawyers can learn from modern physics*. Harvard Law Review. The Harvard Law Review Association. ISSN 0017-811X. Vol. 103, n.º. 1 (Novembro 1989), p. 3.

[20] De acordo com BARROSO, Luís Roberto – *Curso de direito constitucional contemporâneo: conceitos fundamentais e a construção do novo modelo*. 5.ª ed. São Paulo: Saraiva, 2015, pp. 232 e 233, quatro são os fatores que conferem especificidade às normas constitucionais: o posicionamento dentro do sistema, a natureza da linguagem utilizada, o conteúdo específico e sua dimensão política.

[21] CANOTILHO, José Joaquim Gomes – *Direito Constitucional e Teoria da Constituição*. 7.ª ed. 2.ª reimp. Coimbra: Almedina, 2003, p. 1159, defende haver uma "multifuncionalidade" inerente às normas constitucionais.

[22] Poder-se-ia argumentar que tal não é aplicável às normas organizatórias do Estado, uma vez que são normas preceptivas de cunho constitutivo. Entretanto, até mesmo para estas a abstração e abertura semântica são inerentes. A título de exemplo, veja-se o art. 1.º da Constituicão brasileira de 1988 (CRFB/88), através do qual afirma-se o Estado brasileiro como uma "República" e um "Estado Democrático de Direito". O significado de tais elementos normativos só são passíveis de densificação a partir da estrutura, da sistemática e da unidade do próprio documento constitucional, exigindo-se um processo de abstração para tanto.

a mera observação lógico-normativa como hábil a uma descrição suficiente dos fenômenos bidirecionais ocorrentes.

As normas constitucionais possuem, como anteriormente alinhavado, dentre outras propriedades, um caráter fundacional, pois constituem a gênese e o fundamento formal-material da ordem jurídica[23] e, acima de tudo, do próprio Estado[24], encontrando-se assim numa forte e estreita relação com a esfera da realidade subjacente. Modificações na ordem constitucional são capazes de gerar significativas consequências para a realidade estatal como um todo (aqui incluída a esfera jurídica dos cidadãos e indivíduos em geral, mormente no âmbito dos direitos fundamentais), assim como facticidades específicas possuem força suficiente para não apenas tangenciar a Constituição, mas principalmente para nela operar uma real e significativa mutação[25].

Em verdade, e aqui trazemos à baila o elemento da **granularidade** como princípio fundamental da física quântica[26], ambas as esferas ("ser" e "dever-ser" constitucional), assim como toda matéria existente[27], são granulares[28], ou seja, compostas, em essência, por partículas nucleares, estas por sua vez integradas por elétrons, prótons, nêutrons, glúons e *quarks*[29], encontrando-se constantemente em movimento e sujeitas a choques multilaterais[30].

[23] Em termos de significado da Constituição (*die Bedeutung der Verfassung*), HESSE, Konrad – *Grundzüge des Verfassungsrechts der Bundesrepublik Deutschland.* Neudruck der 20. Aufl. Heidelberg: C. F. Müller, 1999, p. 10, assevera constituir a mesma a "ordem jurídico-fundamental da colectividade" (*die rechtliche Grundordnung des Gemeinwesens*).

[24] BONAVIDES, Paulo – *Curso de Direito Constitucional.* 31.ª ed., atual. São Paulo: Malheiros, 2016, p. 34.

[25] A corroborar o ponderado, tenha-se em mente que a maioria das Constituições, aos menos das democracias ocidentais, possuem sistemas específicos de regulação em momentos de "exceção" (estados de necessidade): o estado de sítio e o estado de emergência, evitando que a normatividade das normas constitucionais sucumbam perante a força dos fatos.

[26] ROVELLI, Carlo – *A realidade não é o que parece...*, pp. 128 e 129; e POLKINGHORNE, John – *Teoria Quântica: uma breve introdução.* Tradução do original em inglês *Quantum Theory* de Iuri Abreu. Porto Alegre: L&PM, 2016, pp. 17 e ss.

[27] ROVELLI, Carlo – *Op. Cit.*, p. 35.

[28] ROVELLI, Carlo – *Op. Cit.*, p. 31; e JÚNIOR, Jaime Texeira – *A Era do Raciocínio Quântico.* Lavras do Sul: Amazon, 2015, pp. 33 e ss.

[29] ROVELLI, Carlo – *Op. Cit.*, p. 127; e POLKINGHORNE, John – *Op. Cit.*, p. 12. Em termos jurídico-constitucionais, a despeito da unicidade e sistematicidade da Constituição, consideramos, neste sentido, os diversos bens, interesses e valores albergados constitucionalmente como distintas partículas com potenciais energéticos diferenciados.

[30] ROVELLI, Carlo – *Op. Cit.*, pp. 33 e 34.

Sendo o espaço ao nosso entorno integrado por tais elementos, e sendo a facticidade e a normatividade constitucional esferas reais de nossas vidas, encontram-se igualmente assim estruturadas. O raciocínio quântico aqui suscitado intenta compreender a seara constitucional e a seara fática como círculos de ordem físico-nuclear, cujas partículas, que possuem carga própria (falaremos dos *quanta* no próximo tópico), procedem a influencias recíprocas, além de possuírem fronteiras constantemente expostas e submetidas a "frequências próprias"[31], cujos efeitos vão além da hermeticidade dos limites.

Assim, emergem outras questões: até que ponto tais estruturas nucleares se chocam? Como tal movimento de contato ocorre? Independentemente das respostas – as quais tentaremos encontrar nos próximos tópicos –, por certo há que se alcançar um equilíbrio nas forças imbricadas na estreita relação entre esfera constitucional e esfera fática "constitucionalizável", sob pena de, seja para um lado seja para o outro, engendrar-se um excesso inconcebível e certamente periculoso.

III. Valência normativa e os *quanta* das normas constitucionais

A despeito da granularidade e relacionalidade que regem ambas as esferas, não olvidemos: as normas constitucionais possuem carga normativa *sui generis*, uma verdadeira e específica valência jurídico-normativa[32]. A sua estrutura – como acima retratada – as tornam capazes de uma dupla compreensão ontológica: normas cuja abstração e ductilidade criam uma fina membrana de comunicação com a ambiência subjacente[33], bem como nor-

---

[31] Com a expressão "frequências próprias" entendemos que tanto a realidade quanto a esfera normativo-constitucional submetem-se a uma *praxis* específica, ou seja, a um movimento interno próprio. Entretanto, tal, como temos discursado ao longo da exposição, não implica isolamento de cada âmbito. Mais à frente falaremos como a "aceleração" de tais campos torna suas fronteiras ainda mais maleáveis.

[32] Canotilho, quando da análise da categoria da "constituição dirigente", bem asseverou que o *punctum saliens* de tal tese se quedava justamente na "força actuante do direito constitucional". Para tanto, conferir CANOTILHO, J. J. Gomes – *Constituição Dirigente e Vinculação do Legislador: contributo para a compreensão das normas constitucionais programáticas*. Coimbra: Coimbra Editora, 1982, p. 27.

[33] Consigne-se que aí jaz a especificidade relacional entre Constituição, Direito Constitucional e "realidade constitucional". Cfr. CANOTILHO, J. J. Gomes – *Constituição Dirigente e Vinculação do Legislador...*, p. 28.

mas cujas cláusulas integrantes e estruturantes – abertas que são – conferem um peso axiológico apriorístico[34], e, portanto, uma normatividade própria.

Para além dos debates acadêmicos travados entre Ferdinand LASSALLE e Konrad HESSE, onde o primeiro declarou serem as Constituições jurídicas simples documentos (Constituição como folha de papel)[35] desprovidos de vinculatividade normativa e eficácia, e que sucumbiriam à força dos fatos[36], e o segundo defendeu veementemente – e com razão – que a Constituição, e, portanto, as normas constitucionais, é portadora de uma *normative Kraft* (força normativa)[37], o reconhecimento de uma valência normativa própria é algo que decorre não só da lógica do sistema[38], mas principalmente da sua ontologia, uma vez que carregam não apenas um valor formal, mas, essencialmente, um valor material[39].

Não se trata de uma "defesa às cegas" da Constituição ou do Direito Constitucional como ciência, mas antes de uma visão real de que as normas constitucionais se encontram em plena relação material com os diversos âmbitos de vida[40], nestes permeando multilateralmente com seus específicos devires, conformando o espírito, a cultura e até mesmo a economia de dada sociedade. A simples existência de uma Constituição provoca um sen-

[34] Apesar de citarmos a ordem axiológica em tal contexto, entendemos que, na esteira de Karl Engish (como mencionado anteriormente), a norma jurídica contém em si uma valoração de algum âmbito da vida. Neste sentido, o fato de as normas constitucionais possuírem elementos que remetem a valores as tornam estruturalmente possuidoras de uma carga normativa específica.

[35] LASSALLE, Ferdinand – *A Essência da Constituição*. Rio de Janeiro: Lumen Juris, 2013, p. 18.

[36] Para tanto, conferir LASSALLE, Ferdinand – *Op. Cit.*, pp. 3-5 e 18.

[37] HESSE, Konrad – *A força normativa da Constituição*. Tradução do original em alemão *Die Normative Kraft der Verfassung* de Gilmar Ferreira Mendes. Porto Alegre: Sergio Antonio Fabris Editor, 1991, pp. 13-22. Cfr., também, do mesmo autor, *Grundzüge des Verfassungsrechts...*, pp. 16-19.

[38] Quando falamos em "lógica do sistema" nos referimos à tese da fundamentação da validade do ordenamento jurídico em KELSEN, Hans – *Teoria Pura do Direito*, pp. 221-224.

[39] CARVALHO, Virgílio de Jesus Miranda – *Os valores constitucionais fundamentais: esboço de uma análise axiológico-normativa*. Coimbra: Coimbra Editora, 1982, p. 7, assevera que "valores culturais e jurídico-políticos, princípios regulativos, opções ou intenções jurídico-constitucionais fundamentais" integram o "núcleo material da Constituição".

[40] Neste sentido, ressalta CANOTILHO, J. J. Gomes – *Constituição Dirigente e Vinculação do Legislador...*, p. 117 e pp. 410-411, a "força intrínseca determinante dos preceitos constitucionais" no âmbito da específica relação entre *Sein* e *Sollen*.

timento coletivo de por ela ser guiado, algo análogo ao que Hesse defendera como *Wille zur Verfassung* (vontade de Constituição)[41].

A ideia de valência normativa *sui generis* traduz a existência de uma carga específica de energia jurídico-axiológica, através da qual adquire a Constituição potencialidade regulatória global e fundante, em cujo diâmetro caberá a todo o ordenamento jurídico se conformar. Ao entorno de um espectro espiritual e metafísico do Estado, do Povo e do indivíduo[42], desenvolvem as normas constitucionais densidade própria, cuja valência é proporcional à pretensão aximoática de sua inerente axiologia[43].

Assim como os pacotes de energia dos campos elétricos descobertos por Max Planck, bem como os *fótons* de Einstein no campo eletromagnético que integram um feixe de luz, as normas constitucionais possuem uma carga própria capaz de provocar o afastamento de elétrons dos seus respectivos núcleos[44], ou seja, um *quantum* (cujo plural é *quanta*) normativo de ordem discreta[45], mas cuja densidade é irreprochável[46]. Os *quanta* constitucionais representam os "pacotes"[47] de energia – cuja totalidade confere a referida

[41] Hesse, Konrad – *A força normativa da Constituição*, p. 24.

[42] A título de exemplo, e apesar da natureza declaratória de sua estatuição, assim são os preâmbulos dos diversos documentos constitucionais. Entretanto, não se olvide o valor hermenêutico que os mesmos possuem. Para tanto, conferir Miranda, Jorge – *Curso de direito constitucional*. Vol. 1: Estado e constitucionalismo, constituição e direitos fundamentais. Lisboa: Universidade Católica Editora, 2016, pp. 195-197; e Bernardes, Juliano Taveira – *Controle abstrato de constitucionalidade: elementos materiais e princípios processuais*. São Paulo: Saraiva, 2004, p. 129.

[43] Acerca da ambiência metafísica das normas constitucionais, a incorporação de valores e a questão do controle de constitucionalidade, ver Bachof, Otto – *Normas constitucionais inconstitucionais*. Tradução do original em alemão *Verfassungswidrige Verfassungsnormen* de José Manuel M. Cardoso da Costa. Coimbra: Almedina, 2007, p. 41.

[44] A questão do afastamento dos elétrons dos respectivos núcleos é conexa ao fenômeno do "salto quântico", sobre o qual abordaremos posteriormente em termos jurídico-constitucionais. Neste ponto, a referência realizada quer significar a capacidade normativa que as normas constitucionais possuem em alterar e inovar a realidade subjacente, uma vez que a normatividade que lhes é inerente desestabiliza as partículas estáveis da esfera do "ser" para que, em contato com os desígnios de "dever-ser" constitucional, se adequem e amoldem à sua vontade.

[45] Falamos em "ordem discreta" no sentido de que o peso normativo-constitucional é aferido de forma tópico-relativa, em que pese seu apriorístico peso axiológico.

[46] Sobre os *quanta* na teoria quântica, Rovelli, Carlo – *A realidade não é o que parece...*, pp. 109 e 110; e Polkinghorne, John – *Teoria Quântica: uma breve introdução*, pp. 19 e 20.

[47] Rovelli, Carlo – *Op. Cit.*, p. 110. Aqui, como "pacotes" de energia citamos os valores fundamentais que compõem a estrutura e a substância do corpo constitucional, tais como, na

valência normativa *sui generis* – carregados e emitidos pelos preceitos normativos da Constituição, cuja radiação se propaga na esfera dos fatos (da realidade) e a intenta curvar.

Os referidos "pacotes" de energia se encontram em estado de latência no interior das diversas partículas granulares de "dever-ser" constitucional, passando ao processo de movimentação quando estimulados por determinada força e em determinada frequência[48]. As normas constitucionais estão submetidas a duas forças básicas[49]: à força normativa própria (normatividade constitucional de ordem ontológica) e à força de influência dos fatos, cujos influxos são de existência inegável. Assim, a depender da frequência própria de cada força, são os *quanta* emitidos em maior ou menor intensidade.

A radiação de energia constitucional – esta proporcionada pelos *quanta* estimulados por uma força a uma dada frequência – cria um campo de força dupla ao seu entorno: gravitacional (centrípeta) e de repulsão (centrífuga). É gravitacional porque provoca a aproximação da esfera fática subjacente, atraindo o "conjunto de acontecimentos da vida" para perto de suas órbitas, e perfaz-se campo de repulsão pelo fato de provocar, tão logo, o isolamento e a desconsideração de matérias (fáticas) que com ela não se coadunam, num processo de filtragem inicial.

O que aqui importa reter é que, independentemente da frequência da força atuante, mormente a externa (fática), as normas constitucionais possuem valência normativa específica (soma dos *quanta*), não se submetendo unicamente, como diria LASSALLE, ao devir dos "fatores reais do poder"[50]. Conquanto, não deixa e não pode deixar de receber os influxos necessários a uma ótima realização e concretização[51], nos quais os círculos e as respecti-

---

esteira de CARVALHO, Virgílio de Jesus Miranda – *Os valores constitucionais fundamentais...*, pp. 10-21, a "dignidade da pessoa humana" e "a regulação da vida comunitária".

[48] Em termos físicos, tal processo ocorre quando os elétrons são expostos a determinadas frequências de luz, sendo o *quantum* das partículas proporcional a tais frequências, onde posteriormente são as energias emitidas (radiação). Ver ROVELLI, Carlo – *Op. Cit.*, p. 111.

[49] A referência a duas forças básicas se justifica pelo respectivo peso considerável de ambas, mas tal não exclui outras igualmente relevantes, tais como o processo hermenêutico e a própria jurisprudência, notadamente as decisões dos Tribunais Constitucionais e das Supremas Cortes.

[50] LASSALLE, Ferdinand – *A Essência da Constituição*, pp. 3-5 e 18.

[51] HESSE, Konrad – *Temas fundamentais do direito constitucional*. Tradução de textos selecionados por Carlos dos Santos Almeida, Gilmar Ferreira Mendes, e Inocêncio Mártires Coelho. São Paulo: Saravia, 2009, pp. 95-100.

vas intersecções são indispensáveis à delimitação das esferas, algo que abordaremos em seguida.

IV. Atomicidade constitucional e fática. Relacionalidade, círculos, dinâmica e estabilização

O recurso à estrutura atômica das esferas do "ser" e de "dever-ser" constitucional – aqui já defendida – nos permite compreendê-las, tal como toda e qualquer matéria, como um conglomerado de partículas, sendo estas possuidoras de "pacotes" de energia própria (*quanta*) significativamente considerável[52]. Assim, dada tal estrutura – como partículas atômicas em constante movimento no tempo e no espaço –, tem-se por inegável a contínua relação a que ambas esferas estão submetidas, em uma reciprocidade inafastável representada pelo **princípio da relacionalidade**[53] [54].

Aqui, faz-se de grande valia representarmos ambas esferas por **círculos**, onde cada um permanece em constante movimentação própria no plano existencial (as respectivas forças de ordem ontológica impulsionam o mover de cada esfera – energia cinética de suas partículas), mas tal processo não se queda alheio à constante relação que se dá entre os dois. Os pontos de contato entre "ser" e "dever-ser" constitucional se dão por meio de intersecções variáveis – entre os círculos –, cuja formação ocorre através de constantes colisões que, por sua vez, implicam micro-processos simbióticos entre as partículas integrantes.

A intentada visão quântica, e especificamente atômica, das normas constitucionais e da realidade subjacente, nos remete a uma basilar conclusão: "ser" e "dever-ser" constitucional não comportam uma visão estanque. Ou seja, não podem ser descritas como realidades estáticas. Os referidos pontos de intersecção são variáveis pelo fato de competir à dinâmica própria de cada esfera definir a sua movimentação, fazendo com que os círculos girem para

---

[52] Apesar de termos descrito os *quanta* constitucionais, o campo fático, como qualquer outra matéria de estrutura atômica, é igualmente integrado por "pacotes" de energia.

[53] Rovelli, Carlo – *A realidade não é o que parece...*, p. 132: "A teoria não descreve como as coisas "são": descreve como as coisas "acontecem" e como "influem umas sobre as outras". (...) A realidade é reduzida a interação. A realidade é reduzida a relação".

[54] Doehring, Karl – *Teoria do Estado*. Tradução do original em alemão *Allgemeine Staatslehre* de Gustavo Castro Alves Araujo. Belo Horizonte: Del Rey, 2008, pp. 22-25.

um lado ou para o outro, em frequências igualmente variáveis, provocando, desta forma, alterações em seus posicionamentos.

Por sua vez, a alteração dos pontos de intersecção gera uma modificação no processo relacional entre ambas estruturas atômicas, assim tornando os influxos bidirecionais (**força bidirecional de relacionalidade**) igualmente variáveis em força, principalmente pelo fato de os respectivos *quanta* serem distintos, o que certamente influenciará na densidade das forças empregadas e, consequentemente, na eficácia da pretensão de moldar uma esfera ao desígnio da outra, ou seja, tal definirá qual delas curvará perante a massa oposta.

Densificando a compreensão em termos jurídico-constitucionais, imaginemos o campo regulatório dos direitos fundamentais[55]. A título de exemplo, utilizaremos a disposição constitucional do art. 1.º, n.º 1, da *Grundgesetz* (Lei Fundamental alemã de 1949)[56]. Quando falamos em força própria de movimentação (provocada pela energia cinética de suas partículas), defende-se que a cada átomo constitucional – por exemplo, a norma (ou normas extraíveis)[57] do referido dispositivo – confere-se um peso jurídico-axiológico que influencia diretamente a dinâmica interna do próprio sistema constitucional[58]. Neste raciocínio, a disposição sobre a intangibilidade da dignidade humana, ao legitimar e fundamentar o próprio ordenamento jurídico-constitucional alemão[59] – e jurídico como um todo – dota o "círculo

[55] FRANKENBERG, Günther – *A gramática da constituição e do direito*. Tradução do original em alemão *Autorität und Integration: zur Grammatik von Recht und Verfassung*, de Elisete Antoniuk. Belo Horizonte: Del Rey, 2007, p. 102, considera os direitos fundamentais uma categoria construtiva das Constituições modernas.

[56] "*Die Würde des Menschen ist unantastbar*". (Tradução nossa: "A dignidade do homem é intangível").

[57] Aqui em clara alusão à acepção semântica da norma jurídica na esteira de MÜLLER, Friedrich – *Métodos de trabalho do direito constitucional*. Tradução do original em alemão de Peter Nauman. 3.ª ed., rev. e ampl. Rio de Janeiro: Renovar, 2005, pp. 42 e ss.

[58] Inegável, neste sentido, a defesa feita por OTERO, Paulo – *Direito constitucional*. Vol. 1: identidade constitucional. 2.ª reimp. Coimbra: Almedina, 2010, pp. 21-26, quanto à identidade axiológica das Constituições, partindo do pressuposto de que a estas se tem por incomponsível um posicionamento axiologicamente neutro, daí extraindo três consequências (p. 24): um "dever positivo de agir", um "dever negativo ou proibição de agir" e um "princípio geral de interpretação da ordem jurídica infraconstitucional em conformidade com os valores".

[59] A jurisprudência constitucional alemã entende a dignidade humana como o valor mais elevado da ordem de valores instituída pela *Grundgesetz*. Neste sentido, HÖMIG, Dieter; WOLFF, Heinrich Amadeus – *Grundgesetz für die Bundesrepublik Deutschland: Handkommentar*. 11.ª Aufl.

constitucional" de uma frequência específica, provocando seu processo de movimentação em certa velocidade.

Por sua vez, a esfera do "ser" – campo fático subjacente – possui igualmente uma dinâmica própria, a qual, aqui, representaremos utilizando os elementos histórico-culturais como exemplo. Tais elementos possuem uma capacidade de influência direta na formação espiritual de dada sociedade, cujo processo evolutivo representa uma carga considerável de matéria estrutural, determinando certamente a velocidade própria do mundo factual. Pensemos por exemplo, para densificar ainda mais, no período político do nacional-socialismo na Alemanha. O processo de combate e as consequências desastrosas de tal política ideológica integram inegavelmente o substrato histórico-político alemão, onde a compreensão pela defesa da dignidade humana[60] e de um pluralismo passaram a conformar, de uma forma ou de outra, todos os acontecimentos posteriores[61].

Os referidos exemplos, respectivamente, o preceito sobre a intangibilidade da dignidade humana (art. 1.º, n.º 1, da *Grundgesetz*) e o substrato histórico-cultural de luta contra o extremismo político e o racismo ideológico[62],

---

Baden-Baden: Nomos, 2016, p. 54: "*In der Wertordnung des GG ist die Menschenwürde der* ***oberste Wert*** *(BVerfGE 27, 6; 102, 389; 109, 311)*." (Negrito da citação no original). (Tradução nossa: "Na ordem de valores da Lei Fundamental é a dignidade humana o valor mais elevado").

[60] Para a doutrina alemã, o fato de a "dignidade humana" ter sido elevada à categoria axiológico-constitucional, que ocupa o topo da ordem de valores, constitui em si uma resposta à ilegalidade do governo nacional-socialista. Neste sentido, conferir FROTSCHER, Werner; PIEROTH, Bodo – *Verfassungsgeschichte*. 14.ª Aufl., überarbeitete Auflage 2015. München: C. H. Beck, 2015, p. 396: "*Als deutliche Antwort auf die nationalsozialistische Unrechtsherrschaft hat der Verfassungsgeber mit den Grundrechten zugleich ein Wertsystem geschaffen, an dessen Spitze die Menschenwürde steht (Art. 1 Abs. 1 GG)*". (Tradução nossa: "Como notória resposta ao domínio antijurídico nacional-socialista, engendrou o constituinte uma ordem de valores através dos direitos fundamentais, em cujo topo se encontra a dignidade humana").

[61] Não é por menos que o Direito Público alemão, notadamente no âmbito do constitucionalismo se elevou a ares mais expressivos no pós-2.ª Guerra, mormente no que tange à construção e evolução de uma Teorética e Dogmática dos direitos fundamentais, e com uma "cultura constitucional" em grande parte inspirada e representada pela jurisprudência do Tribunal Constitucional de Karlsruhe (*Bundesverfassungsgericht*). Nesta esteira, HÄBERLE, Peter – *Verfassungslehre als Kulturwissenschaft*. Berlin: Duncker und Humblot, 1982, pp. 20 e 21, refere-se à "cultura constitucional" (*Verfassungskultur*) como o conjunto das "posições subjetivas, experiências, sistemas valorativos, expectativas e pensamentos".

[62] Uma das consequências jurídicas da ideologia professada pelo nacional-socialismo era justamente a desconsideração de qualquer direito fundamental, ou seja, a ausência de reco-

acabam por, como partes integrantes da atomicidade de ambas as esferas – respectivamente, "dever-ser" constitucional e "ser" –, provocar a movimentação de cada campo, cabendo às frequências geradas a emissão de considerável energia (*quanta*) capaz de proceder a influências recíprocas. Assim, dado o peso jurídico-axiológico da "intangibilidade da dignidade humana"[63], tem-se que esta possui a capacidade de curvar (moldar, conformar e alterar) os elementos fáticos a ela adjacentes na intersecção.

Subjacente à dinâmica aqui apresentada, encontra-se a questão relativa ao **processo de estabilização**. Os movimentos de interação entre as esferas, através dos quais as intersecções são criadas, devem ser, em que pesem as diferentes cargas emanadas (*quanta*), estabilizados, caso contrário os ditos pontos de encontro (interseções) poderão ser suprimidos e, ao invés de círculos conexos, engendrar-se-ão **círculos concêntricos**, onde uma das esferas tomará a outra por completo, algo que decerto ocasionará um indesejado desequilíbrio.

Nesta senda, torna-se imprescindível que as forças operadas por ambas as esferas, quando em estado de contínua intersecção, estejam igualmente submetidas a um mecanismo recíproco de estabilização, não se permitindo qualquer movimento à concentricidade. A capacidade de uma esfera "curvar" a outra deve constituir, em verdade, uma via possibilística[64], ou seja, a cada uma é reconhecido o potencial conformador do espaço da outra, tal extraído da referida "força bilateral de relacionalidade". Assim, dentro desse movimento recíproco de influência, a pretendida estabilização ocorre por meio de dois elementos: a **"razoável natureza das coisas"**[65] e a **ponderabilidade** inerente à *praxis*[66].

---

nhecimento de alguma esfera jurídico-privada aos indivíduos. Pelo contrário, existia apenas o povo e seu espírito em unidade, "o princípio popular" (***das völkische Prinzip***). Para tanto, conferir FROTSCHER, Werner; PIEROTH, Bodo – *Verfassungsgeschichte*, p. 320.

[63] Aqui assumida como grandeza constitucional apriorística.

[64] Sobre o "possibilismo" como elemento indispensável a uma "teoria aberta da Constituição", conferir HÄBERLE, Peter – *Pluralismo y Constitución*. Tradução do original em alemão *Die Verfassung des Pluralismus. Studien zur Verfassungstheorie der offenen Gesellschaft*, de Emilio Mirkunda. 1.ª ed., reimp. Madrid: Tecnos, 2008, pp. 80-81.

[65] Por "razoável natureza das coisas" entendemos a ordem não hermética e epistemologicamente fechada de ambas as esferas, sendo cada qual detentora de uma razão não inconsequente, capaz de evitar processos de absolutização.

[66] Quanto à *praxis* constitucional, referimo-nos não apenas à jurisdição constitucional em si, mas toda a dinâmica que envolve a pré-compreensão, interpretação e aplicação das normas

Quanto ao primeiro elemento, o balanceamento das forças deve levar em consideração a sua respectiva ontologia, a fim de que se observe e garanta a indenidade de seus componentes estruturais essenciais, sem os quais restaria a correspondente esfera reduzida a níveis inexpressivos de influência. Desta feita, essencial ao âmbito do "ser" são as causas de ocorrência de dado elemento factual, pois capazes de trazer à lume os fundamentos determinantes de sua gênese, desconsiderando-se aqueles dados que supostamente decorram de um mero acaso da espontaneidade. De outra banda, essenciais ao âmbito do "dever-ser" constitucional são a estrutura semanticamente fluida e aberta das respectivas normas, bem como sua axiologia idiossincrática[67].

Destarte, observando-se e respeitando-se a natureza de cada esfera, obsta-se que suas respectivas essências sejam violadas. Fatos que não possuam causa justificável e que tendam apenas a satisfação de objetivos casuais e tópicos não podem ser compreendidos como elementos idôneos de propulsão energética sobre a normatividade constitucional. Na mesma toada, tampouco podem as normas constitucionais que se pretendam estruturalmente herméticas e axiologicamente abnegatórias produzir uma adequada conformação da realidade circundante[68]. A corroborar o argumentado, é justamente na ideia de "natureza das coisas" (*die Natur der Sache*) que Kaufmann afirma residir o *topos* do equilíbrio entre "ser" (*sein*) e "dever" (*sollen*)[69].

---

constitucionais à realidade circundante. Entendemos ser a proporcionalidade um elemento natural ao Direito Constitucional, através do qual excessos são evitados. Assim, a ideia de ponderabilidade está aí inserida, onde se torna imprescindível um processo de justificação racional a decisões e escolhas juridicamente orientadas.

[67] Além disso, tão relevante quanto se faz a ideia subjacente à máxima *neminem laedere*, a partir da qual há de se considerar um dos limites imanentes mais expressivos à liberdade, qual seja, o respeito pelos direitos de outrem. KANT, Immanuel – *A metafísica dos costumes*. Tradução de José Lamego. 3.ª ed. Lisboa: Fundação Calouste Gulbenkian, 2017, pp. 43 e 44, expressa a mesma ideia sob a regência do "princípio universal do Direito".

[68] Poderíamos aqui imaginar uma situação extremada em que uma norma constitucional determinasse, em dada sociedade democraticamente consolidada na ordem dos fatos, a assunção de um poder despótico e autoritário, intentando alijar a realidade democrática e republicana.

[69] Para um estudo preliminar sobre a compreensão de Arthur Kaufmann na matéria, cfr. Kanazawa, Shuji – *Ein Versuch zur Kategorisierung der Lehren über Natur der Sac*he. [Em linha]. [Consultado em 27 abr. 2018]. Disponível em: http://www.cgu.ac.jp/Portals/0/12-library/kiyou/h28-8.pdf.

Quanto ao segundo elemento, há que se observar a confluência de um juízo de possibilidades, juízo de necessidade, juízo de consequências e um juízo de ponderação propriamente dito, por intermédio dos quais aquilatar-se-ão a viabilidade e os níveis de interação dinâmica entre as forças do "dever-ser" constitucional e "ser". Nestes termos, avaliar se determinado elemento da factualidade deve ser permitido a operar alterações na ordem da normatividade constitucional exige equacionar os referidos juízos e concluir pela sua refração ou não[70]. O pensamento contrário é igualmente válido, ou seja, há que se avaliar, sob a regência de tais juízos, a viabilidade de alterações da normalidade pela normatividade constitucional, sob pena de puro desgaste energético[71].

Um simples exemplo pode nos ajudar a compreender tal questão. Imaginemos, no âmbito da esfera constitucional ("dever-ser" constitucional), o conjunto de normas que regem as questões tributárias e orçamentárias[72]. Por outro lado, representando aqui o campo do "ser", pensemos numa conjuntura político-económica de crise financeira no plano estatal, tal qual a ausência de receita suficiente para pagamento de servidores públicos[73]. Dada tal ambiência, resolve uma entidade federada, visando maior e rápida arrecadação de receitas, majorar alíquota de imposto de sua competência, sendo esta diretamente incidente, logo após a respectiva aprovação legislativa, sobre todos os fatos geradores ocorridos naquele mesmo exercício.

---

[70] Neste ponto poder-se-ia questionar a sustentabilidade jurídico-racional dos chamados "costumes constitucionais". Na esteira de Lisboa, Carolina Cardoso Guimarães – *Normas constitucionais não escritas*. São Paulo: Almedina, 2014, p. 93, tratam-se de práticas (elementos do "ser") reiteradas que passam a influenciar e integrar a esfera jurídico-constitucional-material. Entretanto, até que ponto toda e qualquer prática reiterada – como diz a autora citada, "atos e comportamentos" – passaria pelo crivo dos quatro juízos acima referenciados? Estar-se-ia referendando uma inflação desnecessária e desmedida da Constituição material?

[71] Partindo de tal perspectiva, consideramos desgastada a normatividade constitucional quando se destinam partes regulatórias da Constituição a âmbitos da vida que, pela sua indeterminabilidade, subjetividade e fluidez, provavelmente padecerão de efetividade. Neste sentido, vide o pórtico do art. 6.º da Constituição da República Federativa do Brasil/1988, donde se prevê um (suposto) direito social ao "lazer".

[72] Utilizaremos a Constituição brasileira de 1988 como exemplo. Portanto, as normas do art. 145.º ao art. 169.º.

[73] Ainda que em termos distintos, interessante a defesa de Novais, Jorge Reis – *Em defesa do Tribunal Constitucional: resposta aos críticos*. Coimbra: Almedina, 2014, pp. 39 e ss, no sentido de que, mesmo face a uma crise financeira, não deve a Constituição ver-se enfraquecida por um "pretenso estato de excepção constitucional".

Com as receitas "emergenciais" arrecadadas, consegue o ente da federação proceder ao pagamento dos subsídios atrasados, regularizando a referida situação.

Posteriormente, questionada a lei que majorou a dita alíquota em sede de controle abstrato de constitucionalidade, e tendo em vista que o respectivo processo legislativo não respeitara o princípio constitucional da anualidade[74-75-76], questiona-se: há de se ter a lei por inconstitucional? Tendo em vista os efeitos da declaração de inconstitucionalidade, há que se exigir a devolução do montante utilizado para o pagamento de servidores?

Sem adentrarmos em aspectos doutrinários e na tecnicidade jurídica acerca do controle abstrato de normas e os efeitos das respectivas decisões[77], a problemática se inicia no seguinte: lei inconstitucional é, em termos de consequência *prima facie*, lei nula[78 79]. Em assim sendo, tem-se como efeito apriorístico da respectiva decisão declaratória a nulidade subsequente dos atos jurídicos sob seu pálio praticados. Desta feita, e em resposta aos questionamentos do parágrafo anterior, uma vez desrespeitado o princípio constitucional da anualidade tributária, há que se declarar a respectiva lei como inconstitucional e exigir que as receitas utilizadas pela entidade federada para o pagamento dos salários de seus servidores seja reavida.

Assim, dada a hipótese, analisemos as seguintes dimensões: *primeira* (**concentricidade**), o círculo do "ser" é englobado pelo "dever-ser" cons-

---

[74] Sobre o princípio da anualidade, conferir BALEEIRO, Aliomar – *Direito tributário brasileiro.* 12.ª ed., rev., atual e ampl. Rio de Janeiro: Forense, 2013, pp. 86 e ss.

[75] Art. 150.º, III, "b", CRFB/88.

[76] Dada a simplicidade do exemplo, consideramos a hipótese engendrada não subsumível às exceções previstas pelo art. 150.º, § 1.º, CRFB/88.

[77] Para um denso estudo sobre a matéria, conferir CANOTILHO, José Joaquim Gomes – *Direito Constitucional e Teoria da Constituição*, pp. 887 e ss.

[78] KELSEN, Hans – *Teoria Pura do Direito.* p. 300: "(...) pois uma lei inválida não é sequer uma lei, porque não é juridicamente existente e, portanto, não é possível acerca dela qualquer afirmação jurídica". Cfr., também, BERNARDES, Juliano Taveira – *Controle abstrato de constitucionalidade: elementos materiais e princípios processuais*, p. 345: "Daí, a decisão do órgão que exerce controle de constitucionalidade não "anula" o ato inconstitucional; apenas declara que ele padece de nulidade preexistente, razão por que deve ser considerado ineficaz desde o momento em que editado".

[79] Falamos *prima facie*, pois cediço que a nulidade não perfaz consequência inarredável da declaração de inconstitucionalidade. Para tanto, conferir CANOTILHO, José Joaquim Gomes – *Direito Constitucional e Teoria da Constituição*, p. 953.

titucional, aplicando-se hermeticamente o preceito constitucional sem que se considere as vicissitudes do caso concreto, declarando-se a inconstitucionalidade da lei e a nulidade dos atos praticados, tal como a utilização das receitas arrecadadas para o pagamento dos salários de servidores públicos; *segunda* (**concentricidade**), o "dever-ser" constitucional é englobado pelo círculo do "ser", pois, tendo em vista as especificidades do caso, ou seja, o fundamento e a finalidade da majoração tributária, desconsidera-se a disposição constitucional (princípio da anualidade) e não se declara a inconstitucionalidade suscitada, reconhecendo-se uma espécie de "exceção não escrita" ao texto constitucional; e *terceira* (**estabilização e manutenção da intersecção**) – e, em tese, a mais escorreita solução –, declara-se a inconstitucionalidade da lei em apreço, uma vez que descumpriu comando constitucional, mas, em vista das situações de fato já consumadas (pagamento de servidores com a receita "emergencial" arrecadada), honrando o princípio da segurança jurídica, **modulam-se os efeitos** da respectiva decisão[80] [81], simultaneamente, declarando-se a inconstitucionalidade, mas assegurando a subsistência dos atos praticados e das situações fáticas já consolidadas que a tiveram como fundamento.

Outro ponto de ingente relevância ao qual aqui podemos fazer referência e que repousa numa patente tensão entre facticidade e normatividade constitucional, encontra expressão no grave fenômeno de distorção da política criminal hodierna, no interior do qual surgem pontos deveras problemáticos, tais como o recrudescimento do processo de criminalização de condutas, o agravamento de penas *in abstracto*, o estreitamento (ou mesmo alijamento) de garantias processuais, dentre outras questões[82].

A tensão ora referida, entre facticidade e normatividade constitucional, faz-se representada na colisão entre as forças centrípetas inerentes à factualidade delituosa, a esta correspondendo os *topoi* da "perigosidade", da

---

[80] MENDES, Gilmar Ferreira; BRANCO, Paulo Gustavo Gonet – *Curso de direito constitucional.* 7.ª ed., rev. e atual. São Paulo: Saraiva, 2012, pp. 1425-1427.

[81] Aqui, falamos em modulação de efeitos, entretanto não desconsideramos outras formas de solução em sede de técnicas de decisão. Para tanto, conferir, dentre outros, CANOTILHO, José Joaquim Gomes – *Direito Constitucional e Teoria da Constituição*, pp. 957-960; e MENDES, Gilmar Ferreira; BRANCO, Paulo Gustavo Gonet – *Op. Cit.*, pp. 1398 e ss.

[82] Exemplificando algumas mudanças de paradigma em tal sentido de problematização, cfr. VALENTE, Manuel Monteiro Guedes – *Direito penal do inimigo e o terrorismo: o progresso ao retrocesso.* 2.ª ed. São Paulo: Almedina, 2016, p. 68.

"ameaça" e da "insegurança"[83], e a axiologia-principiológica constitucional, aí imbricados, de um lado, os valores, bens e interesses constitucionais que merecem proteção reforçada pela via jurídico-penal, e de outro, aqueles que constituem barreira a uma desenfreada expansão do *ius puniendi* do Estado[84].

Neste contexto societário, predicado por uma constante e grave expectativa de ruptura da normalidade comportamental frente à ordem jurídico-penal, a força dos fatos[85] (delitos em massa, novas formas de ameaça, conexões delituosas de espectro internacional, descontrole sobre o ideal preventivo do Direito Penal, suposta ineficiência das medidas jurídico-penais à repressão das condutas criminosas, etc.) tem encaminhado a operar uma significante curvatura da normatividade penal, procedendo, assim, a mutações desequilibradas e manifestamente excessivas. Mas, e aí questionamos: no que tal tangencia a esfera de normatividade de "dever-ser" constitucional?

Em essência, a curvatura operada pela factualidade da instabilidade securitária sobre o espaço jurídico-penal acaba por comprimir a esfera de "dever-ser" constitucional, uma vez que átomos elementares de quilate constitucional, tais como os elementos inerentes à axiologia jurídico-fundamental subjacente à Constituição, sofrem o recebimento de carga energética de ordem centrípeta do âmbito do "ser", provocando rupturas na ordem sob a forma de "situações excepcionais" que a princípio exigem rápidas e hipotéticas respostas eficientes[86]. Tratam-se, no fundo, de espécies de derrogação

---

[83] Referindo-se aos *topoi* conexos ao Direito Penal da "sociedade de riscos" ou "sociedade da pós-industrialidade", cfr. VALENTE, Manuel Monteiro Guedes – *Direito penal do inimigo...*, pp. 94 e ss.

[84] Sobre a questão, VALENTE, Manuel Monteira Guedes – *A ciência jurídica como caminho de afirmação e valoração do ser humano.* Revista da Escola Superior da Procuradoria Geral do Estado de São Paulo. v. 4, n.º. 1 (jan./dez. 2013), pp. 55-56, refere-se escorreitamente ao "impulso egoísta de criminalização de todas as condutas humanas que representem perigo para a ordem pública".

[85] Em tal esfera fática há de se incluir, também, o que VALENTE, Manuel Monteiro Guedes – *A criminalidade denunciada e o seu impacto no sistema de justiça penal.* Revista de Estudos Criminais. Ano XIII, n.º. 58 (2015), pp. 52 e 53, bem qualifica como "tempo de jornalismo", expressão esta pela qual se refere ao nefasto julgamento social e antecipado de determinadas condutas que é promovido pelos *media*.

[86] Formam-se, assim, pontes de transmudação do Direito Penal do cidadão para o Direito Penal do autor, podendo-se retroceder ainda mais, atingindo-se assim a negação de todo um arcabouço constitucional-material e penal material-processual, e fincando-se sobre as espúrias bases de um (deturpado) Direito Penal *sui generis*, o Direito Penal do Inimigo.

de partes da estrutura constitucional, extratos estes que formam a sua essência, a sua ontologia[87].

Em termos de interação dinâmica entre ambas as esferas ("ser" e "dever-ser" constitucional; factualidade e normatividade), o perigo aqui retratado representa um claro movimento direcionado à **concentricidade**, onde, em verdade, o âmbito do "ser" curva o "dever-ser" constitucional ao ponto de dominá-lo e arvorá-lo, paralisando e anulando suas forças centrípeta e centrífuga, regendo-o apenas sob a batuta da casualidade temporal e da fugacidade substancial. Ao fim e ao cabo, da estabilidade constitucional passa-se ao acaso factual, da normativa jurídica transmuda-se à normativa dos fatos.

Para que se obste tal processo de grave sobrecarga fática, impende-se a promoção do processo de estabilização de forças através dos mecanismos adequados já referenciados, quais sejam, a **razoável natureza das coisas** e a **ponderabilidade**. No que tange ao primeiro, deve-se questionar a natureza dos elementos fáticos envolvidos e submetê-los a um filtro de razoabilidade guiado pela ideia de racionalidade mínima[88], perscrutando-se sua qualidade e capacidade normativas. Quanto ao segundo, confrontam-se as razões de factualidade com as razões de ordem jurídico-constitucional mediante o filtro da proporcionalidade[89], questionando-se a existência de fundamento suficiente a sustentar a curvatura da massa de "dever-ser" constitucional[90].

---

[87] Reforçamos aqui a "força normativa da Constituição" (*die normative Kraft der Verfassung*), mediante a qual não se curvará a esfera da constitucionalidade perante o peso fugaz da força dos fatos.

[88] Sobre a concepção de racionalidade aqui por nós abarcada, segue-se RAWLS, John – *Uma teoria da justiça*. Tradução do original em inglês A *Theory of Justice*, de Jussara Simões. 4.ª ed. rev. São Paulo: Martins Fontes, 2016, p. 174, onde assevera: "(...) supõe-se que uma pessoa racional tem um conjunto coerente de preferências entre as opções disponíveis. Ela classifica essas opções segundo a eficácia na promoção de seus objetivos; segue o projeto que satisfará mais, e não menos, seus desejos, e que tenha a maior probabilidade de ser realizado com êxito".

[89] Em conceituação preliminar, LERCHE, Peter – *Übermaß und Verfassungsrecht: zur Bindung des Gesetzgebers an die Grundsätze der Verhältnismäßigkeit und der Erforderlichkeit*. Goldbach: Keip, 1999, p. 19, refere-se ao princípio da proporcionalidade como um instrumento através do qual "meio e fim são pesados em sua recíproca relação" (No original: "*Mittel und Zweck werden in ihrem Verhältnis zueinander gewogen*").

[90] Não se trata aqui da adstrição aplicativa do princípio da proporcionalidade no âmbito do controle de constitucionalidade, mas antes de um processo de sopesamento racionalmente, juridicamente e axiologicamente guiado a ser operado em todas as fases de transmudação da normalidade normativa à normatividade jurídica, ou seja, em todos os processos racionais das instâncias produtoras e aplicativas do Direito Constitucional, aí englobados momentos como

No campo das respostas à celeuma referenciada, duas são as dimensões aqui a serem consignadas. Primeiro, há de se ter por irrefutável a mínima influência da factualidade sustentada pelos *topoi* "perigosidade", "ameaça" e "insegurança" no âmbito da esfera normativa de "dever-ser" constitucional, algo que pode ser percebido pela assimilação constitucional de elementos responsivos àquela ambiência do "ser", tais como, e. g., as figuras relacionadas a mandamentos constitucionais de criminalização[91] (art. 5.º, XLIII e XLIV, Constituição da República Federativa do Brasil/1988) e a cláusulas constitucionais proibitivas vinculadas a dada acepção político-ideológica (referência à "*ideologia fascista*" contida no art. 46.º, n.º 4, Constituição da República Portuguesa/1976).

Em uma segunda dimensão, tem-se por irrefragável a força operante dos *quanta* constitucionais constantemente exarados e propagados pelas partículas atômicas que estruturam o esteio jurídico-axiológico da esfera de "dever-ser" constitucional, notadamente os elementos semântico-principiológicos assentados sob a forma de princípios fundamentais, no que citamos os princípios da dignidade da pessoa humana e do livre desenvolvimento da personalidade[92]. A tais forças não são suficientemente fortes as razões de factualidade para se lhes opor, padecendo assim da ausência de densidade energética a operar uma curvatura juridicamente justificável na esfera de "dever-ser" constitucional[93]. Destarte, por mais que a factualidade do "perigo", da "insegurança" e da "ameaça" logrem, ao menos em parte, êxito em operar uma curvatura sobre a esfera da infraconstitucionalidade, o produto normativo daí advindo é irremediavelmente anômalo, eis que padece de patente inconstitucionalidade[94].

o das discussões e votações parlamentares, e do embate de ideias no contexto da jurisdição constitucional.

[91] Cfr., dentre outros, Mendes, Gilmar Ferreira; Branco, Paulo Gustavo Gonet – *Curso de direito constitucional*, pp. 540-545.

[92] Opondo-se às investidas do Direito Penal da factualidade securitária, Valente, Manuel Monteiro Guedes – *A ciência jurídica como caminho de afirmação e valoração do ser humano...*, pp. 51-59, salienta a força normativa dos princípios da realidade, da equidade, da legalidade material, da constitucionalidade e da humanidade.

[93] É neste sentido que, tratando da eficácia dos princípios constitucionais, Barroso, Luís Roberto – *Curso de direito constitucional contemporâneo...*, p. 359, consigna a "eficácia negativa" como um efeito de "paralisação".

[94] Conclusão esta que se faz corolário do pressuposto assumido por Valente, Manuel Monteiro Guedes – *A ciência jurídica como caminho de afirmação e valoração do ser humano...*, p. 56, espe-

Do exposto, tem-se que o movimento à concentricidade é capaz de gerar, de um lado, uma cega excessividade constitucional, posto que incapaz de se comunicar com a realidade subjacente, bem como, de outra banda, é capaz de esmorecer a normatividade constitucional, minguando a força dos preceitos constitucionais e ratificando a força – também normativa – da facticidade. Entretanto, atentando-se ao mecanismo e processo de estabilização das forças, mantém-se a intersecção e equilibram-se os *quanta*, otimizando, em verdade, o movimento recíproco de influência das esferas.

V. "Salto quântico" e mutação constitucional como trocas gnosiológicas entre "ser" e "dever-ser"

Observada a natureza granular (atomicidade) de ambos os círculos –constitucionalidade e facticidade –, bem como o respectivo princípio regente da relacionalidade, importa-nos a descrição de um relevante fenômeno: o "salto quântico".

No âmbito físico, e especificamente ao nível atômico, o "salto quântico"[95] representa um fenômeno que ocorre quando elétrons recebem uma carga energética (por exemplo, a luz) que, superando a carga do próton nuclear e impedindo a natural neutralização existente entre cargas positivas (prótons) e negativas (elétrons), os torna capazes de se afastarem do respectivo núcleo, ocorrendo tal afastamento em diferentes momentos e em direção a distintas órbitas atômicas (órbitas nas quais os elétrons se movimentam e que ficam ao entorno do núcleo).

Desta feita, o "salto quântico" ocorre justamente quando determinado elétron "salta" de uma órbita para outra, algo que acaba por afirmar a sua instabilidade posicional a nível atômico[96-97] **(princípio da indeterminabi-**

cificamente ao considerar o princípio da constitucionalidade como "barreira intransponível".

[95] ROVELLI, Carlo – *A realidade não é o que parece...*, p. 116; e POLKINGHORNE, John – *Teoria Quântica: uma breve introdução*, pp. 24-26.

[96] Sabe-se que os elétrons se movimentam em órbitas específicas do núcleo atômico, mas em que momento e por quanto tempo isso ocorre não é possível responder, eis que procedem os mesmos aos referidos "saltos", daí advinda a referida instabilidade posicional.

[97] ROVELLI, Carlo – *A realidade não é o que parece...*, p. 122: "Não sabemos com certeza onde o elétron aparecerá, mas podemos calcular a *probabilidade* de que apareça aqui ou ali". (Itálico do texto original).

lidade ou indeterminismo)[98]. Por outro lado – e eis aqui o potencial do "salto quântico" –, quando o elétron que procede ao "salto" perde a carga energética recebida, retornando à sua posição anterior, expele para fora do átomo (assim emitindo mais energia), em quantidade significativa (*quanta*), a diferença entre a sua carga e a carga absorvida.

Em que pese a complexidade de tal fenômeno físico e a ora simplicidade com a qual o expomos, passemos à sua compreensão para os fins do presente excurso. *Ab initio*, não se pode olvidar que a ideia de "salto quântico" está diretamente vinculada ao princípio da relacionalidade e à reciprocidade das forças de cada campo ("dever-ser" constitucional e "ser"), uma vez que é justamente através dele – especificamente por meio da energia liberada – que ocorre o intercâmbio de **matéria cognoscível**[99], *locus* específico da "troca gnosiológica"[100].

Baseando-nos na conceituação física do fenômeno – acima descrita – temos: cada campo granular ("dever-ser" constitucional e "ser"), tendo em vista a sua dinâmica própria, emite carga energética considerável (*quanta*) de forma recíproca, a qual, por sua vez, pode ser absorvida pelas partículas de cada esfera, tornando possível o movimento de afastamento do respectivo centro (núcleo), promovendo, desta forma, inúmeros "saltos quânticos". Destes, como referido, após o retorno das partículas à posição de origem, tem-se a emissão da carga energética "excedente" em direção ao campo oposto. Assim, as "trocas de matéria" entre ambas as esferas se dá em consequência dos "saltos quânticos" ocorrentes.

Em termos jurídico-teorético e jurídico-dogmático, as possibilidades de influência material, ou seja, as trocas de elementos cognoscíveis (valores, proposições, possibilidades, direções, programas, necessidades, normas, etc.) entre Constituição e realidade circundante se dão, principalmente, por meio das "cargas normativas" expelidas em momento posterior aos "saltos

[98] *Idem*, p. 130: "A mecânica quântica introduz um *indeterminismo* elementar no centro do mundo. (...) A mecânica quântica nos revela que, quanto mais se olha o mundo em detalhe, menos ele é constante. É um flutuar contínuo, um contínuo pulular microscópico de microeventos. O mundo não é feito de pedrinhas, é feito de um vibrar, de um pulular". (Itálico do texto original).

[99] Assim, toda matéria objeto do conhecimento, tal como conceitos, juízos, definições, fatos históricos, elementos culturais, morais, ideológicos, axiológicos, etc. Ou seja, tudo que for factível e tudo que for constitucionalizável.

[100] Por "troca gnosiológica", entenda-se o processo de intercâmbio de informações, elementos, categorias e conteúdos cognitivos, e de objeto de cognição.

quânticos", o que demonstra e reafirma, ainda mais, a constante influência que uma exerce sobre a outra[101], em meio a uma dinâmica que nunca se queda e nem há de se quedar estanque[102].

A título de exemplo, pensemos acerca do conceito de **liberdade**[103]. Tal só pode adquirir uma densificação ótima quando observadas as trocas materiais subjacentes ao inafastável processo relacional entre Constituição e realidade, ou seja, entre "dever-ser" constitucional e "ser". Os inúmeros "saltos quânticos" tornam intercambiáveis as informações jurídico-constitucionais e as informações de todo um conjunto fático existente (do passado, do presente e as possibilidades do futuro), operando-se uma estruturação conceitual duplamente influenciada e considerada[104].

Por um lado, uma concepção estritamente jurídico-constitucional acerca da liberdade não é capaz de apreender todos os elementos históricos e culturais imbricados[105]. De outro, compreender a liberdade como algo alheio ao círculo jurídico, especialmente o de ordem constitucional, a torna suscetível

---

[101] Em verdade, e para além de uma influência recíproca, o plano da realidade atua diretamente sobre todo o ordenamento jurídico, tangenciando, inclusive, o processo de compatibilização do âmbito infraconstitucional com o constitucional. BARROSO, Luís Roberto – *Curso de direito constitucional contemporâneo...*, pp. 172: "Em mais de uma situação, o Supremo Tribunal Federal reconheceu a influência da realidade na determinação da compatibilidade de uma norma infraconstitucional com a Constituição". Trata-se da possibilidade de uma inconstitucionalidade superveniente. Para tanto, cfr. BERNARDES, Juliano Taveira – *Controle abstrato de constitucionalidade: elementos materiais e princípios processuais*, pp. 196 e ss.

[102] Neste sentido, Dieter Grimm fala na inafastável relação entre "Constituição normativa" e "Constituição empírica". Assim, conferir GRIMM, Dieter – *Die Zukunft der Verfassung*. Baden-Baden: Nomos, 1991, p. 18: "(...) *das Verhältnis von normativer und empirisher Verfassung*". (Tradução nossa: "(...) a relação entre a Constituição normativa e a empírica").

[103] RAWLS John – Uma teoria da justiça, pp. 247 e 248, trata da conceituação da liberdade partindo do pressuposto de que sua definição é algo que se tem por difícil, uma vez que a mesma deve ser tratada a partir dos "valores relativos" de suas diversas dimensões. Ainda, Rawls toma por base três "itens" para que se conceitue a liberdade, quais sejam, o sujeito da liberdade, as limitações das quais estes sujeitos estão livres e o objeto da liberdade.

[104] Trata-se de uma compressão da liberdade no âmbito de uma teoria constitucional caracterizada pelo "pensamento possibilista", na esteira de HÄBERLE, Peter – *Pluralismo y Constitución*, pp. 62-65.

[105] Aqui ressaltamos o método "científico-espiritual" de Rudolf Smend. Para uma breve exposição, conferir BONAVIDES, Paulo – *Curso de Direito Constitucional*, pp. 181-183. Ainda, BONAVIDES, Paulo – *Op. Cit.*, p. 489: "A concepção de Smend é precursoramente sistêmica e espiritualista: vê na Constituição um conjunto de distintos fatores integrativos com distintos graus de legitimidade".

de subversão, convertendo-a prontamente em arbítrio[106]. A compreensão do que venha a ser "liberdade" não pode quedar desgarrada de todas as suas acepções histórico-políticas (liberdade no liberalismo politico; liberdade no socialismo; liberdade no comunismo, etc.)[107].

Ademais, elementos constitucionais outros, tais como "dignidade", "igualdade", "Estado de Direito", "Estado Social", acabam por informar e integrar, direta ou indiretamente, o conteúdo do termo "liberdade"[108]. Karl Albrecht SCHACHTSCHNEIDER explicita duas dimensões compreensivas da liberdade: a liberdade republicana e a liberdade na acepção igualitária, a qual seria responsável pela igualdade como categoria principiológica-constitucional[109]. De acordo com SCHACHTSCHNEIDER, a ideia de liberdade republicana centra-se na sua dimensão liberal oriunda de dados contextos histórico-políticos, o constitucional-monárquico e o liberalismo do séc. XIX[110]. Em outra dimensão, na igualitária, SCHACHTSCHNEIDER ressalta a relevância do componente constitucional da "igualdade" como forma de garantir iguais condições de liberdade a cada indivíduo para que possa desenvolver livremente sua personalidade[111].

Os "saltos quânticos" ocorridos ao nível da complexa interação entre "ser" e "dever-ser" constitucional possuem reflexos concretos dignos de menção. *Exempli gratia*, Peter HÄBERLE salienta a incomensurável relevância da literatura e dos literatos (*Literatur und Literaten*) como "condições de vida" de todo Estado Constitucional (*Lebensbedingungen*), trazendo como exemplo o hino nacional alemão como um dos elementos culturais que fundamentam a iden-

---

[106] Ressaltando a importância do exercício da liberdade mediante o Direito, SCHACHTSCHNEIDER, Karl Albrecht – *Freiheit in der Republik*. Berlin: Duncker & Humblot, 2007, p. 50: "*Äußere Freiheit verwirklicht sich somit in Rechtlichkeit*". (Tradução nossa: "A liberdade externa realiza-se com juridicidade").

[107] Para tanto, conferir BASTOS, Celso Ribeiro – *Hermenêutica e interpretação constitucional*. 4.ª ed., rev. e atual. São Paulo: Malheiro, 2014, p. 176: "(...) não mais se menosprezam os chamados fatores extraconstitucionais, ignorados pela interpretação formalista, por considerá-los metajurídicos".

[108] Sobre a imprescindibilidade da utilização dos dados da norma e dos dados da realidade na concretização do Direito Constitucional, ver MÜLLER, Friedrich – *Métodos de trabalho do direito constitucional*, pp. 81-83.

[109] SCHACHTSCHNEIDER, Karl Albrecht – *Freiheit in der Republik*, pp. 274 e ss., e pp. 405 e ss.

[110] *Idem*, p. 274.

[111] *Idem*, p. 406.

tidade do Estado Constitucional alemão[112]. Em verdade, HÄBERLE assevera que a "ambiência cultural dos textos constitucionais" (*kulturelle Ambiance der Verfassungstexte*) constitui um requisito essencial de validade do próprio Direito Constitucional[113].

Os pressupostos teóricos das afirmações de HÄBERLE encontram-se fincados em sua teoria da "Sociedade Aberta dos Intérpretes da Constituição" (*Die offene Gesellschaft der Verfassungsinterpreten*), pela qual defende que todos aqueles que direta ou indiretamente vivem a Constituição são seus intérpretes em potencial[114]. A partir daí HÄBERLE conduz sua argumentação no sentido de que, numa sociedade aberta de intérpretes, o "se e o como" ocorre a realização da Constituição como parte do estado cultural de um povo não constitui assunto unicamente afeto aos juristas, mas também aos literatos e artistas[115]. Assim, HÄBERLE salienta o papel conformador do processo cultural que a literatura possui, notadamente quanto à realização de críticas e provocações[116].

Na esteira do que aqui defendemos no âmbito dos "saltos quânticos", um denso e intenso reflexo concreto das referidas "trocas gnosiológicas" encontra-se na profícua e dinâmica interação existente entre Ciência e Literatura como expressões do "ser" e textos constitucionais como expressões do "dever-ser constitucional". Sob a ideia de "textos clássicos" (*Klassikertexte*), HÄBERLE defende que textos literários, tal como a poesia, funcionam como elementos integrantes das contribuições fragmentárias de todos os intérpretes constitucionais, exemplificando com o preâmbulo da Constituição Federal Suíça de 1999 e a influência do poeta suíço A. Mushg[117].

---

[112] HÄBERLE, Peter – *Verfassungslehre als Kulturwissenschaft*, p. 38.

[113] HÄBERLE, Peter – *Verfassungslehre...*, p. 39.

[114] Cfr. HÄBERLE, Peter – *Hermenêutica Constitucional. A sociedade aberta dos intérpretes da constituição: contribuição para a interpretação pluralista e "procedimental" da constituição.* Tradução do original em alemão *Die offene Gesellschaft der Verfassungsinterpreten. Ein Beitrag zur pluralistischen und "prozessualen" Verfassungsinterpretation*, de Gilmar Ferreira Mendes. reimp. Porto Alegre: Sergio Antonio Fabris Editor, 2002, pp. 23-28.

[115] HÄBERLE, Peter – *Verfassungslehre...*, p. 41.

[116] *Idem*, pp. 39 e 40.

[117] HÄBERLE, Peter; BOFILL, Hèctor López – *Um diálogo entre poesia e direito constitucional.* Tradução do original em espanhol *Poesia y Derecho Constitucional: una conversación*, de Gercélia Batista de Oliveira Mendes. São Paulo: Saraiva, 2017, p. 16. Aliás, na mesma página assevera Häberle: "Os valores derivados de alguns princípios e objetivos constitucionais, como a tolerância e a educação democrática, podem se fundar na formulação linguística e no conteúdo material

Nessa toada, interessante também uma breve referência à ideia de "intersemioticidade" abordada por Canotilho, através da qual expressa a força da semiótica meta-jurídica que tangencia a formação dos textos constitucionais, numa espécie de interação e irrigação plural promovida por diversos elementos semióticos presentes na sociedade[118]. Essencialmente, o argumento de Canotilho baseia-se na própria compreensão de Häberle acerca dos influxos culturais sobre a esfera do "dever-ser" constitucional, afirmando a sua imprescindibilidade para a assunção e densificação de valores constitucionais estruturantes[119].

Observe-se o significante "democracia". Termo de tripla valência, possui relevantes significados sob o contexto da Filosofia Política, da Ciência Política e da Ciência do Direito[120]. Quais observações podemos extrair do reflexo da democracia como conceito operante no âmbito dos referidos "saltos quânticos"?

Da banda da factualidade, ou seja, da esfera do "ser", as "trocas gnosiológicas" irrigam a densificação constitucional do conceito com elementos histórico-políticos e histórico-filosóficos, informando a normatividade constitucional dos fatos sociais que conformaram o diâmetro de semanticidade daquele significante. Caso tal fosse desconsiderado, o dispositivo constitucional que determinasse a adoção de um regime democrático estaria fadado ao acaso interpretativo e ao preenchimento material casuístico. Em termos positivos, ao considerarmos os elementos materiais fornecidos no âmbito do

---

enunciado pelos poetas". Além dos textos poéticos, outros elementos culturais-literários são importantes neste processo simbiótico entre "ser" e "dever-ser" constitucional, no que Häberle, Peter – *Verfassungslehre...*, p. 44, cita as opiniões dominantes, as decisões judiciais e os votos divergentes.

[118] Cfr. Canotilho, J. J. Gomes – *"Brancosos" e interconstitucionalidade: itinerários dos discursos sobre a historicidade constitucional.* 2.ª ed. Coimbra: Almedina, 2008, p. 279.

[119] Como bem assevera Canotilho, J. J. Gomes – *"Brancosos...*, p. 279: "as cristalizações e objectivações culturais recebidas e transformadas pelos textos constitucionais permitem avançar com interpretações abertas a valores como dignidade da pessoa humana, liberdade, igualdade, democracia e socialidade".

[120] Para um conceito geral de democracia, cfr., dentre outros, Caetano, Marcello – *Manual de ciência política e direito constitucional.* Vol. 1: Introdução, estudo descritivo de algumas experiências constitucionais estrangeiras, teoria geral do Estado. 6.ª ed., rev. e ampl. 4.ª reimp. Coimbra: Almedina, 2010, pp. 331-334; Azambuja, Darcy – *Introdução à ciência política.* 2.ª ed. São Paulo: Globo, 2008, pp. 245-249; e Bielschowsky, Raoni Macedo – *Democracia constitucional.* São Paulo: Saraiva, 2013, pp. 51 e ss.

"salto quântico", alguns *topoi* tornam-se irrefutavelmente conectados ao significante, tais como "liberdade", "igualdade" e "responsabilidade", pois tal constitui um plexo de dimensões historicamente afirmadas e consolidadas no contexto de algo que se quer por democrático[121].

No que tange ao material fornecido pela esfera de "dever-ser" constitucional, um dos elementos mais relevantes a ser referido é o complexo de direitos fundamentais como a face complementar à ideia de regime democrático. A normatividade constitucional conforma o exercício sócio-político da democracia através do material axiológico constante dos direitos fundamentais, temperando o exercício daquele regime, de forma que a força dos fatos (exercício matemático de um governo de maioria) não suprima os contornos axiológicos delimitados constitucionalmente[122]. Desta feita, tem-se um conceito normativamente (e constitucionalmente) guiado de democracia[123], cujo material fornecido informa a realidade de elementos indispensáveis a serem considerados, tais como "dignidade humana", "livre desenvolvimento da personalidade", "moralidade constitucional", "pluralismo", "tolerância", dentre outros.

Como produto dos referidos "saltos quânticos", podemos igualmente verificar no processo de mutação constitucional[124] um eficaz momento de "troca gnosiológica" entre ambas as esferas ("dever-ser" constitucional e "ser"), com a especificidade de que, dada uma razão de ordem fática, cuja força, *in casu*, se tem por elevada (carga energética), altera-se a Constituição ao nível semântico de suas disposições normativas. Em verdade, quando da ocorrência do processo de mutação constitucional, esta representa, *de per si*, a ratificação de que a referida "troca gnosiológica" acontecera, pois apenas

---

[121] Sobre a integração dos referidos *topoi* ao conceito de democracia, cfr. Carvalho, Virgílio de Jesus Miranda – *Os valores constitucionais fundamentais...*, p. 22.

[122] Para um esboço da relação (de tensão) entre direitos fundamentais e democracia, cfr. Novais, Jorge Reis – *Direitos fundamentais e justiça constitucional*. Lisboa: AAFDL, 2017, pp. 29-42.

[123] Sobre a ideia de "democracia da normatividade", cfr. Valente, Manuel Monteiro Guedes – *A ciência jurídica como caminho de afirmação e valoração do ser humano...*, pp. 50 e 51.

[124] Barroso, Luís Roberto – *Curso de direito constitucional contemporâneo...*, pp. 158, entende o processo de mutação constitucional como uma forma de alteração informal da Constituição que, sem que se proceda à qualquer modificação textual, altera-se a respectiva semanticidade. Em termos mais aprofundados, cfr. HESSE, Konrad – *Temas fundamentais do direito constitucional*, pp. 151 e ss.; e Grimm, Dieter – *Die Zukunft der Verfassung*, pp. 22 e 23.

através desta é que a significativa influência material entre os campos[125] vem ocorrer, justificando, assim, a assunção de informações de ordem fática pelo texto constitucional, alterando o campo e o diâmetro semântico de determinada disposição[126].

A título de exemplo, e no âmbito dos direitos fundamentais, podemos observar a questão relativa à determinação do conteúdo material do termo "família". Certamente, se voltássemos meio século no tempo, verificaríamos que o significado do vocábulo possuía limites semânticos específicos que hoje não subsistem. O processo histórico-evolutivo da sociedade, bem como do próprio Estado, e a consequente assunção de "novos materiais"[127] pela ordem constitucional têm conformado constantemente o referido termo, não mais havendo as distinções morais, éticas ou religiosas para fins de proteção pelo Direito Constitucional[128]. Assim, a absorção de novas informações acabam por encetar um processo de mutação constitucional que em nada altera o próprio texto (Constituição formal), mas que, relevantemente, se incorporam à Constituição material.

Para além da questão relativa ao processo de mutação constitucional – e aqui sem desconsiderar elementos e técnicas hermenêuticas conexas[129] –, o que se deve atentar é que, dada a natural relacionalidade e reciprocidade existente entre Constituição e realidade, as referidas "trocas gnosiológicas" se tornam indispensáveis à própria revitalização do sistema constitucional, procedendo-se a alterações benéficas, tanto na Constituição quanto na compreensão da realidade subjacente. A via comunicativa entre ambos os cam-

---

[125] BARROSO, Luís Roberto – *Curso de direito constitucional contemporâneo...*, p. 161: "A tensão entre normatividade e facticidade, assim como a incorporação de valores à hermenêutica jurídica, produziram modificações profundas no modo como o Direito é pensado e praticado (...)".

[126] *Idem*, p.160.

[127] São tais "materiais" de distintas ordens, como: cultural, moral, histórica, ética, religiosa, política, etc.

[128] No âmbito da Lei Fundamental alemã, asseveram PIEROTH, Bodo; SCHLINK, Bernhard – *Direitos fundamentais*. Tradução do original em alemão *Staatsrecht: Grundrechte* de António Francisco de Sousa e António Franco. São Paulo: Saraiva, 2012, p. 308: "Recentemente, este reconhecimento público também é visto, por vezes, na aceitação social de *comunidades de vida não conjugais, comunidades equiparadas às conjugais e comunidades homossexuais*, e admite-se que, por força da evolução constitucional, o art. 6.º, n. 1, também abarque estas comunidades de vida". (Itálico do texto original).

[129] Para tanto, conferir BASTOS, Celso Ribeiro – *Hermenêutica e interpretação constitucional*, pp. 130 e ss.

pos ("dever-ser" constitucional e "ser") – algo que se tem defendido e analisado por meio da visão quântica (atômica) aqui intentada – é justamente o que permite a abertura de todo o sistema aos recíprocos influxos materiais, prezando-se por um perene processo evolutivo. Ou seja, e em simples termos, tanto a Constituição pode aprender com a realidade, como a realidade pode aprender com a Constituição.

VI. Conclusão

De uma análise que parte do pressuposto – pressuposto este de ordem físico-científica – de que tanto a Constituição como a realidade fática possuem uma estrutura granular (atomicidade estrutural das matérias), torna-se possível uma visão microscópica das questões que se encontram ao entorno da relação entre estas distintas esferas ("dever-ser" constitucional e "ser"). Como constantemente defendido ao longo do presente excurso, Direito Constitucional (Constituição e Ciência Constitucional) e facticidade circundante não são campos estanques predicados por uma incomunicabilidade. Pelo contrário, existe uma concreta, viva e ativa ponte de comunicação entre os mesmos, principalmente a nível material.

A ideia de uma epistemologia quântica, com seus princípios próprios – granularidade, relacionalidade e indeterminabilidade – aqui aplicada, traz à tona um pensamento e uma visão diferenciada à Ciência Constitucional, e se perfaz algo que possui, na base, a dinâmica comunicacional entre "ser" e "dever-ser" como fundamento. Para além de uma macrovisão, aceitar a atomicidade constitucional, bem como o inerente processo relacional para com a esfera fática subjacente, torna-se indispensável à própria problemática relativa à eficácia e à efetividade das normas constitucionais.

Não há que se falar em mera relação de aplicação enquadrada num esquema silogístico de ordem formal-positivista, mas sim de uma substancial influência recíproca entre "dever-ser" constitucional e "ser", onde, entre processos simbióticos ocorrentes entre suas respectivas partículas, engendra-se e desenvolve-se um sistema de irrigação material. Neste sentido, o recurso ao fenômeno dos "saltos quânticos" no âmbito desta complexa relação é capaz de nos mostrar as constantes trocas de informações e conteúdos diversos que ocorrem a nível estrutural. Não se trata apenas de qual campo é capaz de curvar o outro, ou de qual força é maior, senão de que uma esfera pode, em termos gnosiológicos, influenciar a outra. A questão da curvatura por decerto se faz imanente, entretanto, não é decisiva, pois tal como a física quântica, a realidade das coisas não é definida pela sua estabilidade posicional, mas sim pela dinâmica relacional das mesmas.

Referências Bibliográficas

AZAMBUJA, Darcy – *Introdução à ciência política.* 2.ª ed. São Paulo: Globo, 2008. ISBN 978-85-250-4574-4

BACHOF, Otto – *Normas constitucionais inconstitucionais.* Tradução do original em alemão *Verfassungswidrige Verfassungsnormen* de José Manuel M. Cardoso da Costa. Coimbra: Almedina, 2007. ISBN 978-856-31-8200-5

BALEEIRO, Aliomar – *Direito tributário brasileiro.* 12.ª ed., rev., atual e amp. Rio de Janeiro: Forense, 2013. ISBN 978-85-309-4195-6

BARROSO, Luís Roberto – *Curso de direito constitucional contemporâneo: os conceitos fundamentais e a construção do novo modelo.* 5.ª ed. São Paulo: Saraiva, 2005. ISBN 978-85-02-22804-7

BASTOS, Celso Ribeiro – *Hermenêutica e interpretação constitucional.* 4.ª ed., rev. e atual. São Paulo: Malheiro, 2014. ISBN 85-392-0230-1

BERNARDES, Juliano Teixeira – *Controle abstrato de constitucionalidade: elementos materiais e princípios processuais.* São Paulo: Saraiva, 2004. ISBN 85-02-04916-X

BIELSCHOWSKY, Raoni Macedo – *Democracia constitucional.* São Paulo: Saraiva, 2013. ISBN 978-85-02-19682-7

BONAVIDES, Paulo – *Curso de Direito Constitucional.* 31.ª ed., atual. São Paulo: Malheiros, 2016. ISBN 85-392-0320-0

CAETANO, Marcello – *Manual de ciência política e direito constitucional.* Vol. 1: Introdução, estudo descritivo de algumas experiências constitucionais estrangeiras, teoria geral do Estado. 6.ª ed., rev. e ampl. 4.ª reimp. Coimbra: Almedina, 2010. ISBN 978-972-40-0517-1

CANOTILHO, José Joaquim Gomes – *"Brancosos" e interconstitucionalidade: itinerários dos discursos sobre a historicidade constitucional.* 2.ª ed. Coimbra: Almedina, 2008. ISBN 978-972-40-3485-0

CANOTILHO, José Joaquim Gomes – *Constituição Dirigente e Vinculação do Legislador: contributo para a compreensão das normas constitucionais programáticas.* Coimbra: Coimbra Editora, 1982.

CANOTILHO, José Joaquim Gomes – *Direito Constitucional e Teoria da Constituição.* 7.ª ed. 2.ª reimp. Coimbra: Almedina, 2003. ISBN 972-40-2106-8

CARVALHO, Virgílio de Jesus Miranda – *Os valores constitucionais fundamentais: esboço de uma análise axiológico-normativa*. Coimbra: Coimbra Editora, 1982.

DOEHRING, Karl – *Teoria do Estado*. Tradução do original em alemão *Allgemeine Staatslehre* de Gustavo Castro Alves Araujo. Belo Horizonte: Del Rey, 2008. ISBN 978-85-7308-996-7

ENGISCH, Karl – *Introdução ao Pensamento Jurídico*. Tradução do original em alemão *Einführung in das Juristische Denken* de João Baptista Machado. 11.ª ed. Lisboa: Fundação Calouste Gulbenkian, 2014. ISBN 978-972-31-0192-8

FRANKENBERG, Günther – *A gramática da Constituição e do Direito*. Tradução do original em alemão *Autorität und Integration: zur Grammatik von Recht und Verfassung* de Elisete Antoniuk. Belo Horizonte: Del Rey, 2007. ISBN 85-7308-885-0

FROTSCHER, Werner; PIEROTH, Bodo – *Verfassungsgeschichte*. 14.ª Aufl., überarbeitete Auflage 2015. München: C. H. Beck, 2015. ISBN 978-3-406-68178-3

GRIMM, Dieter – *Die Zukunft der Verfassung*. Baden-Baden: Nomos, 1991. ISBN 3-518-28568-8

HÄBERLE, Peter – Hermenêutica constitucional. *A sociedade aberta dos intérpretes da constituição: contribuição para a interpretação pluralista e "procedimental" da constituição*. Tradução do original em alemão *Die offene Gesellschaft der Verfassungsinterpreten. Ein Beitrag zur pluralistischen und "prozessualen" Verfassungsinterpretation* de Gilmar Ferreira Mendes. reimp. Porto Alegre: Sergio Antonio Fabris Editor, 2002. ISBN 85-88278-55-3

HÄBERLE, Peter – *Pluralismo y Constitución*. Tradução do original em alemão *Die Verfassung des Pluralismus. Studien zur Verfassungstheorie der offenen Gesellschaft* de Emilio Mirkunda. 1.ª ed., reimpr. Madrid: Tecnos, 2008. ISBN 978-84-309-3813-1

HÄBERLE, Peter; BOFILL, Hèctor López – *Poesia e direito constitucional*. Tradução do original em espanhol *Poesia y Derecho Constitucional: una conversación* de Gercélia Batista de Oliveira Mendes. São Paulo: Saraiva, 2017. ISBN 978-85-472-0644-4

HÄBERLE, Peter – *Verfassungslehre als Kulturwissenschaft*. Berlin: Duncker und Humblot, 1982. ISBN 3-428-05300-1

HESSE, Konrad – *A força normativa da Constituição*. Tradução do original em alemão *Die Normative Kraft der Verfassung* de Gilmar Ferreira Mendes. Porto Alegre: Sergio Antonio Fabris Editor, 1991. ISBN 85-88278-18-9

HESSE, Konrad – *Grundzüge des Verfassungsrechts der Bundesrepublik Deutschland*. Neudruck der 20. Aufl. Heidelberg: C. F. Müller, 1999. ISBN 3-8114-7499-5

HESSE, Konrad – *Temas fundamentais do direito constitucional*. Tradução de textos selecionados por Carlos dos Santos Almeida, Gilmar Ferreira Mendes, e Inocêncio Mártires Coelho. São Paulo: Saravia, 2009. ISBN 978-85-02-08147-5

Hömig, Dieter; Wolff, Heinrich Amadeus – *Grundgesetz für die Bundesrepublik Deutschland: Handkommentar*. 11.ª Aufl. Baden-Baden: Nomos, 2016. ISBN 978-3-8487-1441-4

Júnior, Jaime Teixeira – *A Era do Racioncínio Quântico*. Lavras do Sul: Amazon, 2015. ISBN 978-150-855-756-2

Kant, Immanuel – *A metafísica dos costumes*. Tradução de José Lamego. 3.ª ed. Lisboa: Fundação Calouste Gulbenkian, 2017. ISBN 978-972-31-1137-8

Kaufmann, Arthur – *Filosofia do Direito*. Tradução do original em alemão *Rechtsphilosophie* de António Ulisses Cortês. 5.ª ed. Lisboa: Fundação Calouste Gulbenkian, 2014. ISBN 978-972-31-1063-0

Kanazawa, Shuji – *Ein Versuch zur Kategorisierung der Lehren über Natur der Sache*. [Em linha]. [Consultado em 27 abr. 2018]. Disponível em: http://www.cgu.ac.jp/Portals/0/12-library/kiyou/h28-8.pdf

Kelsen, Hans – *Teoria Pura do Direito*. Tradução do original em alemão *Reine Rechtslehre* de João Baptista Machado. 6.ª ed. São Paulo: Martins Fontes, 1998. ISBN 85-336-0836-5

Larenz, Karl – *Metodologia da Ciência do Direito*. Tradução do original em alemão *Methodenlehre der Rechtswissenschaft* de José Lamego. 4.ª ed. Lisboa: Fundação Calouste Gulbenkian, 2005. ISBN 972-31-0770-8

Lassale, Ferdinand – *A Essência da Constituição*. Rio de Janeiro: Lumen Juris, 2013. ISBN 978-85-375-2281-3

Lerche, Peter – *Übermaß und Verfassungsrecht: zur Bindung des Gesetzgebers an die Verhältnismäßigkeit und Erforderlichkeit*. Goldbach: Keip, 1999. ISBN 3-8051-0754-4

Lisboa, Carolina Cardoso Guimarães – *Normas constitucionais não escritas*. São Paulo: Almedina, 2014. ISBN 978-856-31-8263-0

Mendes, Gilmar Ferreira; BRANCO, Paulo Gustavo Gonet – *Curso de direito constitucional*. 7.ª ed., rev. e atual. São Paulo: Saraiva, 2012. ISBN 978-85-02-15506-0

Miranda, Jorge – *Curso de direito constitucional*. Vol. 1: Estado e constitucionalismo, constituição e direitos fundamentais. Lisboa: Universidade Católica Editora, 2016. ISBN 9789725405123

Müller, Friedrich – *Métodos de trabalho do direito constitucional*. Tradução do original em alemão de Peter Nauman. 3.ª ed., rev. e ampl. Rio de Janeiro: Renovar, 2005. ISBN 857147504-0

Novais, Jorge Reis – *Direitos fundamentais e justiça constitucional*. Lisboa: AAFDL, 2017. ISBN 978-972-629-107-7

Novais, Jorge Reis – *Em defesa do Tribunal Constitucional: resposta aos críticos*. Coimbra: Almedina, 2014. ISBN 978-972-40-5825-2

Otero, Paulo – *Direito constitucional português*. Vol. 1: identidade constitucional. 2.ª reimp. Coimbra: Almedina, 2010. ISBN 978-972-40-4149-0

Pieroth, Bodo; Schlink, Bernhard – *Direitos fundamentais*. Tradução do original em alemão *Staatsrecht: Grundrechte* de António Francisco de Sousa e António Franco. São Paulo: Saraiva, 2012. ISBN 978-85-02-13036-4

Polkinghorne, John – *Teoria Quântica: uma breve introdução*. Tradução do original em inglês *Quantum Theory* de Iuri Abreu. Porto Alegre: L&PM, 2016. ISBN 978-85-254-2525-6

Radbruch, Gustav – *Filosofia do Direito*. Tradução do original em alemão *Rechtsphilosophie* de Marlene Holzhausen. São Paulo: Martins Fontes, 2004. ISBN 85-336-1943-X

Rawls, John – *Uma teoria da justiça*. Tradução do original em inglês A *Theory of Justice* de Jussara Simões. 4.ª ed. rev. São Paulo: Martins Fontes, 2016. ISBN 978-85-8063-267-5

Roveli, Carlo – *A realidade não é o que parece: a estrutura elementar das coisas*. Tradução do original em italiano *La realtà non è come ci appare: la struttura elementare delle cose* de Silvana Cobucci Leite. 1.ª ed. Rio de Janeiro: Objetiva, 2017. ISBN 978-85-470-0025-7

Schachtschneider, Karl Albrecht – *Freiheit in der Republik*. Berlin: Duncker & Humblot, 2007. ISBN 978-3-428-12343-8

Schmitt, Carl – *Teoría de la Constitución*. Tradução do original em alemão *Verfassungslehre* de Francisco Ayala. Madrid: Alianza Editorial, 2011. ISBN 978-84-206-5479-9

Silva, José Afonso da – *Aplicabilidade das Normas Constitucionais*. 8.ª ed., 2.ª tiragem. São Paulo: Malheiros, 2015. ISBN 85-392-0142-9

Tribe, Laurence H. – *The curvature of constitutional space: what lawyers can learn from modern physics*. *Harvard Law Review*. The Harvard Law Review Association. ISSN 0017-811X. Vol. 103, n.º. 1 (Novembro 1989), p. 1-36.

Valente, Manuel Monteiro Guedes – A ciência jurídica como caminho de afirmação e valoração do ser humano. *Revista da Escola Superior da Procuradoria Geral do Estado de São Paulo*. ISSN 2179-8532. v. 4, n.º. 1 (jan./dez. 2013), pp. 49-62.

Valente, Manuel Monteiro Guedes – A criminalidade denunciada e o seu impacto no sistema de justiça penal. *Revista de Estudos Criminais*. ISSN 1676-8698. Ano XIII, n.º. 58 (2015), pp. 39-61.

Valente, Manuel Monteiro Guedes – *Direito penal do inimigo e o terrorismo: o progresso ao retrocesso*. 2.ª ed. São Paulo: Almedina, 2016. ISBN 978-858-49-3124-8

Zagrebelsky, Gustavo – *El derecho dúctil: ley, derechos, justicia*. 11.ª ed. Madrid: Editorial Trotta, 2016. ISBN 978-84-9879-672-8

NORMATIVIDADE E PERSPECTIVAS SUPRANACIONAIS[1-2]

NEREU JOSÉ GIACOMOLLI[3]
Professor na Pontifícia Universidade Católica do Rio Grande do Sul

RESUMO: os órgãos supranacionais de proteção dos Direitos Humanos, na América Latina, foram constituídos para aplicar e orientar a normatividade doméstica democrática. No *case Brasil*, a proteção incorporou-se à normatividade constitucional, ademais da subscrição da jurisdição da Corte IDH. Com isso, o paradigma hermenêutico é o da internormatividade e o da interjurisdicionalidade. A integração da Convenção Interamericana dos Direito Humanos, no bloco de constitucionalidade permite a efetividade protetiva dos Direitos Humanos, por meio do controle da convencionalidade da normatividade interna. O Pluralismo ordenado e o transnacionalismo surgem como propostas de integração jurídica. A *harmonização* admite e reconhece *diferenças compatíveis*, uma tensão entre universalismo e relativismo, rompendo com a lógica binária de um pensamento dicotômico de conformidade ou desconformidade da norma nacional com a internacional, conciliando controle internacional com flexibilidade para os Estados, afastando a imposição de norma única para todos.

Palavras-chave: Internormatividade. Interjurisdicionalidade. Bloco de Constitucionalidade. Convencionalidade. Pluralismo ordenado. Transnacionalismo.

ABASTRACT: The supranational organizations for the protection of human rights in Latin America were constituted to apply and guide democratic domestic normativity. In Brazil, the protection was incorporated to the constitutional normativity, in addition to the subscription of the jurisdiction of the Inter-American Court of Human Rights. With

---

[1] Como citar este artigo:
GIACOMOLLI, NEREU JOSÉ. Normatividade e Perspectivas Supranacionais. In: MANUEL MONTEIRO GUEDES VALENTE. *Os Desafios do Direito do Século XXI*. Coimbra: Almedina, 2018, pp. 185-222.

[2] Texto elaborado para dar suporte a uma palestra nas Jornadas Internacionais da Universidade Autónoma de Lisboa e Instituto Universitário do Rio de Janeiro, intituladas *Os Desafios do Direito no Século XXI*, realizadas no dia 17/07/2018. Um agradecimento especial ao coordenador científico do evento, Prof. Doutor Manuel Monteiro Guedes Valente.

[3] Professor convidado na Universidade Autónoma de Lisboa, Doutor em Direito pela Universidade Complutense de Madrid, Advogado.

this, the hermeneutic paradigm is the one of the internormativity and the one of the interjurisdictionality. The integration of the American Convention on Human Rights in the constitutionality block allows the effective protection of Human Rights through the control of the conventionality of internal normativity. Ordained pluralism and transnationalism arise as proposals for legal integration. Harmonization admits and recognizes differences compatible, a tension between universalism and relativism, breaking with the binary logic of a dichotomous thought of conformity or non-conformity of the national norm with the international, conciliating international control with flexibility for the States, removing the imposition of a single norm for all.

Key-words: Internormativity. Interjurisdictionality. Constitutionality Block. Conventionality. Ordained pluralism. Transnationalism

1. Necessidade de órgãos jurisdicionais supranacionais

As discussões acerca de um *ius commune*, na perspectiva de proteção dos direitos humanos, na América Latina, obedeceu a uma lógica diferenciada da europeia. Partiu-se da premissa de que os Estados latino-americanos, de cariz autoritário, deveriam atingir o patamar dos Estados democráticos[4]. Na Europa, por outro lado, a perspectiva foi de que os Estados democráticos fossem distinguidos dos autoritários, para que houvesse um fortalecimento da democracia e uma proteção efetiva dos direitos humanos. A fragilidade das instituições domésticas, na realidade latino-americana, também serviu de mote à criação de organismos supranacionais de defesa dos direitos humanos, para que pudessem aplicar e orientar uma normatividade interna democrática. Essa necessidade também se evidenciava e persiste, em face dos índices de exclusão da cidadania, de parcelas importantes da população, inclusive da devida proteção jurídica. Não podemos olvidar os efeitos dos períodos ditatoriais, mormente a tortura e o desaparecimento forçado de pessoas, bem como a indiferença dos Estados na proteção dos direitos humanos. Portanto, a Comissão Interamericana de Direitos Humanos (CIDH) e a Corte Interamericana de Direitos Humanos (Corte IDH) originaram-se da necessidade de proteger os direitos humanos e de fortalecer a democracia.

---

[4] V. Bogdandy, Armin Von. 'Ius Constitucional e Commune em América Latina: uma mirada a um constitucionalismo transformador", em *Revista Derecho del Estado*, n.º 34, UEC, enero-junio, 2015, quando enfoca a exclusão e a desigualdade como problemas centrais, bem como as especificidades da interpretação de certos princípios constitucional, na América Latina.

A efetividade dos órgãos supranacionais, no *Case Brasil*, produzem uma ruptura nos meios convencionais de aplicação da norma e do direito, na perspectiva da incorporação da proteção dos direitos humanos à Constituição Federal (artigo 5.º, §§ 2.º e 3.º) e da admissibilidade da jurisdição da Corte IDH, tanto a propriamente dita, como a consultiva. O resultado esperado é de uma interação dinâmica e vinculativa entre o Direito Convencional e o doméstico, na perspectiva da internormatividade e da interjurisdicionalidade, com entidade transformadora da realidade jurídica, mesmo que seja necessário o devido constrangimento epistemológico dos poderes e de todos os juízes e tribunais (plano legiferante, jurisdicional e de execução jurídica e política)[5].

2. A integração dos diplomas internacionais no bloco de constitucionalidade e seus efeitos

Parte-se da possibilidade de serem utilizados os mecanismos internos de controle da constitucionalidade das leis ao controle da convencionalidade, ademais do controle da própria Corte IDH, no *Case Brasil*. Poderá haver questionamento e discussão internacional e interna acerca do bloco de constitucionalidade e o *locus* a ser ocupado pelos diplomas internacionais protetivos de direitos humanos. O conceito de norma constitucional expandiu-se a todos os princípios e regras que detêm entidade constitucional, os quais passaram a subordinar a legislação infraconstitucional. Assentou o Supremo Tribunal Federal brasileiro (STF) que o bloco de constitucionalidade representa o "somatório daquilo que se adiciona à Constituição escrita, em função dos valores e princípios nela consagrados", incluindo direitos expressos e implícitos. É formado por um conjunto de diplomas normativos que atua como parâmetro de controle de constitucionalidade, que podem ser tanto normas domésticas, como normas internacionais (RE 466.343, de 2008, Min. Celso de Mello). Assim, o bloco de constitucionalidade não se limita ao texto constitucional, mas abarca determinados instrumentos internacionais, os quais possuem caráter vinculante e subordinante de toda normatividade infraconstitucional.

---

[5] V. Giacomolli, Nereu José. *O Devido Processo Penal. Abordagem conforme a CF e o Pacto de São José da Costa Rica*. São Paulo: Gen/Atlas, 2016, p. 37 a 46 acerca da internormatividade e interjurisdicionalidade.

O conteúdo do bloco de constitucionalidade segue certos parâmetros específicos e na perspectiva das peculiaridades de cada país. Nessa linha, segundo o Tribunal Constitucional Espanhol (1982), integra o bloco de constitucionalidade todo conjunto normativo que determinar a constitucionalidade ou a inconstitucionalidade de uma lei que estiver sendo apreciada. Na Espanha, o conceito adveio da necessidade de resolver conflitos internos entre a centralidade do poder e as comunidades autônomas, de modo que o bloco de constitucionalidade abarca normas de reparto de competências, locais e constitucionais. Na França, o conceito de bloco de constitucionalidade foi extraído da admissibilidade de uma "constituição material", com o intuito de reconhecer direitos contidos na Declaração Universal e que não tinham previsão formalmente constitucional. Na Itália, o bloco de constitucionalidade associou-se ao conceito de "norma interposta", ou seja, ao de uma norma infraconstitucional, mas com entidade para limitar ou estabelecer outras normas como critério de controle de constitucionalidade[6].

O ordenamento jurídico brasileiro admite, tanto o controle difuso quanto o concentrado das leis, nos termos do artigo 105, III, "a", da CF, a ser realizado no plano concreto ou casuístico, pelos juízes e tribunais, dentro de suas competências previamente estabelecidas e de seus limites, em exame preliminar. O controle concentrado ou abstrato, nos moldes dos artigos 102, I, "a" e 103 da CF, é atribuição do STF, com legitimidade restrita, através da ação declaratória direta de inconstitucionalidade e da ação declaratória de constitucionalidade.

Segundo o STF, o artigo 5.º, § 2.º, da CF, abre o ordenamento interno ao sistema internacional, conferindo caráter de *supralegalidade* a todas as normas internacionais protetivas de direitos humanos, incorporadas ao ordenamento jurídico doméstico, que não seguirem o procedimento do § 3.º do artigo 5.º da CF. As normas que adotarem tal ritualística serão consideradas como de estatura constitucional, integrando, portanto, o *bloco de constitucionalidade,* com todas as consequências daí decorrentes.

A perspectiva há de ser não a da hierarquia das leis, ou de que a lei posterior revoga a anterior se de mesma espécie, mas a do critério hermenêutico que impõe seja adotada a interpretação que mais privilegiar a pessoa humana e sua liberdade, *pro homine* e *pro libertatis.* O fundamento está no

---

[6] V. Ramos, André de Carvalho Trindade. *Teoria Geral dos Direitos Humanos na Ordem Constitucional,* São Paulo: Saraiva, 2014.

artigo 1.º, III, e 4.º, II, da CF, os quais compõem, no ordenamento jurídico brasileiro, o paradigma *pro homine*.

Na ADIN 2649, a Rel. Min. Carmen Lúcia reconheceu a força normativa do preâmbulo da Constituição Federal, ao afirmar que a "solidariedade" prevista no preâmbulo consagra um princípio jurídico com força normativa (na ADIN 2076/2002 o STF não o havia reconhecido).

3. Do Controle da Convencionalidade

Origina-se do Direito Comunitário Europeu, mais precisamente das decisões do Tribunal de Justiça Europeu (Tribunal de Luxemburgo – décadas de 60 e 70), tendo por fundamento a aplicabilidade direta das normas comunitárias no âmbito doméstico, bem como a primazia do direito comunitário e a uniformização hermenêutica. Com a aplicação direta das normas comunitárias, o direito interno receberia, de forma direta e imediata, a irradicação dos efeitos das normas supranacionais. Nessa perspectiva, a jurisdição doméstica poderia aplicá-las da mesma maneira em que aplicam o direito interno. O controle de convencionalidade é uma das principais funções jurisdicionais da Corte IDH e do TEDH, cuja funcionalidade é a verificação da compatibilidade dos atos estatais frente ao disposto nos tratados internacionais protetivos dos direitos humanos. Assim, a declaração de inconvencionalidade possui como objeto o reconhecimento de que uma norma doméstica ou nacional não guarda compatibilidade com o diploma internacional e, por isso, seria ineficaz.

Ademais do filtro constitucional das leis ordinárias, a incorporação dos diplomas internacionais protetivos dos direitos humanos, independentemente de seu patamar (materialmente constitucionais – § 2.º – ou material e formalmente constitucionais – § 3.º), também exige a filtragem convencional de toda produção e aplicação legislativa interna (controle da convencionalidade). Além das providências legislativas, a CADH, em seu artigo 2.º, preconiza o dever de o Estado-parte adotar outras medidas para tornar efetivos os direitos e as liberdades, daí inferindo-se o suporte jurídico ao controle interno da convencionalidade.

A normatividade da CADH impõe a sua observância pelos países signatários, não só no plano da produção legislativa, mas também na adequação da legislação doméstica à ordem internacional e na interpretação dos casos criminais. Essa obrigatoriedade atinge todos os poderes de Estado. Ao Legislativo cabe suprir a carência legislativa à efetivação da normatividade internacional, estatuindo um regramento assecuratório dos direitos fundamentais ou substituindo o que contrariar a convencionalidade (obrigação positiva), sendo-lhe vedado legislar contrariamente às normas internacionais, salvo para dar maior proteção aos direitos humanos (obrigação negativa). O Poder Executivo, dentro de sua competência constitucional, também há de pautar sua atuação na efetivação dos direitos humanos. Ao Poder Judiciário reserva-se uma função essencial na efetivação dos direitos fundamentais, em cada situação concretizada, ou no plano abstrato ou concentrado de controle, mantendo a potencialidade assecuratória de maior amplitude protetiva. Nesse labor poderá afastar norma interna que confronte com a maior proteção internacional.

Portanto, uma norma interna, independentemente de sua aplicação, poderá afrontar a normatividade convencional. Isso constou expressamente no *Caso La Última Tentación de Cristo – Olmedo Bustos e Outros vs. Chile* (2010), *verbis*: "qualquer norma de direito interno, independentemente de seus *status* (constitucional ou infraconstitucional), pode, por sua própria existência e aplicabilidade, *per se*, comprometer a responsabilidade de um Estado-parte, em um tratado de direitos humanos". Também, no *Caso Gomes Lund e Outros vs. Brasil* (2010), a Corte IDH assentou que "todos os poderes públicos e esferas nacionais, bem como as respectivas legislações federais, estaduais, municipais de todos os Estados aderentes estão obrigados a respeitá-la e a ela se adequar".

A convencionalidade e a normatividade internacionais informam a existência e a possibilidade de um controle normativo internacional e interno, dentro dessas novas perspectivas. Por isso, uma lei ordinária interna sofre um duplo controle material vertical, de modo que será válida quando adequada, ademais da CF, aos diplomas internacionais ratificados pelo Brasil, sejam comuns (estrutura supralegal) ou referentes aos Direitos Humanos (mesma hierarquia constitucional, com aplicação da regra *pro homine*).

O Brasil assumiu o dever de adotar as medidas legislativas para dar efetividade aos direitos preconizados na Convenção (artigo 2.º da CADH)[7]. Esta

[7] "Se o exercício dos direitos e liberdades mencionados no artigo 1.º ainda não estiver garantido por disposições legislativas ou de outra natureza, os Estados Partes comprometem-se a adotar, de acordo com as suas normas constitucionais e com as disposições desta Convenção, as medidas legislativas ou de outra natureza que forem necessárias para tornar efetivos tais direitos e liberdades".

pode ser garantida em três perspectivas. Primeiro, com a utilização da jurisprudência da Corte IDH (função jurisdicional) e das opiniões consultivas na interpretação dos casos penais internos de cada Estado-parte. Segundo, com o controle difuso da convencionalidade, a ser exercido pelos magistrados, em cada caso concreto, nos termos do artigo 5.º, §§ 2.º e 3.º, da CF, tendo como um dos fundamentos o artigo 105, III, *a*, da CF. Por fim, no controle concentrado ou abstrato da convencionalidade, a ser realizado pela Corte IDH, em sua jurisdição contenciosa e consultiva, e pelos Tribunais, após a EC n.º 45/2004, conforme suas competências, legitimidades, procedimentos e mecanismos internos utilizados no controle da constitucionalidade das leis (artigo 5.º, § 3.º, CF).

Inegável o mérito de Valério de Oliveira Mazzuoli, ao defender sua tese doutoral, *cum laude* e divulgar amplamente no Brasil a possibilidade do controle convencional da produção normativa interna (*Controle Jurisdicional da Convencionalidade das Leis* e *Curso de Direito Internacional Público*, ademais de outros artigos). Sua tese encontra eco nos documentos da Corte IDH (Relatório Anual 2006) e na OEA (Observações e Recomendações na AG/2007), ao recomendarem aos Estados-Membros o controle da convencionalidade pelos tribunais internos, como forma de proteção dos direitos humanos (Mazzuoli, 2009, p. 72).

Em face da integração dos tratados internacionais referentes aos direitos humanos ao ordenamento jurídico brasileiro, é o procedimento de incorporação que definirá a forma de controle da convencionalidade. Com a incorporação no grau equivalente à emenda constitucional, quando este se der pelo *quorum* qualificado, como estabelecido no artigo 5.º, § 3.º, da CF, a inserção do direito-garantia[8] é material e formalmente constitucional (V. Medida Cautelar em ADI n.º 5357/DF, julgada em 18/11/2015 e publicada em 20/11/2015). Essa potencialidade constitucional permite o controle da produção legislativa que afrontar o diploma internacional, pelas duas modalidades: concentrado e difuso. Já o controle da produção normativa interna que contrariar o conteúdo do diploma internacional incorporado na modalidade

[8] Utilizamos a expressão *direito-garantia*, em tutela efetiva de um direito, sem que se lhe agregue uma técnica protetiva – garantia – para torná-lo efetivo. Luigi Ferrajoli, em "Fundamental Rights", *Internacional Journal for the Semiotics of Law*, Holanda, n.º 14, p. 1 a 33, refere que a inexistência de garantias a certos direitos mostra um *gap*, ou seja, um vazio jurídico, cabendo à jurisdição a sua efetivação.

do artigo 5.º, § 2.º, da CF, por ser materialmente constitucional, se dará pelo controle difuso.

O controle difuso ou concreto é suscitado por meio de preliminar (exceção), em cada caso; é exercido pelos juízes e Tribunais (artigo 105, III, *a*, da CF), com o objetivo de retirar a eficácia prática da norma incompatível com o tratado internacional, em determinada situação concreta. Esse controle também poderá ocorrer *ex officio* pelos juízes e tribunais, em qualquer grau jurisdicional, na medida em que são intérpretes da CADH em cada situação concretizada no debate público do processo. Por outro lado, o controle concentrado ou abstrato, com eficácia *erga omnes*, é exercido por meio de provocação jurisdicional específica (objeto próprio), na forma e termos do artigo 103 da CF, perante o STF (guardião da CF – artigo 102, I, *a*) e também pela Corte IDH. Na situação em que houver incompatibilidade da norma com o diploma internacional poderia ser questionada a utilização da Ação Direta de Inconvencionalidade. Quando o objetivo for o de garantir a compatibilidade com o diploma internacional, poderia ser questionada a utilização da Ação Declaratória de Convencionalidade, bem como a Ação de Descumprimento de Preceito Fundamental para exigir o cumprimento da normatividade do diploma internacional. MAZZUOLI (2009, p. 125) admite a ação para declarar a inconvencionalidade por omissão e a declaração de inconvencionalidade das normas constitucionais. A própria Corte IDH no *Caso Cabrera García e Montiel Flores vs. México* (2010), no voto do juiz Eduardo Ferrer MAC-GREGOR POISOT, afirmou que o controle da convencionalidade há de ser exercido por todos os juízes, independentemente da hierarquia, grau, quantidade ou matéria de especialização, ou seja, sempre que houver exercício da função jurisdicional, em seu aspecto material. No *Caso Ezeh and Connors vs. The United Kingdom* (2003), o TEDH entendeu pela incidência das garantias mínimas de defesa também no processo administrativo disciplinar, o que também se pode inferir dos seguintes *cases* da Corte IDH: *Barbani Duarte e outros vs. Uruguai* (2011), *Tribunal Constitucional vs. Peru* (2001), *Yatama vs. Nicarágua* (2005) e *Claude Reyes e Outros vs. Chile* (2006).

O controle de convencionalidade poderá ser realizado pela Corte IDH, inclusive no plano abstrato (*Caso Suarez Rosero vs. Equador*, de 1997, e *Caso Caballero vs. Colômbia*, de 1997), sobre a normatividade ordinária e constitucional do Estado-parte, em face da CADH e de outros diplomas referentes aos direitos humanos, sob a tutela da Corte IDH (SARLET; MARINONI; MITIDIERO, 2012, p. 1196). O controle da convencionalidade também poderá ser realizado pelos Juízes e Tribunais, pelo modo difuso ou concreto, diante de um caso específico, tanto no que tange à aplicação do § 2.º, quanto do § 3.º da CF, bem como pelo modo abstrato ou concentrado, na perspectiva do § 3.º da CF, através da provocação jurisdicional específica e por meio dos mecanismos disponibilizados pela legislação interna. Os efeitos do reconhecimento da inconvencionalidade da normatividade interna geram responsabilidade internacional do Estado-membro, nos termos dos arts. 1.1 e 2.º da CADH[9], além de impor ao Estado-membro a modificação da legislação interna, para que seja adaptada à convencionalidade internacional. Inclusive, em casos onde foram discutidos crimes contra a humanidade (*Caso Barrios Altos vs. Peru*, de 2001, *Caso Tribunal Constitucional do Peru vs. Peru*, de 2001, *Caso La Cantuta vs. Peru*, de 2006), a Corte IDH outorgou efeito *erga omnes* à não aplicação das normas internas (Sarlet; Marinoni; Mitidiero, 2012, p. 1197).

Igualmente, poderão os juízes e Tribunais conferir à normatividade interna uma interpretação conforme à convencionalidade, de modo a assegurar e otimizar a maior amplitude protetiva do direito fundamental.

3.1. Controle interno da convencionalidade no *Case Brasil*

O fundamento normativo do controle interno da convencionalidade, no *Case Brasil*, está no artigo 5.º, § 2.º e § 3.º, no artigo 1.º, III; no artigo 4.º, II e no artigo 5.º, XXXV, da CF, bem como no artigo 7.º dos ADCT, da CF. Defende-se ser possível o seu controle difuso ou concreto (juízes e tribunais), tomando como paradigma tanto os diplomas internacionais incorporados ao ordenamento jurídico nos termos do § 2.º, da CF, quanto do § 3.º, da CF, em razão de serem materialmente constitucionais. Por outro lado, o controle abstrato ou concentrado no STF exige a incorporação como formalmente constitucional, como no caso do § 3.º, onde há uma exigência de *quorum* qualificado para que haja normatividade equivalente à emenda constitucional. Este posicionamento (Mazzuoli), distingue normas com *status* constitucional das normas com equivalência de emenda constitucional.

[9] 1.1. "Os Estados Partes nesta Convenção comprometem-se a respeitar os direitos e liberdades nela reconhecidos e a garantir seu livre e pleno exercício a toda pessoa que esteja sujeita à sua jurisdição, sem discriminação alguma por motivo de raça, cor, sexo, idioma, religião, opiniões políticas ou de qualquer outra natureza, origem nacional ou social, posição econômica, nascimento ou qualquer outra condição social". V. nota 6 sobre o artigo 2.º da CADH.

Contudo, outro entendimento situa-se na perspectiva de não efetuar essa distinção quando se tratar de controle da convencionalidade, na medida em que a CADH, por exemplo, integra o bloco de constitucionalidade, mesmo que introduzida no ordenamento jurídico entre a promulgação da CF de 1988 e a emenda constitucional 45/2004. Esse entendimento preconiza ser inconcebível diferenciar normas protetivas de direitos humanos pois subordinam a normatividade doméstica.

3.2. *Cases* da Corte IDH

Inúmeros são os casos em que a Corte IDH manifestou-se acerca do controle de convencionalidade. No *Caso Loayza Tamayo vs. Peru* (1997), embora a Corte IDH não tenha usado a expressão controle de convencionalidade, reconheceu a incompatibilidade de Decretos-Lei que tipificavam os crimes de terrorismo e de traição à pátria no Peru. O Estado peruano executou a decisão e libertou Loayza Tamayo que estava presa.

No *Caso Suárez Rosero vs. Equador* (1997), a Corte IDH declarou o artigo 114 do Código Penal Peruano incompatível com o arts. 2.º, 1.1 e 7.5 da CADH[10]. Essa teria sido a primeira vez que a Corte IDH admitiu a possibilidade de controle de uma lei nacional, independentemente de ter sido aplicada a um caso concreto. Após, a Corte Suprema do Equador declarou a inconstitucionalidade.

No *Caso A Última Tentação de Cristo vs. Chile* (2001), a Corte IDH entendeu possível o controle da convencionalidade de uma norma constitucional, ou seja, de uma disposição da Constituição chilena e de um Decreto-Lei que permitiam a censura prévia na produção cinematográfica, considerados válidos pela Corte Suprema de Justiça do Chile. O dispositivo da Constituição chilena foi considerado incompatível com o artigo 13 da CADH[11], o qual

---

[10] V. nota 8 sobre o artigo 1.1 da CADH.
Artigo 7.5. "Toda pessoa detida ou retida deve ser conduzida, sem demora, à presença de um juiz ou outra autoridade autorizada pela lei a exercer funções judiciais e tem direito a ser julgada dentro de um prazo razoável ou a ser posta em liberdade, sem prejuízo de que prossiga o processo. Sua liberdade pode ser condicionada a garantias que assegurem o seu comparecimento em juízo".

[11] "Artigo 13. Liberdade de pensamento e de expressão 1. Toda pessoa tem direito à liberdade de pensamento e de expressão. Esse direito compreende a liberdade de buscar, receber e difundir informações e ideias de toda natureza, sem consideração de fronteiras, verbal-

garante a liberdade de pensamento e de expressão (norma constitucional inconvencional). Ademais, segundo a Corte IDH, nos termos do artigo 2.º da CADH[12], é dever do Estado-membro adotar medidas para suprimir a normatividade interna, bem como suas práticas, sempre que violarem as garantias previstas na Convenção, normatizando e propiciando a efetividade das garantias. A Corte IDH determinou que o Chile promovesse, em um prazo razoável, a adequação da normatividade interna à CADH, suprimindo a censura e informando, em um prazo de seis meses, após a notificação da decisão, quais foram as medidas adotadas. O juiz Antônio Augusto Cançado Trindade afirmou, nesse caso, que "qualquer norma de direito interno, independentemente de seu *status* (constitucional ou infraconstitucional), pode, por sua própria existência e aplicabilidade, *per se*, comprometer a responsabilidade de um Estado-parte em um tratado de Direitos Humanos". O Chile cumpriu, integralmente, a determinação internacional, alternado as disposições constitucionais, eliminando a censura cinematográfica, possibilitando a exibição do filme.

No *Caso Almonacid Arellano e Outros vs. Chile* (2006), a Corte IDH admitiu a filtragem convencional das normas internas de um Estado-parte. Proclamou, expressamente, terem os magistrados, por integrarem o Estado, a obrigação de aplicarem as regras contidas na CADH, ou seja, os juízes e os Tribunais possuem o dever de exercer o controle da convencionalidade das leis internas, em cada caso concreto. Inclusive, esse dever abarca a hermenêutica estabelecida pela Corte IDH, situação que permite aos juízes e aos Tribunais o controle difuso da convencionalidade, inclusive *ex officio*, sob

mente ou por escrito, ou em forma impressa ou artística, ou por qualquer outro processo de sua escolha. 2. O exercício do direito previsto no inciso precedente não pode estar sujeito a censura prévia, mas a responsabilidades ulteriores, que devem ser expressamente fixadas pela lei e ser necessárias para assegurar: a. o respeito aos direitos ou à reputação das demais pessoas; ou b. a proteção da segurança nacional, da ordem pública, ou da saúde ou da moral públicas. 3. Não se pode restringir o direito de expressão por vias ou meios indiretos, tais como o abuso de controles oficiais ou particulares de papel de imprensa, de frequências radioelétricas ou de equipamentos e aparelhos usados na difusão de informação, nem por quaisquer outros meios destinados a obstar a comunicação e a circulação de ideias e opiniões. 4. A lei pode submeter os espetáculos públicos a censura prévia, com o objetivo exclusivo de regular o acesso a eles, para proteção moral da infância e da adolescência, sem prejuízo do disposto no inciso 2. 5. A lei deve proibir toda propaganda a favor da guerra, bem como toda apologia ao ódio nacional, racial ou religioso que constitua incitação à discriminação, à hostilidade, ao crime ou à violência".

[12] V. nota 6 sobre o artigo 2.º da CADH.

pena de responsabilidade internacional do Estado, constituindo-se em uma "verdadeira questão de ordem pública internacional" (Mazzuoli, 2012, p. 393 e 394). Também, referiu que suas decisões possuem força obrigatória, como já havia afirmado no *Caso Tibi vs. Equador* (2004). Constou no item 124 da decisão: "a Corte está ciente de que os juízes e os tribunais estão sujeitos ao império da lei e, portanto, são obrigados a aplicar as disposições vigentes no ordenamento jurídico. Mas, quando um Estado ratifica um tratado internacional, como a Convenção Americana, seus juízes, como parte do aparelho do Estado, também estão sujeitos a ela, o que os obriga a garantir que os efeitos das disposições da Convenção não sejam prejudicados pela aplicação de leis contrárias a seu objeto e finalidade, que desde o início carecem de efeito jurídico. Em outras palavras, o Poder Judiciário deve exercer uma espécie de "controle de convencionalidade" entre as normas jurídicas nacionais aplicáveis aos casos concretos e na Convenção Americana sobre Direitos Humanos. Nesta tarefa, o Poder Judiciário deve levar em conta não só o tratado, mas também a interpretação dada pela Corte Interamericana, intérprete última da Convenção Americana."

No *Caso dos Trabajadores Cesados del Congreso (Aguado Alfaro e Outros) vs. Peru* (2006), a Corte IDH asseverou obedecer ao controle da convencionalidade às regras processuais internas de cada país, além dos limites do caso concreto. Ademais, segundo a Corte, os juízes dos Estados ratificantes da CADH hão de exercer um controle da convencionalidade, realizando uma filtragem da normatividade interna, em relação com a CADH, inclusive *ex officio*. Já em 2005, a Corte IDH, no *Caso Gómez Palomino vs. Peru*, exerceu o controle da convencionalidade sobre Desaparecimento Forçado de Pessoas. Após esses processos, em 2010, no *Caso Cabrera García e Montiel Flores vs. México*, a Corte IDH reafirmou sua jurisprudência sobre o controle de convencionalidade. O voto do Juiz García Ramírez enfatiza o caráter vinculante das decisões da Corte IDH: "7. Posto que a CADH e o Estado da Corte Interamericana – ambos, produtos da vontade normativa dos Estados Americanos que as emitiram – conferem à Corte a função de interpretar e aplicar a Convenção Americana (e, em seu caso e espaço, outros tratados: protocolos e convenções que preveem, com múltiplas fórmulas, a mesma atribuição dentro do *corpus juris* de direitos humanos), incumbe a esse tribunal fixar o sentido e alcance das normas contidas nesses ordenamentos internacionais. 8. Dentro da lógica jurisdicional que sustenta a criação e operação da Corte, não caberia esperar que ela se visse na necessidade de julgar centenas ou milhares de casos sobre um só tema convencional – o que implicaria um enorme desamparo para os indivíduos -, é dizer, todos os litígios que se apresentam em todo tempo e em todos países, resolvendo um a um os fatos violadores e garantindo, também um a um, os direitos e liberdades particulares. A única possibilidade de tutela razoável implica que, uma vez fixado o critério de interpretação e aplicação, esse seja acolhido pelos Estados no conjunto de seu ordenamento jurídico: por meio de políticas, leis e sentenças que impliquem transcendência, universalidade e eficácia aos pronunciamentos da Corte constituída – insisto – mercê a vontade soberana dos Estados e para servir a decisões fundamentais deles, explícitas em suas constituições nacionais e, desde logo, em seus compromissos convencionais internacionais."

No *Caso Gomes Lund e Outros vs. Brasil ou Guerrilha do Araguaia* (2010), a Corte IDH sublinhou que as leis internas de um país passam pelo "controle de convencionalidade" do Poder Judiciário, diante dos tratados e convenções ratificadas. Afirmou, nesse caso, ter o Brasil desconsiderado a CADH quando declarou a constitucionalidade da Lei de Anistia, tendo violado direitos e garantias judiciais e a proteção judicial, em detrimento dos familiares das vítimas. Segundo a Corte IDH, o Brasil descumpriu a obrigação de adequar o seu ordenamento jurídico interno à CADH, contida em seu artigo 2.º, no que tange aos arts. 1.1, 8.1 e 25 do modo como interpretou e aplicou a Lei de Anistia acerca das graves violações dos direitos humanos[13]. Ademais, violou os arts. 8.1 e 25.1, em relação aos arts. 1.1 e 2.º da CADH referentes às garantias judiciais e à proteção judicial, pela falta de investiga-

[13] V. nota 6 sobre o artigo 2.º e nota 8 sobre o artigo 1.1, ambos da CADH.
Artigo 8.1. "Toda pessoa tem direito a ser ouvida, com as devidas garantias e dentro de um prazo razoável, por um juiz ou tribunal competente, independente e imparcial, estabelecido anteriormente por lei, na apuração de qualquer acusação penal formulada contra ela, ou para que se determinem seus direitos ou obrigações de natureza civil, trabalhista, fiscal ou de qualquer outra natureza".
Artigo 25. Proteção Judicial: 1. Toda pessoa tem direito a um recurso simples e rápido ou a qualquer outro recurso efetivo, perante os juízes ou tribunais competentes, que a proteja contra atos que violem seus direitos fundamentais reconhecidos pela constituição, pela lei ou pela presente Convenção, mesmo quando tal violação seja cometida por pessoas que estejam atuando no exercício de suas funções oficiais. 2. Os Estados Partes comprometem-se: a. a assegurar que a autoridade competente prevista pelo sistema legal do Estado decida sobre os direitos de toda pessoa que interpuser tal recurso; b. a desenvolver as possibilidades de recurso judicial; e c. a assegurar o cumprimento, pelas autoridades competentes, de toda decisão em que se tenha considerado procedente o recurso".

ção dos fatos, falta de julgamento e punição dos responsáveis. Determinou a tipificação do delito de desaparecimento forçado de pessoas, nos termos do parâmetro interamericano. Igualmente, determinou a adoção de ações garantidoras do efetivo julgamento e, se for o caso, punição das violações de direitos humanos.

No *Caso Radilla Pacheco vs. México* (2009), a Corte de Justiça do México efetuou um controle de convencionalidade difuso, declarando estar vinculada ao que decidido pela Corte IDH, bem como aos critérios por ela adotados, em razão da *res judicata* formal e material, na medida em que o México aderiu a sua jurisdição.

No *Caso Gelman vs. Uruguai* (2011), a Corte IDH firmou o entendimento de que o controle da convencionalidade há de ser realizado por todas as autoridades públicas e não somente pelo Poder Judiciário, tendo acrescentado no *Caso Masacre de Santo Domingo vs. Colômbia*, de 2012, a obrigatoriedade de todos os Estados-membros realizarem o controle da convencionalidade. No primeiro caso, inclusive, declarou a inconvencionalidade por um vício material e não meramente formal, pois a *Ley de Caducidad* havia sido aprovada conforme as regras do Estado Democrático e submetida ao controle da cidadania através do plebiscito e referendo (Sarlet; Marinoni; Mitidiero, 2012, p. 1195).

Podem ser referidos, ainda, ademais dos já citados, os seguintes casos onde houve manifestação da Corte IDH acerca do controle da convencionalidade: *Caso Tibi vs. Equador* (2004), *Caso Boyce e Outros vs. Barbados* (2007), *Caso Heliodoro Portugal vs. Panamá* (2008), *Caso Rosendo Radilla Pacheco vs. México* (2009), *Caso Manuel Cepeda Vargas vs. Colômbia* (2010), *Caso Fernández Ortega e Outros vs. México* (2010), *Caso Cabrera García e Montiel Flores vs. México* (2010), *Caso Vélez Loor vs. Panamá* (2010), *Caso Comunidad Indígena Xákmok Kásek vs. Paraguai* (2010), *Caso Ibsen Cárdenas e Ibsen Peña vs. Bolívia* (2010), *Caso Chocrón Chocrón vs. Venezuela* (2010), *Caso López Mendoza vs. Venezuela* (2011), *Caso Fontevecchia e D'Amico vs. Argentina* (2011), *Caso Masacres do Rio Negro vs. Guatemala* (2012), *Caso López Mendoza vs. Venezuela* (Tribunal Supremo da Venezuela declarou, sem força executória, a decisão da Corte IDH acerca da anulação da cassação dos direitos políticos do opositor de Hugo Chávez nas eleições de 2012).

4. Outras propostas de integração jurídica

Destaco nesse limite temporal, duas correntes doutrinárias. Uma de DELMAS-MARTY (*Ordering Pluralism: a conceptual Framework for Understanding the Transnational Legal Word*), denominada de pluralismo ordenado e a outra de ANNE-MARIE SLAUGHTER (*A New World Order*), cunhada de transnacionalismo[14].

A primeira propõe que a integração normativa ou a unificação ocorra do nacional para o internacional, preservando-se as identidades locais. Assim, a concepção de unificação seria substituída pelo paradigma da harmonização. Esta ocorreria não por identidade, mas por aproximação. Isso porque os Estados poderiam identificar-se em termos de princípios comuns básicos, estando todos em harmonia, em torno dos princípios comuns, mas nem todos teriam o mesmo *grau de proximidade* com o núcleo desses princípios, em torno de um eixo central. Os atos estatais, segundo este paradigma, deveriam estar em *compatibilidade* com as normas internacionais (o que difere de *conformidade*), mas essa compatibilidade seria *graduada*, variando de Estado para Estado.

É certo que, diferente da *uniformização*, a *harmonização* admite e reconhece *diferenças compatíveis*, uma tensão entre universalismo e relativismo e que essa proposta rompe com a lógica binária de um pensamento dicotômico de conformidade ou desconformidade da norma nacional com a internacional, conciliando controle internacional com flexibilidade para os Estados, afastando a imposição de norma única para todos. Contudo, a unificação e a identidade normativas exigiriam uma certeza, uma previsibilidade, incompatíveis com a realidade complexa, instável e imprecisa da contemporaneidade. Ademais, em termos de direitos humanos, a realidade é de que a proteção parte do plano internacional para o doméstico, salvo as hipóteses em que a norma interna seja mais protetiva que a internacional, o que raramente se verifica.

O uso da *margem nacional de apreciação* (MNA) pelos Estados, manteria a unidade europeia e evitaria rompimentos. A perspectiva da MNA, como instrumento hermenêutico, conciliaria o universalismo dos direitos humanos com o relativismo das culturas nacionais, preservando as identidades locais, evitando que a identificação com o europeu imponha a subjugação da

[14] V. Também ARNAUD, André-Jean. *Governar sem Fronteiras: entre globalização e pós-globalização. Crítica da razão jurídica.* Rio de Janeiro: LumenJuris, 2007, p. 1 a 71, o fim de uma ordem e os novos fenômenos internacionais.

identidade nacional a ponto de os Estados não quererem aderir ao projeto da união europeia. O fundamento está nas decisões do TEDH (*caso linguístico belga, v.g.*). Assim, determinado Estado poderia definir o que é "ordem pública", e o TEDH ponderaria eventual conflito entre as normas internacionais de direitos humanos e a "ordem pública". A MNA foi introduzida no preâmbulo da CEDH por meio do protocolo adicional n.º 15, artigo 1.º, em julho de 2013: artigo 1: *affirming that the high contracting parties, in accordance with the principle of subsidiarity, have the primary responsibility to secure the rights and freedoms defined in this convention and the protocols thereto, and that in doing so they enjoy a margin of appreciation, subject to the supervisory jurisdiction of the european court of human rights established by this convention".*[15] O protocolo anterior, de n.º 14, já havia incluído medidas processuais que buscavam otimizar os trabalhos do TEDH, na perspectiva de um eficienticismo quantitativo.

A utilização do MNA vem sofrendo severas críticas, destacando-se: a) não passa de uma técnica de relativização dos direitos fundamentais; b) não há uma definição de parâmetros e critérios objetivos que possam orientar os diversos casos; c) é um mecanismo utilitário, para reduzir o volume de trabalho do TEDH e de uma barreira à admissibilidade de recursos ao TEDH; d) criou-se uma jurisprudência defensiva no TEDH, com utilização de critérios para não apreciar o mérito, mesmo que tenha havido violação dos direitos humanos; e) nem todos os Estados possuem maturidade para garantir a efetividade dos direitos fundamentais; f) afasta a densificação da normatividade doméstica, com o estabelecimento de *standards* de proteção e efetividade, além de afastar o necessário constrangimento epistemológico dos Estados. Optou-se no âmbito europeu, "pela pilarização e consequente harmonização do direito penal substantivo e adjetivo, tendo em vista a obtenção de maior unidade dentro da diversidade jurídica no espaço da União Europeia" (Valente, 2018, p. 20).

Segundo a perspectiva do transnacionalismo, na nova ordem mundial os poderes estão diluídos entre os entes estatais, ongs, bancos, agências reguladoras e pela desagregação dos poderes clássicos do Estado em instituições internas e externas, as quais exercem uma importante parcela de poder. Afirma-se que a anatomia do Estado estaria se transformando em

[15] Tradução do autor. "As altas partes contratantes, de acordo com o princípio da subsidiariedade, possuem a responsabilidade primária de garantir os direitos e as liberdades definidos nesta convenção e nos seus protocolos e que, ao fazê-lo, gozam de uma margem de apreciação, sujeita à supervisão, e a jurisdição do TEDH, estabelecidos nesta convenção".

modelos mais flexíveis, também em face da globalização. Nesta concepção, a nova ordem mundial se estrutura, se completa e se comunica em redes (*network*) de ligações (*web, lincks...*). Os Estados, no século XXI, se quiserem acompanhar a evolução, deverão comunicar-se por meio de vários canais, não só através dos órgãos estatais clássicos, como os Ministérios. Por isso, se faz mister estabelecer um modelo interativo entre instituições individuais, nacionais, com instituições similares, concomitantemente com as relações centralizadas dos Estados. Nessa mesma perspectiva, Castells preconiza uma sociedade estruturada em redes, com instantaneidade, poliformismo comunicacional e ausência de fronteira, com base na tecnologia da informação, conectada globalmente. Esse paradigma propõe, então, um diálogo global entre os juízes e os tribunais, entre as instituições e órgãos jurídicos – *judicial network* (Slaughter, 2004, p. 65 a 103)[16].

A crítica comumente feita é a constatação de que o poder informal disputa com o poder formal e que o *soft power* ou poder da informação labora na perspectiva da superficialidade e da persuasão e não no da coação.

No caso específico dos países latino-americanos, os ordenamentos jurídicos domésticos não são autorefenciados, pois há uma vinculação indissociável entre o direito doméstico e o internacional. Através de uma legislação supranacional (CADH, *v.g.*), com exigências ratificatórias, e da admissibilidade da jurisprudência consultiva e a propriamente dita das cortes internacionais, se pode otimizar a harmonização legal e jurídica, tendo como base o respeito e eficácia dos direitos humanos. Essa harmonização pode ser realizada na perspectiva regional e global.

5. Bibliografia

Allard, Julie; Garapon, Antoine. *Os Juízes na Mundialização:* a nova revolução do direito. Lisboa: Instituto Piaget, 2006;

Arnaud, André-Jean. *Governar sem Fronteirasi: entre globalização e pós-globalização. Crítica da razão jurídica.* Rio de Janeiro: LumenJuris, 2007;

[16] V. Allard, Julie; Garapon, Antoine. *Os Juízes na Mundialização:* a nova revolução do direito. Lisboa: Instituto Piaget, 2006, p. 16 e ss., acerca da intensificação dos intercâmbios envolvendo os magistrado.

Bogdandy, Armin Von. "Ius Constitutionale Commune en América Latina: una mirada a un constitucionalismo transformador. *Revista Derecho del Estado*, n. 34, Universidad Externado de Colombia, enero-junio de 2015;

Castells, Manuel. *A Galáxia da Internet:* reflexões sobre a internet, os negócios e a sociedade. Rio de Janeiro: Zahar, 2003;

___. *A Sociedade em Rede.* São Paulo: Paz e Terra, 1999;

Delmas-Marty, Mireille. *Ordering Pluralism: a Conceptual Framework for Understanding the Transnational Legal Word.* Portland: Hart Publishing, 2009;

____. *Por um Direito Comum.* São Paulo: Martins Fontes, 2004;

Giacomolli, Nereu José. *O Devido Processo Penal. Abordagem conforme a CF e o Pacto de São José da Costa Rica.* São Paulo: Gen/Atlas, 2016;

Marinoni, Luiz Guilherme; Mazzuoli, Valério de Oliveira (Coord.). *Controle de Convencionalidade: um panorama latino-americano.* Brasília: Gazeta Jurídica, 2013;

Mazzuoli, Valério de Oliveira. *O Controle Jurisdicional da Convencionalidade das Leis.* São Paulo: RT, 2009;

Morin, Edgard. *O Desafio do Século XXI.* Lisboa: Instituto Piaget, 2001;

Ramos, André de Carvalho Trindade. *Teoria Geral dos Direitos Humanos na Ordem Constitucional,* São Paulo: Saraiva, 2014;

Saldanha, Jânia Maria Lopes; Piovesan, Flávia. (Org.). *Diálogos Jurisdicionais e Direitos Humanos.* Brasília: Gazeta Jurídica, 2015;

Sarlet, Ingo Wolfgang; Marinoni, Luiz Guilherme; Mitidiero, Daniel. *Curso de Direito Constitucional.* São Paulo: RT, 2012;

Serres, Michel. *Diálogo sobre a Ciência, a Cultura e o Tempo.* Lisboa: Instituto Piaget, 1996;

Slaughter, Anne-Marie. *A New World Order.* Princeton: Princeton University Press, 2004;

___. Et all. "The Future of International Law Is Domestic (or, The European Way of Law)". *Harvard International Law Journal.* v. 47, n. 2, 2006.

Trindade, Antônio Augusto Cançado. *A Incorporação das Normas Internacionais de Proteção dos Direitos Humanos no Direito Brasileiro.* San José de Costa Rica: Instituto Interamericano de Direitos Humanos, 1996;

Valente, Manuel Monteiro Guedes. *Contributos para um Direito Penal Supranacional.* Lisboa: Legit, 2018.

ÍNDICE

A TUTELA DA PERSONALIDADE: A QUESTÃO DO GENOMA HUMANO

ESTADO E PODER [JUDICIAL]. A POLÍTICA E O DIREITO

A CONSTITUIÇÃO COMO FIM E LIMITE DO PODER POLÍTICO EM DEMOCRACIA

A CONSTITUIÇÃO E A REALIDADE